Barbara Schlüter

Ausgerechnet zum Feiertag

Historische Mord(s)geschichten

Schardt Verlag

Bibliographische Information der Deutschen Bibliothek:

Die Deutsche Bibliothek verzeichnet diese Publikation in *Der Deutschen National-bibliografie*; detaillierte bibliographische Daten sind im Internet über www.d-nb.de abrufbar.

Titelbilder: Die Weihnachtspostkarte stammt von Andreas-Andrew Borne-mann // www.postkarten-archiv.de

1. Auflage 2018

Copyright © by
Schardt Verlag
Metzer Straße 10 A
26121 Oldenburg
Tel.: 0441-21 77 92 87
Fax: 0441-21 77 92 86
E-Mail: kontakt@schardtverlag.de
www.schardtverlag.de

ISBN 978-3-96152-123-4

Inhalt

Der Judaskuss

Hannover und Konstantinopel – Osterzeit 1897

Ostermorgen

Wald und Strom im Silberduft,
Glockenklag in sonn'ger Luft;
Durch die Lande frisches Wehen –
Quellensingen, Auferstehen!
Mädchenherz, auch dich umblühe
Ahnungsreich die Osterfrühe:
Fühl den Himmel wieder offen –
Und Erfüllung jedem Hoffen!

Julius Lohmeyer

*

Fritz Bindseil blickte seinen Schwiegervater erstaunt an. „Eine Reise? Noch dazu eine so außergewöhnliche? Wozu soll das gut sein?"

„Walburga heiratete dich mit knapp siebzehn – viel zu früh! Ich hätte es gern gesehen, dass sie noch ihre Sprachkenntnisse weiter vertieft hätte – nicht zuletzt wäre dies auch nützlich für die Geschäfte gewesen. Frisch aus dem Pensionat ging sie in die Ehe mit dir, bekam in drei Jahren drei Kinder. Es wird Zeit, dass sie mal etwas von der Welt sieht."

„Lieber Schwiegerpapa", Fritz Bindseil wusste genau, dass sein fast gleichaltriges Gegenüber diese Anrede hasste, „du weißt, ich lese Walburga fast jeden Wunsch von den Augen ab, aber bei einer so blutjungen Gemahlin galt es, ein gerechtes, aber auch strenges Eheregiment zu führen. Dies ergab sich einfach aus der Natur der Sache, sie war ein entzückendes junges Frauenzimmer, dem jedoch natürlich noch einiges an Leitsätzen für das Ehe- und Familienleben, kurz das Rüstzeug für den Alltag fehlte."

„Fritz, du bist ihr Mann, nicht ihr Vater. Das bin bekanntermaßen ich! Der Altersunterschied war ja allen Beteiligten hinlänglich bekannt. Und dadurch, dass du ihr den umfangreichen Ratgeber von Amalie

Baisch *Ins eigene Heim* geschenkt hast, wurde der auch nicht wettgemacht. Sowohl deine Schwester als auch ich hätten sich für einen Vierzigjährigen eine etwas reifere Frau gewünscht."

„Schnee von gestern", murrte Fitz Bindseil. „Walburga und ich führen eine gute Ehe. Und eine so junge Frau kann ein Mann eben noch besser nach seinen Vorstellungen formen."

„Das mit dem Formen ist dir ja intensiv gelungen, drei Geburten in drei Jahren! Ich mache mir Sorgen. Kaum war sie der Kinderstube entwachsen, machte sie ja ihre eigene auf."

„Ja, aber mit lauter Mädchen! Nun habe ich eine junge, hübsche Frau, aber was nutzt mir das alles, ohne Stammhalter?"

Gustav Behrends zuckte mit den Schultern. „Du hast drei bildhübsche, nette kleine Töchter! Dafür kannst du doch dankbar sein. Und du weißt ja, dass der Arzt nach der Geburt des dritten Kindes dringend anempfohlen hat, keine Schwangerschaft mehr zu riskieren. Jede weitere Geburt bringt Walburga in Lebensgefahr."

„Soll ich etwa leben wie ein Mönch? Du weißt selber, dass die Verderbnis der Säfte für einen Mann ungesund ist."

„Nun sei mal nicht päpstlicher als der Papst. Wie ich dich kenne, wirst du dafür wohl eine Lösung gefunden haben."

Fritz Bindseil zog an seiner Zigarre, die ihm Gustav angeboten hatte, und brummte vor sich hin.

In der Tat hatte ich mich arrangiert, dachte er. Anna, eine dralle kleine Weißnäherin aus dem Hannover benachbarten Linden, für ihre sechzehn Jahre doch recht kess, kam ihm da gerade recht. Im Gegensatz zu Walburga, die die ehelichen Pflichten lediglich über sich ergehen ließ, fand Anna ganz offensichtlich Spaß an der Freud. Das führte dazu, dass er des Öfteren in Linden weilte und Anna sich eine winzige Wohnung, die ihr ganzer Stolz war, leisten konnte. Diese Puppenstube hielt sie peinlich sauber. Allerdings fragte er sich manchmal, ob er der einzige Verehrer war, der sie dort besuchte. Jedenfalls war sie jetzt schwanger, was ihn veranlasste, davon auszugehen, dass es noch andere gab. Seine Besuche bei Anna hatte er ebenso prompt eingestellt, wie seine Zuwendungen. Lasse mich schließlich nicht für dumm verkaufen, auch wenn sie Stein und Bein geschworen hat, das Kind sei von mir. Dummes Weibergeflenne, schimpfte er innerlich. Allerdings, das enthaltsame Leben, das ich jetzt wieder führe, passt mir überhaupt nicht. Und im Bordell holt man sich ruck zuck den Tripper oder Schlimmeres.

Sein Schwiegervater riss ihn aus seinen Überlegungen. „Also, ihr holt die versäumte Hochzeitsreise, die ihr aus uns wohlbekannten Gründen damals nicht unternehmen konntet, nach."

„Zu frühe Geburten kommen in den besten Familien vor, Gustav!"

Der überhörte den Einwand vornehm und fuhr fort: „Eine Fahrt mit dem Orient-Express, das ist doch eine extraordinäre Sache. Das spannendste und modernste, was es zurzeit gibt. Konstantinopel, die Endstation Europas, die Stadt auf den zwei Kontinenten. Der Luxuszug wird euch ebenso auf andere Gedanken bringen wie die Stadt selber."

„Aber, Gustav, das wird teuer! Und unsere Geschäfte!" Fritz fühlte sich völlig überrumpelt. „Außerdem kann ja wohl von Hochzeitsreise keine Rede sein", fügte er halblaut brummig hinzu.

Sein Schwiegervater überging dies erneut geflissentlich.

„Unsere Geschäfte laufen glänzend. Behrends und Bindseil Import & Export steht so gut da wie lange nicht mehr. Und du könntest dich nach einigen Waren für unsere Firma umsehen. Der Zeitpunkt ist auch günstig. Denn die Muslime feiern Ostern nicht, also könnt ihr Geschäfte machen. Walburga kann dich da bestens unterstützen, sie hat einen exzellenten Geschmack und Gespür für Qualität – ich denke vor allem an türkische Schawls aus Kaschmir, Goldschmuck, Gewürze und hochwertige Sultaninen. Dazu einige exquisite Süßigkeiten, wie Halwa, die natürlich Walburga kosten muss. Auch Produkte für die nächste Ostersaison könnt ihr ordern. Naschereien zu Ostern werden ja immer beliebter, und verpacken lassen können wir hier. Oder wir befüllen zum Beispiel mit Ostermotiven gestaltete, zweiteilige Pappeier. Ich habe mich bereits im Fabrikantenverein erkundigt. Ihr werdet im besten Hotel absteigen, im Pera Palace."

„Na, du bist ja mit deinen Planungen schon weit gediehen", murrte Fritz, dem zugleich schwante, dass weiterer Widerstand gegen die Pläne seines Schwiegervaters zwecklos war.

„In der Tat, denn wir schlagen zwei Fliegen mit einer Klappe. Wir verbinden das Geschäftliche mit dem Privaten. In Konstantinopel treffen sich Ost und West, da lassen sich gute Geschäfte anbahnen", versuchte Gustav Behrends sein Gesicht zu wahren. Die Gesundheit und das Glück seiner einzigen Tochter, um die er sich große Sorgen machte, waren ihm das Wichtigste auf der Welt. Als Walburga ein hübsches kleines Mädchen war, entdeckte er bereits ihre rasche Auffassungsgabe. Es hatte ihm Spaß gemacht, sie Sprachen lernen zu lassen und sie mit den Waren bekanntzumachen. Welch ein Jammer, dass sie nur ein Mädchen war, sie hätte ohne Weiteres das Zeug gehabt, ins Geschäft einzusteigen. Er riss sich zusammen und wandte sich wieder an seinen Schwiegersohn.

„Wir werden uns noch um einige Kontaktadressen kümmern, Fritz, und dann könnt ihr vor Ostern losfahren."

Walburga sah ihrem vierten Ehejahr mit gemischten Gefühlen entgegen. Niemand würde der immer noch schlanken, bildhübschen Neunzehnjährigen mit dem seidigen blonden Haar zutrauen, Mutter von drei Kindern zu sein. Ihre Ehe mit dem wesentlich älteren Geschäftspartner ihres Vaters war so lange recht harmonisch verlaufen, wie sie sich anpasste. Das Problem des fehlenden Stammhalters jedoch ließ sich nicht durch Anpassung lösen. Alle Sorgfalt, die sie anwendete, um einen perfekten Haushalt zu führen, eine gute Gastgeberin zu sein, auf die Gesundheit ihres Gatten zu achten, konnte dies nicht wettmachen. Sie sorgte sie dafür, dass ihr Fritz keine Speisen zu sich nahm, die Nüsse enthielten. Denn egal ob Hasel- oder Walnüsse, waren diese ihrem Manne unverträglich. Wie gut, dass der Hausarzt dieser Tatsache überhaupt auf die Spur gekommen war, denn Fritz hatte sowohl nach dem Genuss einer Walnusstorte mit Sahne als auch einem Dessert mit Haselnüssen heftige Erstickungsanfälle bekommen, was Anlass zu großer Besorgnis gewesen war. Nun wusste sie, was strikt gemieden werden musste, und erkundigte sich stets, wenn sie auswärts speisten, genau nach der Zubereitung der Gerichte, die er zu bestellen wünschte. Indessen konnte sie nicht mehr die Augen davor verschließen, dass eine gewisse Entfremdung eingetreten war. Dies lag nicht nur daran, dass sie das Ehebett nicht mehr miteinander teilten – jegliche Maßnahme, um eine Schwangerschaft zu vermeiden, lehnte ihr Gatte als unmännliche Zumutung ab –, sondern es auch zu keinerlei Austausch von Zärtlichkeiten mehr kam. Fritz, der bisher wesentlich jünger als ihr Vater gewirkt hatte, wurde stattlicher. Die Tränensäcke unter seinen Augen und sein Embonpoint verrieten, dass er den Mahlzeiten wie dem Wein reichlicher zusprach als früher. Walburga fühlte sich allein gelassen – Fritz bot ihr nicht mehr die starke Schulter und den sicheren Hafen des älteren Beschützers, sondern verwandelte sich in einen vorzeitig alternden Nörgler. Und er ließ sie beständig ihr Versagen spüren, dass sie ihm keinen Stammhalter mehr schenken konnte.

Zunächst hatte sich Walburga sehr gegen Urlaubspläne gesträubt, da sie sich keinesfalls von ihren Töchtern trennen wollte. Und schon gar nicht zum Osterfest, da sich die Mädchen sehr auf den Osterfuchs freuten. Denn sie hatte die alte hannöversche Tradition, dass der Fuchs die Eier bringt, immer hochgehalten. Nun, die Kinder waren bei den Großeltern gut aufgehoben, und ihre Mutter würde sicherlich eine feine Semmel in der in der Form eines Lammes backen, wie sie es aus ihrer eigenen Kindheit in Erinnerung hatte. Wider Erwarten genoss sie jetzt die Reise. Bereits die Zugfahrt in der 1. Klasse nach Paris lenkte sie ab. Als sie dann am Gare de l'Est, der Ausgangspunkt des Orient-Expresses war, in den äußerst luxuriösen Zug einstiegen, kam Vorfreude in ihr auf. In circa neunzig Stunden würden sie in dem dampfenden Ungetüm, das ungeduldig schnaubend auf den Gleisen stand, über Wien, Budapest, Belgrad und Sofia, ihr Ziel Konstantinopel erreichen. Wie oft hatte sie die Werbeplakate für den luxuriösen Orient-Express bestaunt, und nun würde sie selber damit fahren.

Es blieb gerade noch Zeit, um sich vor dem Dinner im Schlafwagen einzurichten und frisch zu machen. Schon beim Eintreten in das üppig ausgestattete Abteil bemerkte Walburga erleichtert, dass die Betten getrennt waren. Der Speisewagen übertraf noch ihre Erwartungen – das kostspielige Interieur konnte sich mit jedem Luxusrestaurant messen. Silber blinkte, fünfarmige Kerzenleuchter spendeten angenehmes Licht, Porzellan mit dem Emblem des Orient-Expresses zierte die perfekt eingedeckten Tische. Und auch die Speisekarte versprach höchste kulinarische Genüsse. Schildkrötensuppe Lady Curzon – ihr lief das Wasser im Munde zusammen.

Beim Dinner bewundert Fritz Bindseil im Stillen seine junge Frau, die angenehm zu plaudern verstand und dabei scheinbar mühelos vom Englischen ins Französische wechselte. Sie strahlte eine selbstverständliche Weltgewandtheit aus, die ihm selber, das musste er leider feststellen, durchaus schwerfiel. Dies versuchte er mit einer Mischung aus Besitzerstolz und der Gelassenheit des Älteren zu überspielen. Gerade schlug sie der Tischrunde vor: „Lassen Sie uns die Gläser heben, um Georges Nagelmackers zu ehren, der 1876 die Compagnie Internationale des Wagons-Lits gründete. Wie gut, dass ihm die bequemen Pullmans

Züge in den USA so gut gefielen, dass er so etwas auch unbedingt in Europa haben wollte."

„Da kann ich meiner entzückenden jungen Gemahlin nur zustimmen." Er hob sein Champagnerglas und lächelte freundlich herablassend in die Runde. Dieser Architekt August Jasmund, der den vielgepriesenen neuen Bahnhof im Stil des europäischen Orientalismus in Konstantinopel gebaut hatte, verschlang Walburga ja geradezu mit den Augen.

„Erstaunlich, mit wie wenigen Erschütterungen die Fahrt vonstattengeht", bemerkte Walburga gerade.

„Das liegt daran, dass die Schlaf- und Speisewagen vierachsig und mit Drehgestellen ausgestattet sind, einige wurden von der Waggonfabrik Josef Rathgeber in München gebaut", wusste der wohlinformierte Jasmund zum geheimen Ärger von Fritz Bindseil eilfertig zu erklären.

In der Nacht wiegten die sanft rollenden Räder Walburga in den Schlaf. Es ist, als ob sie summten: Wir fahren weit, wir fahren weit, ging es ihr durch den Kopf, bevor sie in einen lange nicht gekannten, festen Schlummer fiel.

Nach vier Tagen des Unterwegsseins, in denen sie beständig wechselnde Landstriche durchquert hatten, meinte Walburga: „Ich freue mich darauf, mehr Bewegung zu bekommen und Konstantinopel zu entdecken."

Fritz Bindseil ging es ähnlich, aber er konnte dies natürlich nicht unkommentiert lassen. „Es ist nichts schwerer zu ertragen, als eine Reihe von guten Tagen. Und wenn Wilhelm II. bereits 1889 an den Bosporus rauschte, so soll es uns auch recht sein, nun diese Stadt zu entdecken. Aber ich muss zugeben, den ganzen Komfort des Orient-Expresses noch mal auf der Rückfahrt zu erleben, wird ein krönender Abschluss sein."

Beim letzten Frühstück vor der Ankunft in Konstantinopel nutzte Jasmund die Gelegenheit, um vor Walburga zu glänzen, was erneut den Unwillen von Fritz hervorrief.

„Gnädige Frau, ich bin sehr gespannt, wie Ihnen der Bahnhof gefallen wird. Der Komplex steht auf einer Fläche von 1.200 Quadratmetern, und Sie werden sehen, wie meine Studien über die osmanische Architektur den Stil beeinflusst haben. Bereits jetzt zeichnet sich ab, dass dies auch die Entwürfe anderer Architekten anregen wird. Außerdem ist das Gebäude mit seiner Gasbeleuchtung und seiner Winterheizung das Nonplusultra an Modernität."

„Nun, das werden im Pera Grand Hotel auch haben", verwies Fritz den Angeber auf seinen Platz. „Das Pera ist das einzige Hotel, das Elektrizität, fließend warmes Wasser und einen Aufzug hat."

„Sie werden auch im Pera absteigen, wie schön! Ja, mein Kollege Alexander Vallaury hat die Perle von Konstantinopel in einer Mischung aus Jugendstil, orientalischen und neoklassizistischen Stilelementen gestaltet. Das Viertel, in dem sich das Hotel befindet, wird auch Kleineuropa genannt. 1870 gab es dort einen verheerenden Brand, dem über dreitausend Holzhäuser zum Opfer fielen. Danach hat man alles im modernen Stil wiederaufgebaut."

„So, so", lautete der Kommentar des offensichtlich übellaunigen Fritz Bindseil, dem der letzte Absacker nicht bekommen war und dem überdies die Erkenntnis, mit dem lästigen Jasmund nun auch noch das Hotel teilen zu müssen, keineswegs gefiel.

Mittlerweile ging Walburga das Gerangel zwischen den beiden Männern auf die Nerven, und sie war froh, als sie endlich aussteigen konnten. Die Architektur des Bahnhofs begeisterte sie sofort, was sie gescheiter Weise für sich behielt.

Über den Türen, die ins Bahnhofgebäude führten, sorgten riesige Rosetten für Lichteinfall; die mit weißem Marmor kunstvoll ausgeführten Umrahmungen waren bis zur halben Höhe mit roten Ziegeln ausgefacht. Und welche Überraschung im Inneren! Drei übereinanderliegende, unterschiedlich geformte Fensterreihen machten die Säle hell und luftig. Die Mischung von Eisenarchitektur, osmanischen Baustilen und europäischen Elementen gefiel Walburga so gut, dass sie im Geiste dem charmanten Herrn Jasmund gratulierte. Kaum hatten sie die Räume durchquert, wurden sie von einem Angestellten des Hotels begrüßt, der sich um das Gepäck und die Formalitäten kümmerte.

Vor dem Bahnhofsgebäude wartete bereits die nächste Überraschung: Die Gäste des Pera wurden doch tatsächlich mit prächtigen Sänften abgeholt, die von jeweils zwei Männern getragen wurden! Wohl fühlte sich Walburga dabei nicht, aber ehe sie sich versah, war sie in eines dieser Gefährte hineinkomplimentiert worden. Eine Art Aufseher begleitete die Karawane, die sich nun Richtung Bosporus aufmachte.

Walburga fand es angenehm, endlich einmal allein zu sein und die exotische Kulisse, die sich draußen vor ihren Augen abspielte, ohne die Kommentare ihres Gatten genießen zu können. Die für ihr Auge ungewöhnlichen Gebäude zogen sie ebenso in ihren Bann wie das Gewimmel unterschiedlichster Menschen. Ein tief gebeugter Mann schleppte zwei riesige Ballen auf Kopf und Rücken, Männer mit Fes, Uniformierte, tief verschleierte Frauen, bärtige Juden, dazwischen einige Europäer mit flotten, kreisrunden Strohhüten auf dem Kopf zogen an ihr vorüber.

Nachdem sie den Bosporus überquert hatten, muteten die Häuser in der Tat europäischer an. Da hielten sie auch schon vor dem fünfstöckigen Hotel, dessen Eingang von einem in eleganter Eisenarchitektur gekrönten Glasdach überspannt war. Kurz darauf standen sie vor dem Fahrstuhl. Völlig beeindruckt von der zum Treppenhausgeländer passenden Komposition des Liftes aus Eisenornamentik und Holz sagte Walburga: „Das ist gewiss der schönste Aufzug der Welt. Der Lift steigt auf, wie eine Lady, die geknickst hat. Dieser Aufzug wirkt zutiefst vollkommen, schön und aristokratisch. Das ist eine wunderbare Mischung von Technik und Ästhetik."

Walburga bestaunte die luxuriöse Ecksuite mit den französischen Balkonen im vierten Stock. Aus den Fenstern ergab sich ein fantastischer Blick auf das Goldene Horn und Pera. Fritz, der neben sie getreten war und ihre Schulter umfasste, zeigte sich ebenfalls beeindruckt.

„War doch eine gute Idee von Gustav", meinte er. „Was hältst du davon, wenn wir uns schnell frisch machen und dann eine Stadtrundfahrt unternehmen? Dann wären wir zum Tee im Kubbeli Salon wieder hier. Oder brauchst du ein Mittagessen?"

„Gute Idee, Fritz!" Walburga lächelte ihren Gatten an. „Wir haben so üppig gegessen in den letzten Tagen, dass ich nicht hungrig bin. Als Notfallration können wir uns einige Maccarones und Gebäck aus der berühmten Patisserie des Hotels mitnehmen."

Die Stadtrundfahrt führte sie an der Blauen Moschee, der Hagia Sophia, dem Topkapi-Palast, den Yerbatan Zisternen vorbei. Durch das Studium des Baedeker im Zug gut vorbetreitet, wusste Walburga die eine oder andere Einzelheit anzumerken, ansonsten genossen beide die fremdartige Architektur und das Leben und Treiben.

Nachmittags begaben sie sich in den Kubbeli Salon. Bei leiser Piano-Musik zelebrierten sie den Tee, zu dem sich offenbar auch einige Mitglieder der Konstantinopler oberen Zehntausend eingefunden hatten. Man hörte Französisch, Englisch, Deutsch, Italienisch und Spanisch. Die außergewöhnlich hohen Decken mit Lichtkuppeln, die riesigen Murano-glas-Leuchter, die üppig mit Marmor eingefassten Fenster, große Orientteppiche, die die Schritte auf dem Parkett dämpften, schufen eine unwirkliche, geradezu magische Atmosphäre.

„Die Architektur spiegelt die Mischung von Ost und West, von Orient und Okzident wider, die sich hier im Hotel versinnbildlicht", fasste Walburga ihre Gedanken zusammen.

Ein Hotelpage brachte Fritz eine Nachricht. Nachdem er diese überflogen hatte, informierte er seine Frau: „Von einem unserer Geschäftspartner, Murat Bayar. Er lädt uns für heute Abend hier im Hotel zum Dinner ein."

Murat Bayar, der sie an der Rezeption erwartet hatte, betrachtete Walburga mit kaum verhohlener Bewunderung. Er führte das Ehepaar Bindseil an einen runden Tisch in einer Ecke, von wo aus sie einen guten Überblick hatten.

Als Walburga sich in dem eleganten Restaurant diskret umsah, war sie froh, dass der Vater ihr noch einige Kleider nach der neuesten Pariser Mode aufgedrängt hatte. Es geht hier womöglich noch eleganter zu als im Orient-Express, dachte sie.

„Sie geben mir hoffentlich die Ehre und das Vergnügen, heute Abend meine Gäste zu sein", drechselte Murat Bayar.

„Gern, Herr Bayar, aber nur, wenn wir uns revanchieren dürfen. Wir würden Sie im Gegenzug in ein typisches türkisches Restaurant einladen."

Ihr Gastgeber drehte und wand sich, um schließlich zögernd zu entgegnen: „In ein wirklich typisches Restaurant könnten wir aber die Frau Gemahlin nicht mitnehmen, das ist bei uns nicht üblich."

„Oh, das haben wir nicht bedacht, Herr Bayar", entgegnete Walburga. „Selbstverständlich können Sie beide einen Herrenabend verbringen, ich bin hier ja bestens aufgehoben."

Obwohl Fritz Bindseil sofort an Herr Jasmund denken musste, vermutete er unverhofft, orientalische Erfahrungen nicht nur in kulinarischer Hinsicht, sondern vielleicht auch mit einer Bauchtanzvorführung machen zu können und stimmte daher schleunigst zu.

Bayar überspielte die Peinlichkeit, indem er fragte: „Möchten Sie zur Begrüßung lieber Veuve Clicquot oder Mumm Cordon Vert? Und außer

Champagner sicherlich noch ein Mineralwasser – Vichy, Vittel oder Perrier?"

„Sie scheinen hier ja was die Getränke angeht fest in französischer Hand zu sein", begann Walburga Konversation zu machen.

„Nun, nicht umsonst hat Lamartine Pera die Provinz im Osten genannt, aber wir wissen natürlich das Interesse und die freundschaftliche Unterstützung Ihres hochverehrten Kaisers zu schätzen", versicherte Bayar. „Und nicht nur das, Sie werden auch beste deutsche Weine wie Hochheimer, Berncastler und Rauenthaler auf der Karte finden."

Nachdem ein exquisites Menü zusammengestellt und geordert war, wandte sich Fritz den Geschäften zu.

„Morgen werden wir auch unsere geschäftlichen Besuche beginnen und durch den Großen Bazar und den Gewürzbasar streifen", erklärte er.

„Ihre Gattin beteiligt sich aktiv am Geschäft?" Völlig irritiert sah Murat Bayar beide an.

Walburga schlug die Augen nieder und atmete tief durch. Wenn auch im deutschen Kaiserreich für die Frauen sehr vieles im Argen lag, hier herrschte ja wirklich noch finsterstes Mittelalter. Bevor jedoch Fritz Bindseil reagieren konnte, blickte sie die Herren mit einem feinen Lächeln an und antwortete: „Wir wollen doch den Geschmack unserer Kundinnen treffen und zugleich sicherstellen, dass deren Männer mit dem Auftritt ihrer Frauen zufrieden sind. Wie sollte dies besser geschehen als in der Zusammenarbeit? Ich weiß, worin sich Frauen attraktiv und wohlfühlen, und mein Mann weiß, in welchem Kleidungsstil ihm seine Frau besonders gefällt. Und wenn es um Schmuck und Essbares geht, spielt doch der Geschmack von Frauen ebenfalls eine große Rolle."

Fritz war bei dieser Antwort sprachlos, was selten geschah. Noch nie hatte seine Frau solche Gedanken vor ihm geäußert. Murat Bayar fasste sich schneller als er und entgegnete mit einer tiefen Verneigung: „Ja, so gesehen leuchtet mir das schon ein." Er überlegte einen Moment. „Ich werde Ihnen meinen Gehilfen Mustafa mitgeben. Er kennt sich im Bazar wunderbar aus, und er spricht recht gut Deutsch, auch etwas Englisch, das wird Ihnen eine große Hilfe sein."

Am nächsten Morgen wurden sie bereits von Mustafa, traditionell gekleidet und mit einem Fez auf dem Kopf, an der Rezeption erwartet. Nachdem er sich tief verbeugt hatte, bedachte er Walburga mit einem zweifelnden Blick, zwirbelte seinen stattlichen Schnurbart und erklärte: „Die Kutsche wartet schon. Wir werden mit dem Gewürzbasar beginnen."

Kaum waren sie dort wenig später eingetreten, sog Walburga begeistert die unterschiedlichsten Gerüche ein. Sie überflog die Vielfalt an Waren, denn hier gab es beileibe nicht nur Gewürze. Sie wusste sofort, dass die Basare, bei aller Bewunderung für die Baudenkmäler, das sein würden, was sie an Konstantinopel am meisten faszinierte.

Trotz des Hutes erregte sie mit ihrem blonden Haar mehr Aufsehen, als ihr lieb war. „Fritz, lass uns sofort ein Kopftuch kaufen, die Blicke, die hier an mir kleben, gefallen mir nicht. Und außerdem wird das auch unserem türkischen Ansprechpartner nicht behagen." Fritz nickte zustimmend. Die Art und Weise wie seine Frau hier mit den Augen verschlungen wurde, gefiel ihm keineswegs. Mit Hilfe von Mustafa suchten sie einen dunkelgrauen Schawl aus, den Walburga sich im Hintergrund des kleinen, aber feinen Geschäftes so um den Kopf schlang, dass ihr blondes Haar völlig bedeckt war. Dabei fielen ihr sofort Tücher in unterschiedlichsten Formen, Farben und Macharten auf, wie sie als Zierde im Sommer, als Umschlagtücher oder wärmender Schutz an Wintertagen auch in Deutschland wunderbar zu gebrauchen waren.

„Fritz, sieh nur", sie versuchte ihre Begeisterung zu zügeln, um nicht die Preise hochzutreiben, „Seide, Merino, Kaschmir – und Muster, die auch in Deutschland gefallen werden!"

Ihr Gatte brummte Zustimmung.

Der Tag verging im Basar wie im Flug. Eine kleine Mittagspause musste reichen, und Mustafa staunte, was die deutsche Frau alles aussuchte. Schawls, Taschen, Goldschmuck, Gewürze und große Mengen Süßigkeiten, von denen sie sich die genaue Zusammenstellung übersetzen ließ. Einige probierte ihr Gatte, andere sie selber. Kein Beobachter hätte auch nur im Entferntesten vermutet, dass die junge Frau kurz, aber heftig mit der Versuchung rang, ihren Mann mit einer aus vielen Nüssen bestehenden Süßigkeit ins Jenseits zu befördern. Nein, dachte Walburga, auch wenn er jede Nacht alkoholisiert ist, mir Vorhaltungen macht, eifersüchtig ist und handgreiflich wird – wenn ich das tue, werde ich meines Lebens auch nicht mehr froh. Ich muss mich auf das Aussuchen der Waren konzentrieren. Das tat sie sehr ausgiebig. Ein extra herbeigerufener Bote aus der Firma Bayar war am Ende des Tages mit Paketen beladen, denn Walburga hatte darauf bestanden, von allen wichtigen Waren ein Probestück mitzunehmen. „So können wir zu Hause sicherstellen, dass wir wirklich die gleiche Qualität erhalten", flüsterte sie ihrem Gatten zu. Fritz und Mustafa hatten den ganzen Tag über eine Menge Notizen zu machen, denn am nächsten Tag sollten die Verträge fixiert werden.

Als sie abends ziemlich erschöpft im Hotel ankamen, rang sich Fritz ein Lob ab: „Du bist eben doch die Tochter deines Vaters, der Handel liegt euch im Blut. Morgen kannst du dich ausruhen, während ich den kompletten Papierkrieg erledige."

Nach dem Frühstück wagte Walburga einen kleinen Spaziergang durch Pera und genoss den Luxus des Hotels. Indessen wurden die Geschäftspapiere durchgesehen, die zweisprachig ausgefertigt waren. Abends, nach einem weiteren exquisiten Essen, tranken die Herren noch einen Abschiedsschluck in der Hotelbar. Fritz Bindseil schüttelte Murat Bayar die Hand. „Damit besiegeln wir das Geschäft wie unter königlichen Kaufleuten. Papier ist geduldig, aber letzten Endes müssen wir uns aufeinander verlassen können."

„Das gefällt mir, Herr Bindseil. Beide Seiten werden zufrieden sein."

Am letzten Tag genoss das Ehepaar Bindseil eine Bootsfahrt auf dem Bosporus, eine Freude, die der hochzufriedene Murat Bayar seinen deutschen Gästen und Geschäftspartnern zum Abschied machte. Für Getränke und Speisen vom Feinsten war gesorgt. Mustafa kümmerte sich, von einem Diener unterstützt, aufmerksam um die Gäste.

„Ich wünsche Ihnen Hayırlı Paskalya! Ein gesegnetes Eierfest", sagte er artig. Fritz Bindseil sah völlig irritiert seine Frau an.

„Er meint frohe Ostern", flüsterte sie ihm rasch zu und bedankte sich bei Mustafa für seine Aufmerksamkeit.

Der freute sich und schwärmte: „Vom Goldenen Horn aus fahren wir zunächst Richtung Marmara-Denizi, dem Marmara Meer. Was für ein Erlebnis, den Topkapi-Palast und die Blaue Moschee vom Wasser aus betrachten zu können! Wir werden nicht bis zum Mara Deniz, dem Schwarzen Meer fahren, aber es gibt vieles zu sehen, zum Beispiel den Dolmabahce-Palast, der vom Wasser aus betrachtet besonders imposant ist."

Am Abend machte sich Walburga viele Notizen über das Gesehene, um die vielen wunderbaren Eindrücke festzuhalten, die bereits in ihrem Kopf zu schwirren begannen. Vor allem für die Osterzeit hatte sie ganze Sortimente von Süßigkeiten zusammengestellt, die bestimmt gut ankommen würden, denn Orientalisches aller Art war ja gerade sehr beliebt.

Und schon brach die Rückfahrt an. Walburga seufzte leise, während sie die letzten Kleinigkeiten aus ihrem Handkoffer im Schlafwagen verstaute. Mir graut vor der Heimreise, dachte sie. Nur widerwillig erkennt er an, dass ich auch etwas kann. Ihm wäre am liebsten, ich würde für immer der schwärmerisch in ihn verliebte Backfisch bleiben. Wie sollen wir uns da bis an unser Lebensende arrangieren? Aber das Schlimmste ist: Die Anzeichen, dass Fritz sich mir unbedingt wieder ehelich nähern will, sind überdeutlich erkennbar.

Ihr Gatte unterbrach ihre trüben Gedanken. „Ich werfe mich geschwind in den Frack. Dann genehmige ich mir im Rauchsalon vor dem Abendessen noch eine Zigarre. Mach dich in Ruhe schön. Ich hole dich ab." Mit einem Kuss auf ihre Wange und einem gutgelaunten Klaps auf ihr Hinterteil entschwand er.

Walburga blickte nachdenklich hinter ihm her und seufzte erneut. Noch länger kann ich keine Unpässlichkeit vorschieben, dachte sie, während sie mechanisch ihr Haar bürstete.

Mittlerweile hatte Fritz im Rauchersalon einen anderen deutschen Geschäftsmann getroffen, mit dem er sich über die frisch gewonnenen Eindrücke in Konstantinopel austauschen konnte. Der für Krupp tätige Mitreisende meinte: „Der Bau der anatolischen Eisenbahn 1890 brachte eine starke Beschäftigung der deutschen Industrie mit sich. Das Deutsche Reich und unsere deutsche Nation haben im Orient nichts zu wünschen, aber wir haben ein Interesse an der Stabilisierung der dortigen Verhältnisse."

„Ganz recht." Fritz Bindseil warf sich weltmännisch in die Brust. „Der kranke Mann am Bosporus bedarf unserer Unterstützung! Also mit Volldampf vorwärts nach Euphrat und Tigris und nach dem Persischen Golf. Der Landweg nach Indien muss wieder in die Hände kommen, in die er allein gehört, in die kampf- und arbeitsfreudigen deutschen Hände."

„Ich sehe schon, wir sehen die Dinge gleich." Sein Gegenüber hob ein Glas mit Cognac, und die beiden prosteten sich noch des Öfteren zu, während sie rauchten und politisierten.

In allerbester Laune öffnete Fritz Bindseil die Abteiltür und bewunderte seine Gemahlin in einem eisblauen Abendkleid, welches ihre hellblauen Augen und ihr blondes Haar wirkungsvoll unterstrich.

„Du siehst zum Anbeißen aus, mein liebes Weib. Du kannst dich übrigens auf ein üppiges Abendessen freuen. Für die internationalen Gäste hat man im Speisewagen sogar mit Ostereiern dekoriert. Das passt doch gut – schließlich galt schon in der Antike das Ei als Sinnbild des Lebens und der Fruchtbarkeit. Dies wird die richtige Nacht zum Helden zeugen. Lass dir vorab schon mal einen Kuss rauben!"

Seine Frau erstarrte zur Salzsäule, was ihn nicht im Geringsten zu stören schien. Rücksichtslos umschlang er sie fest, überhörte ihre protestierenden Laute und drang mit seiner Zunge tief in ihren Mund ein. Ihr geradezu verzweifelter Widerstand stachelte seine Erregung noch mehr an.

Was hat sie doch für eine süße Zuckerschnute, dachte er, dann ließ seine etwas Leidenschaft nach, weil er plötzlich Atemnot verspürte. Er öffnete die Augen, und sein Blick fiel auf eine angebrochene sechseckige Packung der 1777 gegründeten Confiserie HACI BEKIR, Turkish Delight, Lokoum Original with Hazelnouts. Er stöhnte, ließ Walburga los, blickte sie entsetzt an und begann zu röcheln. Bevor sie irgendetwas tun konnte, fiel er um wie ein Baum und knallte mit dem Hinterkopf auf die Klinke der Abteiltür. Ein hässliches Knacken zeigte an, dass Fritz Bindseil sein Leben mit einem Genickbruch abrupt beendet hatte. Seine Gattin indessen, die dies noch nicht begriffen hatte, rief völlig aufgelöst den Schaffner herbei. Der blickte auf den Mann, befühlte die Halsschlagader und wurde blass. „Gnädige Frau", stammelte er, „Ihr Mann ist tot."

Walburga zitterten die Knie, sie fühlte sich völlig durcheinander. „Ausgerechnet zu Ostern", flüsterte sie, die tödlichen Folgen des Kusses von Judas und die Ironie des Schicksals schossen noch durch ihren Kopf, bevor sie in Ohnmacht fiel.

In jeder Quelle fließt der Heilige Geist des Pfingstfestes

Cuba, Braunschweig, Hannover, Norderney, Gmunden, St. Blasien,
La Palma – 1901 bis 1904

> *„Alle Reisen haben eine heimliche Bestimmung,*
> *die der Reisende nicht ahnt."*
> Martin Buber (1878-1965)

*

Die meisten Schauplätze dieser Erzählung, die die halbe Erdkugel umspannt, ergaben sich durch die Recherche. Dazu passt die Herkunft der beiden Hauptpersonen: er Cubaner, sie Deutsche. Bei ihrer Begegnung ziehen sich Gegensätze an, aber nach und nach prallen auch Welten aufeinander. Schicksalhafte Wenden geschehen zu Pfingsten, die letzte auf einer kleinen Insel im Atlantik. Aber eines nach dem anderen! Zunächst gilt es, die beiden in ihren unterschiedlichen Welten kennenzulernen.

Cristobál Borrel-Bequer

Zwei Männer um die dreißig, die offensichtlich in ein ernstes Gespräch vertieft waren, saßen kurz vor Pfingsten 1901 auf der Veranda einer der größten Haciendas Cubas in der Nähe von Santa Clara. Sie führten die Zigarre genüsslich und mit der Regelmäßigkeit eines Kenners an die Lippen. Der köstlich duftende Rauch stieg mal in Ringen, mal kräuselnd in die schwülwarme Luft, wurde nur ab und zu durch das sanfte Auf und Ab der Schaukelstühle etwas verweht. Selbst die Wedel der hohen Königspalmen hingen schlapp herunter – kein Lüftchen regte sich. Die Männer waren Brüder. Bei Cristobál, der eine kleine Schattierung hellhäutiger war, handelte es sich um den Erben der Plantage. Seinen Halbbruder Juan, ein gewaschener Mulatte, wie man auf Cuba zu sagen pflegte, hätte man ebenfalls für einen Weißen halten können.

In der fruchtbaren Erde dieses großen landwirtschaftlichen Betriebes gedieh überwiegend, aber nicht ausschließlich Zuckerrohr. Cristobál blies gekonnt einige Rauchringe in die schwüle Luft und meinte: „Diese köstlichen Zigarren verdanken wir unserem Urgroßonkel. Der hatte auf La Palma erste Erfahrungen mit dem Tabak gemacht, den in die Heimat zurückgekehrte Landsleute dort erstmals in Mazo angepflanzt hatten."

Juan richtete sich auf. „Ja, so geht es zwischen den Kanarischen Inseln, Cuba und Venezuela hin und her. Denk unbedingt daran, wenn du in Europa interessante Gewächse siehst, dass du Samen mitbringst."

Cristobál nickte. „Wie es ebenfalls Urgroßvater tat, als er von La Palma nach Cuba auswanderte. Die Pflanze faszinierte ihn. Und in Erinnerung an die ersten palmerischen puros baute er hier auch Tabak an."

„Viele haben ihn ausgelacht, gemeint, dass er Eulen nach Athen trage. Aber er erzielte mit seinen Kreuzungen so gute Erfolge, dass wir mittlerweile über den Eigenbedarf hinaus an einen kleinen exklusiven Kundenkreis verkaufen. Zahlreiche Kenner sagen immer wieder, diese puros seien die besten auf ganz Cuba, besser als die Montechristo oder Cohiba, Romeo y Julieta oder Partagás." Juan stieß wie zur Bestätigung einige perfekte Rauchringe aus.

In diesem Moment trat die Großmutter hinzu und meinte: „Mein Onkel, ein einfacher Kleinbauer, der von der Hacienda de abajo aus Tazacorte auswanderte, hatte wie so zahlreiche andere auf der kanarischen Insel La Palma keine Zukunft für sich gesehen. Und wir haben ihm viel zu verdanken. Aber noch mehr Dank schulden wir seiner Schwester, meiner geliebten Mutter."

Cristobál sprang auf, bot ihr einen Platz an und zwinkerte seinem Bruder zu, denn beide wussten, was nun kommen würde.

„Meine bildschöne blonde palmerische Mama, deren Porträt in der Halle hängt, hatte das Herz des Besitzers dieser Hacienda so vehement erobert, dass er die völlig mittellose Frau zum Entsetzen seiner Familie heiratete. Indessen erwies sie sich als tatkräftige Ehefrau, die, ebenso wie ihr Bruder als Verwalter, zum weiteren Gedeihen der Hacienda ganz erheblich beitrug."

Cristobál wusste zu schätzen, was ihm diese Eheschließung beschert hatte. Statt als stolzer Haciendero hätte er auch der Nachfahre einer der unzähligen, von den Kanaren eingewanderten Frauen sein können, die sich mehr schlecht als recht auf den Haciendas oder in den Städten durchgeschlagen hatten. Die vorteilhafte Heirat der Urgroßmutter verhalf deren Nachfahren und damit auch ihm zu einer privilegierten Stellung.

In seiner Familie hatte man sich zunächst als Palmeros oder Canarios, dann zumindest als Spanier gefühlt – vereint durch das Band der Sprache und der katholischen Religion. Cristobál jedoch fühlte sich als Cubaner und pflichtete der Redewendung, dass das Beste, was die Spanier Cuba hinterlassen hatten, die Siesta sei, aus vollem Herzen bei. Aber auch die Amerikaner betrachteten die Insel, die sie als natürliches geographisches Anhängsel empfanden, neben der strategisch interessanten Lage vor allem als ein lohnendes Objekt zur wirtschaftlichen Ausbeutung.

Die Großmutter seufzte und meinte, als ob sie Gedanken lesen könnte: „Nun bringt uns dein Eintreten für ein freies Cuba obendrein noch die Trennung. Noch nicht einmal den Geburtstag der Kirche, das Pfingstfest, können wir noch miteinander feiern."

„Ja, ein Pfingstwunder, wo der Heilige Geist für die Verständigung zwischen den Menschen sorgte, damit sie sich gegenseitig verstehen, lieben und achten, das könnten wir auf Cuba bitter nötig gebrauchen. Von Kindesbeinen an kenne ich nichts anderes als kriegerische Auseinandersetzungen, die sich stets darum drehten, ob Cuba gänzlich unabhängig von Spanien werden, unter dem Schutz der spanischen Krone mehr Freiheiten genießen oder sich mehr an Amerika orientieren solle."

„Juan und du, ihr habt ja schon als kleine Jungen den ersten Cubanischen Befreiungskrieg verfolgt. Der Zuckerbaron Carlos Manuel de Céspedes hatte seine Sklaven freigelassen und war mit ihnen und zahlreichen Verbündeten in den Kampf für das freie Cuba gezogen."

„Das hat mir besonders imponiert, dass die Sklaven kämpften. Sie mussten sich geschlagen geben, was mich als Sechsjährigem, obwohl ich kaum etwas von Politik verstand, tief bestürzte", erklärte Juan.

Cristobál enthielt sich jeder kritischen Bemerkung, die seinen Bruder hätte verletzen können, und sagte nur: „Der geschlossene Friedensvertrag brachte ebenso wenig die Unabhängigkeit, wie die Abschaffung der Sklaverei oder die Aufhebung der Zensur. Und was Zensur bedeutete, wussten wir bereits, denn mit dem Schicksal des ersten großen Dichters Cubas, José Maria Heredia, hattest du, Großmutter, uns früh vertraut gemacht."

„So ist es – und gerade heute bereue ich das …" Die äußerst belesene Frau lächelte etwas gequält.

„Auf keinen Fall, abuelita", widersprach Cristobál heftig. „Den guten Hauslehrern und nicht zuletzt dem großen deutschen Gelehrten Juan Gundlach haben wir eine umfassende Allgemeinbildung zu verdanken – dir aber vor allem die Beschäftigung mit unseren großen Dichtern Heredia und Martí, verbunden mit der Liebe zu Cuba und einem ausgeprägten Gerechtigkeitssinn."

„Ja, Heredia schrieb gegen Ungleichheit und Ungerechtigkeit, wollte Cuba von spanischer Vorherrschaft befreien und starb in jungen Jahren verarmt im Exil. Das wird dir, Cristobál, zum Glück nicht passieren."

Der setzte sich auf. „Das ist ein schwacher Trost, Großmama. Cuba behandelte seine großen Söhne noch nie gut. Jose Martí war genau wie Heredia von der Insel verbannt worden. Martí gründete 1892 die Cubanische Revolutionspartei, und es gelang ihm mit führenden Köpfen den zweiten Krieg für die Unabhängigkeit wiederaufzunehmen."

„Was für ein unwiederbringlicher Verlust, dass der kriegsunerfahrene Martí, kaum nach Cuba zurückgekehrt, bereits im Mai 1895 starb." Ernst blickte die Großmutter von einem Enkel zum anderen. „Erst der Tod eures Vaters, dann Martí. Wir haben gemeinsam getrauert. Aber wenigstens konnte ich verhindern, dass ihr Brüder auch noch in den Krieg zogt. Was wäre sonst aus der Hacienda geworden?"

Cristobáls Gedanken wanderten zurück. Es galt auf der Hacienda als offenes Geheimnis, dass Juan, der ständige Gefährte und Freund seiner Jugendjahre, sein Halbbruder war. Die Ähnlichkeit war unverkennbar. Zusammen aufgewachsen waren sie jedoch nur, weil sowohl die Ehefrau des Vaters als auch dessen Geliebte, eine bildschöne hellhäutige Mulattin, die Geburt der Söhne das Leben gekostet hatte. Die Frauen ruhten nun an weit auseinanderliegenden Stellen des Friedhofes, was für die abergläubischen ehemaligen Sklaven auf der Hacienda genug Abstand bedeutete, um nicht noch nach dem Tode Eifersüchteleien auszutragen.

Um den Herrn rankten die Schwarzen manchen Gegenzauber, denn egal ob Schwarz oder Weiß, man fürchtete, er sei vor Kummer dem Wahnsinn verfallen. Denn er interessierte sich für nichts mehr. Die Großmutter stellte für seine beiden Söhne eine Amme ein, dazu eine Haushälterin und später ein Kindermädchen, denn sie musste sich wohl oder übel um die Geschäfte der Plantage kümmern. So wuchsen die Jungen in Freiheit dressiert auf. Als sie etwa sechs Jahre alt waren, raffte sich der Vater, von seiner eigenen Mutter gedrängt, so weit auf, dass er die Geschäfte nach und nach wieder selbst lenkte. Er bemerkte nun auch, dass seine Mutter seine Söhne völlig gleich behandelte und gemeinsam erzog. Dies wollte er umgehend unterbinden, stieß aber auf ihren erbitterten Widerstand. Sie drohte ihm sogar, gemeinsam mit den Jungen die Hacienda zu verlassen. Dieser energischen Gegenwehr fühlte er sich nicht gewachsen. Die Erziehung der Söhne, die ihn unweigerlich an den Verlust von deren Müttern erinnerten, überließ er ihr weitestgehend. Hauslehrer unterrichteten die Jungen. Erst mit siebzehn trennten sich ihre Wege.

Es gab vielfältige Mischungen zwischen den Spaniern, den Nachfahren der schwarzen Sklaven, den freien Mulatten, und den Chinesen, die man zum Arbeiten ins Land geholt hatte. Aber diejenigen, die weißes, vor allem spanisches Blut hatten, blieben möglichst unter sich. Dennoch war für Cristobál immer klar, dass sein Bruder ein ebensolches Anrecht auf das Erbe der Hacienda hatte wie er selbst.

Juan lernte von der Pike auf, was zur Führung einer Hacienda an unterschiedlichstem Wissen benötigt wurde. Währenddessen ging Cristobál nach Havanna, um Pharmazie zu studieren. Schwer zu sagen, wer von den beiden den anderen mehr beneidete – doch darüber sprachen sie nie, obwohl sie sonst stets ihre Gedanken miteinander teilten, was den einen oder anderen Disput keineswegs ausschloss.

„Es ist ein Jammer, dass du fortgehen musst, Cristobál", nahm die Großmutter das Gespräch wieder auf. „Denn du hast dir ja während deines Studiums viele nützliche Erkenntnisse aus der Biologie und der Medizin angeeignet, die für die Hacienda von großem Nutzen sind."

„Dazu haben außerdem die lehrreichen Gespräche mit deinem guten Freund Johann Gundlach beigetragen, Großmama", sagte Juan. „Welches Glück, dass dieser hervorragende Naturwissenschaftler, der das erste Naturkundemuseum Cubas gegründet hat, uns auf die reichen Schätze unserer Natur aufmerksam machte."

„Nicht zuletzt auf die heilsamen Auswirkungen sowohl des Meerwassers als auch des Thermalwassers. Leider muss ich die Erforschung der vielen Heilquellen bei San Diego de los Baños nun verschieben", seufzte Cristobál.

„Die Quellen laufen dir nicht weg, mein Junge. Die gibt es schon so ewig, wie es Gott gibt. Sie sind auch ein Symbol des Heiligen Geistes, welchen er uns zu Pfingsten gesandt hat. Ich bin sehr traurig, dass du das Fest nicht mit uns verbringen kannst. Ach, ich werde dich vermissen. Dein Vater tot, Johann Gundlach ebenfalls, das sind die Lasten des Alters, die einsam machen."

„Du hast ja noch mich, Großmama. Und außerdem haben Cristobál und ich doch eine ganze Menge getan auf der Hacienda, was dein Wohlgefallen fand." Juan, mehr der geborene Landwirt als sein Bruder, blickte zufrieden zur Großmutter.

„Darauf bin ich sehr stolz! Unsere Familie gehört zu denen, die das Zuckerrohr reich gemacht hat. Aber dies geschah früher auf dem Rücken der Schwarzen, die die Felder mit Schweiß, Tränen und Blut gedüngt haben und das scheinbar paradiesische Gedeihen der Felder, das Funktionieren der monströsen Zuckerfabriken oft mit einem kurzen Leben bezahlten. Zwar wurden die Sklaven hier mit verantwortungsbewusster Fürsorge, wenn auch mit einer gewissen Herablassung, behandelt, aber ich war genau wir ihr beiden froh, als 1889 die Sklaverei offiziell abgeschafft wurde."

„Wir haben die Wohn- und Lebensverhältnisse nach und nach gemeinsam verbessert. Da waren Cristobáls Erkenntnisse und Argumente aus dem Studium nicht nur bezüglich der Hygiene nützlich."

„Mir gefiel es sehr, dass ihr schon vor der Abschaffung der Sklaverei darauf gedrungen habt, die engen Baracken, in denen die Sklaven in winzigen Gelassen über Nacht eingesperrt waren, durch vernünftige, mit Palmwedeln gedeckte Hütten zu ersetzen. Außerdem Kochhäuser und Latrinen anzulegen. Das Ende der Sklaverei bedeutete so für die Hacienda keinen großen Einschnitt. Wie bisher bekamen die Sklaven Nahrung, Behausung und Kleidung, dazu wurde ihnen Lohn gezahlt." Zufrieden blickte die Großmutter ihre Enkel an. „Entschuldigt mich einen Moment. Ich will mal in der Küche nach dem Rechten sehen." Und sie entschwand eilig, damit die Tränen, die in ihre Augen traten, unbemerkt blieben.

1889 hatten nur wenige Sklaven das Gut verlassen. Dafür kamen einige aufgeweckte Arbeiter hinzu, wie Estéban, der sich jahrelang als junger Bursche in den Wäldern versteckt hatte und dessen Rücken von Peitschenhieben zerfurcht war. Der zog auch 1895 mit einigen Gefährten in den zweiten Unabhängigkeitskrieg, an dem die große Mehrheit der Schwarzen teilnahm.

Nachdenklich wippte Cristobál hin und her – erst letztes Jahr war Estéban wieder auf die Hacienda gekommen. „Wir haben gekämpft wie die Löwen", hatte er stolz berichtet, „aber die meisten von uns saßen nach Beendigung des Krieges 1898 auf der Straße. So kehrten die Freiheitskämpfer notgedrungen aufs Land zurück, in den Büros oder bei der Polizei wollten sie uns nicht haben. Alles wie gehabt – ins Zuckerrohr oder auf die Tabakfelder gehören wir. Denn die Amerikaner wollen nicht, dass die Nigger, wie sie uns nennen, stark werden. Wir sind zu viele, sie haben Angst vor uns. Und die Criollo mögen sie auch nicht, es sei denn, es handele sich um schöne Frauen." Zwischen Estéban und Juan war blitzschnell ein einvernehmlicher Blick hin und her geflogen, den Cristobál nicht bemerkte. Die Amerikaner, so hatte Estéban weiter berichtet, rissen sich schon bald unter den Nagel, was nur irgendwie ging, und machten dazu schöne Worte, aber die Cubaner, die ihnen gehorchten, trugen genauso viel Schuld.

Cristobál hatte ihm zugestimmt und eines seiner Lieblingsgedichte von Heredia, den bereits 1823 geschriebenen Stern von Kuba, zitiert.

„ Wenn ein Volk seine schwere Kette
Nicht zerreißen kann mit eigner Hand,
Mag es ihm leicht sein, den Tyrannen zu wechseln,
Aber frei sein wird es nie. "

Alle hatten ihm zähneknirschend zugestimmt.

Während Cristobál das, begleitet vom Abendkonzert der Grillen, durch den Kopf ging, fiel sein Blick auf drei kleine, völlig unterschiedlich gefleckte Kätzchen, die die Menschen neugierig beäugten. Das mutigste schlich schließlich heran und stupste ihn an. Obwohl er mehr die Hunde liebte, rührte ihn diese zutrauliche Manier. Unwillkürlich stieß er einen tiefen Seufzer aus: „Ach, Juan, wem können wir noch vertrauen?"

Sein Bruder wusste sofort, dass er an den Ausgang des zweiten Unabhängigkeitskrieges dachte. Als sich der Sieg der schlecht ausgerüsteten und zahlenmäßig unterlegenen Aufständischen abzeichnete, hatten die Amerikaner vergeblich versucht, den Spaniern die Insel Cuba abzukaufen. Im Hafen von Havanna explodierte dann ein US-Kreuzer, was die Amerikaner zum Anlass nahmen, Spanien auf cubanischem Boden den Krieg zu erklären.

„Na, den Amerikanern keinesfalls. Aber du hättest dich vielleicht mit deinem lautstark geäußerten Verdacht, dass diese bei der Explosion des

Kreuzers selber die Finger im Spiel hatten, besser etwas zurückgehalten."

In diesem Moment löste sich wie aus dem Nichts ein dunkler Schatten, wodurch die Brüder erschrocken zusammenzuckten.

„Das wusste doch der Dümmste, dass die Amerikaner die Maine in die Luft fliegen ließen, um endlich in den Krieg eingreifen zu können. Alles andere sind Ammenmärchen! Und davon abgesehen – trauen kann man niemandem mehr – auch bei den Freimaurern gibt es Spitzel und Neider."

„Verdammt, Estéban", fluchte Juan, „kannst du nicht wie ein normaler Mensch auftauchen? Du erschreckst noch mal jemanden zu Tode!"

Der so gescholtene große Mann zuckte unbeeindruckt mit den Achseln. „Das Leben im Wald und die Jahre im Krieg, Señor – das Anschleichen ist mir zur zweiten Natur geworden."

„Und das Lauschen ebenfalls", meinte Cristobál. „Du bist wie immer ausgezeichnet informiert."

Estéban neigte den Kopf und grinste dabei breit. „Ich bin nicht nur gekommen, um Sie zu verabschieden. Ich habe Ihnen auch ein Amulett mitgebracht, das Sie beschützen soll." Er zog eine glänzend polierte kleine dunkle Steinscheibe hervor, die in der Mitte durchbohrt war. „Tragen Sie dies zusammen mit Ihrem goldenen Kreuz an der Halskette, dann haben Sie neben Christus unsere afrocubanischen Götter an Ihrer Seite. Und legen Sie das Amulett nie ab. Ohne mein Amulett", er griff reflexartig an seinen Hals, „hätte ich den Krieg nicht überlebt."

Cristobál blieb keine andere Wahl, als sich zu erheben und die Goldkette mit dem Kreuz, die ihm die Großmutter geschenkt hatte, aufzunesteln. Fordernd nahm Estéban sie ihm ab, zog die kleine Steinscheibe auf, ballte alles in seiner Faust zusammen und murmelte einige beschwörende Worte dazu. Er blickte konzentriert und ernst vor sich hin.

„Seien Sie vorsichtig, denn es gibt auch Wege, die in die Irre führen. Sie werden die Frau Ihres Lebens gewinnen und fast wieder verlieren. Sie werden einer Versuchung ausgesetzt sein, bevor Sie den Weg in die Heimat zurückfinden." Dann legte er wie selbstverständlich Cristobál die Kette um den Hals und schloss sie sorgfältig. „Gesegnete Reise und kommen Sie bald gesund zurück." Er zögerte einen Moment und fügte grinsend hinzu, um den Bann seiner Vorahnungen zu brechen, bei denen

Cristobál sichtlich zusammengeschreckt war. „Und schaffen Sie eine schöne Henne aus der Ferne her, damit hier endlich was aufwächst!"

Juan, dem es bei den Prophezeiungen Estébans kalt den Rücken runtergelaufen war, feixte nun herzlich: „Also, Bruderherz, mach keinen Kokolores und bring vor allem eine anständige blonde Henne mit!"

Er prustete vor Lachen, da Cristobál, nicht zuletzt wegen der Wortwahl, etwas pikiert dreinblickte. Indessen wurde Estéban ernst und sagte: „Morgen früh müssen Sie mit der ersten Dämmerung aufbrechen, Herr, dann fahren Sie, so lange es nur geht. Wir bekommen einen heftigen Zyklon, der von Osten her aufzieht."

Erstaunt sahen die Brüder sich an. „Woher willst du das denn wissen?"

„Nun, die tiefen Peitschennarben auf meinem Rücken schmerzen und ziehen. Und die Tiere verhalten sich merkwürdig – sie spüren, dass da was in der Luft liegt. Ob der Sturm uns erreichen wird, kann ich noch nicht sagen. Diese verdammten Ungeheuer wechseln ja oft die Richtung."

„Halt mich auf dem Laufenden", bat Juan, „damit wir Vorsichtsmaßnamen treffen und alles niet- und nagelfest machen können. Veranlasse, dass man sämtliche Vorräte überprüft, für den Fall, dass wir länger von der Außenwelt abgeschnitten werden sollten."

Mit einem Nicken verschwand Estéban so schnell, wie er aufgetaucht war.

Juan beendete das sanfte Schaukeln des Stuhls und sagte zu seinem Bruder: „Ich bin sehr unglücklich darüber, dass du gehst. Es wäre viel schöner, wenn du hier ein normales Leben führen könntest, selbst mit den eingebildeten Amerikanern. Wir sind doch längst im richtigen Alter, endlich eine Familie zu gründen und die Plantage weiter voranzubringen."

„Das überlasse ich zwangsläufig erst mal dir, Juan. Der Roman meines Lebens, wie Heredia schrieb, treibt auch mich in die Ferne. Wenn ich bleibe, steht Ärger ins Haus – man hat mich auch über die Freimaurer gewarnt, dass man mich arretieren will. Mir ist ganz unmännlich zum Weinen zumute, sobald ich daran denke, wie viele Cubaner für ein freies und unabhängiges Cuba umsonst gestorben sind. Unsere schöne Insel hat stets die Begehrlichkeiten anderer Länder geweckt. Spanien wollte uns als besonders schöne Perle für seine Krone."

„Und die Amerikaner hätten uns am liebsten als weiteren Stern auf ihrer verdammten Fahne", knurrte Juan.

„So weit ist es zum Glück nicht gekommen. Aber wir werden ihre Marionetten-Republik sein. Heredia würde sich im Grabe umdrehen. Bereits 1825 schrieb er: ‚Cuba! Einst wirst du frei dich sehen und rein.'"

„Wann wird der Roman deines Lebens enden, damit seine Realität beginnen kann?", fragte Juan in Anspielung auf weitere Worte des Dichters, die die Großmutter so oft zitierte.

Gerührt und bedrückt prostete Cristobál seinem Bruder mit dem letzten Schluck Mojito zu. Diese Frage des verbannten Poeten begleitete in seltsamer Form Cristobáls Leben, der sich bereits in jungen Jahren in die Unabhängigkeitsbestrebungen seines Landes verwickelt war.

„Apropos Realität", warf Cristobál ein, „die Amerikaner sind ja mit ihrer hygienischen Säuberung gegen Schmutz und Gestank erbärmlich gescheitert. Die enge und verbaute Altstadt von Havanna und ebenso andere Küstenstädte gelten als Brutstätte des Gelbfiebers, als Haupthölle des gelben Teufels. Dabei habe ich ihnen, als wir hier eine Delegation der Neunmalklugen empfingen, laut und deutlich erklärt, wie ihr Landsmann Carlos J. Finlay schon vor vierzig Jahren nachgewiesen hat, dass der Moskito Aedes aegypti der Überträger des Gelbfiebers ist."

„Finlay ist denen viel zu sehr Cubaner geworden", entgegnete Juan, „außerdem wollen sich die Herren von uns Einheimischen und vor allem von uns Criollos nichts sagen lassen, sie sind ja der personifizierte weiße Fortschritt. Und zahlreiche unserer Landsleute denken leider genauso."

Cristobál ging auf die Spitzen seines Bruders gegen den amerikanischen Rassismus lieber nicht ein, sondern fuhr fort: „Die nächste Epidemie des ‚Schwarzen Kotzens' war jedenfalls schlimmer als zuvor. Sie forderte viele Tote, besonders unter den neu eingewanderten Spaniern, Amerikanern und deren Soldaten."

Inzwischen wehten vom Küchentrakt köstliche Düfte herüber. Die Köchin versuchte ihren Abschiedsschmerz dadurch zu bekämpfen, dass sie alle Lieblingsgerichte ihres Herrn zubereitete. Sie ahnte nicht, dass sie ihm das Herz damit nur noch schwerer machte.

Sein Abschiedsblick nahm das gewohnte Ambiente plötzlich in ungewohnter Klarheit wahr. Um den Esstisch aus Italien standen in Cuba gefertigte Stühle im europäischen Medaillon-Stil. Vom Mittelbalken des aus Zedernholz hergestellten Walmdachs hing ein kostbarer Kristalllüster, den Cristobál trotz aller Schönheit stets etwas scheel ansah, da er aus den USA stammte.

Der Tisch war mit französischen Baccarat-Gläsern und Meißner Zwiebelmuster gedeckt, welches die Großmutter zu Ehren Johann Gundlachs aus Deutschland hatte schicken lassen. Der Gelehrte und Biologe weilte als Freund des Hauses oft auf der Hacienda. Die beiden Jungen hatten von ihm Deutsch gelernt und machten sich bald einen Spaß daraus, dies als Geheimsprache zu nutzen, wenn sie etwas für sich behalten wollten. Die Köchin, die einen Narren an dem ebenso bescheidenen wie freundlichen Mann gefressen hatte, hatte nicht eher geruht, bis sie das Leibgericht des Deutschen, nämlich Rinderrouladen, zu dessen höchster Zufriedenheit zubereiten konnte.

Und in der Tat gab es neben Kichererbsensuppe, Languste, Reis mit schwarzen Bohnen, Hühnchen, Yamswurzeln und Süßkartoffeln auch Rinderrouladen. Dazu tranken sie Rotwein aus Spanien. Doch die Großmutter und die Brüder stocherten nur in dem Festmahl, selbst der köstliche Flan, ein süßer Vanillepudding, vermochte die Stimmung nicht zu heben.

Abschied

Am nächsten Morgen nahm Cristobál in aller Herrgottsfrühe nach den ersten Hahnenschreien eine ausgiebige Dusche. Das neueste amerikanische Model besprühte den Körper nicht nur von oben, sondern auch von allen Seiten. Das Wasserklosett hingegen war ein Produkt aus englischem Porzellan und auf einem blauweißen Fußboden montiert. Im luxuriösen, marmorgetäfelten Bad ließ er sich von einem eingebauten Engelchen ausgiebig Eau de Toilette spenden und nahm sich ausnahmsweise von einem anderen einen kleinen Schluck Gin. Das Frühstück im Patio brachte er schnell hinter sich. Von der Großmutter hatte er sich bereits am Abend verabschiedet.

Da tauchte sein Bruder mit drei großen Holzkisten auf.

„Es hilft alles nichts, wir müssen adios sagen! Ich habe dir einen ordentlichen Vorrat unserer Zigarren einpacken lassen, damit du diese nicht entbehren musst."

Cristobál nickte traurig.

„Bring ein paar schöne Jugendstil-Möbel mit Intarsien aus Europa mit und einige Gemälde, um die etwas düstere Pracht hier aufzuhellen. Diese Impressionisten malen sehr ansprechende Landschaften, also spring da mal über den Schatten deines eher konservativen Geschmacks! Auch wenn man es gerade mir nicht zutraut, habe ich ja von uns beiden die ästhetischere Ader geerbt." Die erstaunten Äußerungen über sein gutes Auge für alles Künstlerische hatten ihn in jüngeren Jahren oft genug gekränkt.

Cristobál drohte seinem Bruder halb im Spaß – und der war zufrieden, die Trauer des Abschiedes etwas durchbrochen zu haben. So fuhr er friedlicher fort: „Und vielleicht wirst du ja sogar nach La Palma reisen."

„Ja, irgendwann werde ich dieses putzige kleine Eiland aufsuchen, wenn ich in Europa bin. Müsste eigentlich ganz vertraut sein, denn Zuckerrohr und Tabak hatte man dort ebenfalls angebaut. Und Verwandtschaft haben wir auf der Insel ja auch noch. Der Traum, die alte Heimat zu besuchen, ist zwar von Generation zu Generation schwächer geworden, in meinem Herzen jedoch schlummern noch die getreulich weitererzählten Familiengeschichten, ausgeschmückt und durchsetzt von fabulösen Erzählungen über die tapferen Guanchen, von denen die blonde Urgroßmutter offensichtlich abstammte."

„Und am besten wäre, wie Estéban schon gesagt hat, du bringst eine schöne blonde Frau heim, so eine, wie es die Urgroßmutter war – egal ob nun eine Palmera mit Guanchen-Blut oder eine hübsche Deutsche, ein blondes Gretchen, wie Juan Gundlach zu sagen pflegte."

Cristobál nickte. Juan erhob mahnend die Hand. „Du solltest dich in Europa vielleicht nur als Besitzer einer kleineren Hacienda ausgeben – Frauen, die mehr an unserem kleinen Königreich als an dir als Person interessiert sind, hat es auch hier genug gegeben. Du verdienst eine Frau, die dich ohne dieses ganze Brimborium liebt."

Cristobál umarmte seinen Bruder fest. „Lass es uns kurz machen. Ich konnte das Rad der Geschichte nicht drehen, und nun muss ich sehen, dass ich von Cuba verschwinde."

Am Pfingstsonntag brach er von Havanna aus nach Europa auf. Er fühlte sich traurig und erleichtert zugleich, als das Schiff ablegte. Das Sternenbanner über der Morro-Festung sah er zähneknirschend in der Ferne verschwinden. Und erneut ging ihm die Zeile von Heredia aus der 1825 geschriebenen Hymne des Verbannten durch den Sinn: „Cuba! Einst wirst du frei dich sehen und rein." Von diesem Ziel der Freiheit erschien ihm sein Land weiter entfernt denn je, und er fragte sich, ob er zu seinen Lebzeiten noch ein freies Cuba erleben würde.

Als er die Umrisse seiner Heimatinsel nicht mehr erkennen konnte, spürte er bereits Heimweh. Klein und verloren kam er sich vor unter dem Sternenhimmel. Die Großmutter würde heute, gemeinsam mit einigen Frauen zur Quelle in der Nähe des Glockenturmes gehen, um dort Wasser zu holen. Dieses gesegnete Wasser, das den Neubeginn des Lebens zu Pfingsten symbolisierte, würden sie in der Kapelle verwahren und das Jahr über benutzen.

Er seufzte. Der Heilige Geist, durch dessen Flammenzungen die Jünger plötzlich in allen Sprachen reden konnten, sollte ja auch der Verständigung zwischen den Menschen dienen, damit sie sich gegenseitig liebten. Feuer und Flamme sollten die Jünger für ihre Aufgabe sein, das Evangelium zu verbreiten. Feuer und Flamme auf Cuba kannte er nur von Kriegen! In der Bibel wurde der Heilige Geist unterschiedlich beschrieben – als Feuer, als unsichtbarer Wind, als Taube oder als Quellwasser. Das Symbol des Wassers war ihm stets als Quelle des Lebens und Mittel der Taufe besonders einleuchtend erschienen. Vor dem Schlafengehen ging er noch einmal hinaus, ließ sich an der Reling den Wind um die Nase wehen und starrte auf die unendliche Weite des Meeres.

In der ersten Nacht auf dem Schiff von Pfingstsonntag auf Montag hatte er einen intensiven Traum. Er stand auf felsigem Gestein nahe am Meer, und der Heilige Geist umbrauste ihn wie eine als Wasserfall herabstürzende Quelle, die alles in Gischt einhüllt. Ihn erfüllte ein intensives Glücksgefühl. In seinem Traum gelang ihm eine heroische Tat, die die Menschen beglücken, heilen und Wunder wirken würde.

Am nächsten Morgen wachte er schweißgebadet auf, konnte sich nicht mehr genau an alle Einzelheiten des Traums erinnern. Das Gefühl von Glück und Zufriedenheit jedoch durchdrang ihn noch immer. Während er sich aus einer Kanne Wasser in die Waschschüssel goss – von einer Dusche wie auf der Hacienda konnte hier natürlich keine Rede sein, überlegte er, welche bahnbrechende Tat, die dem Pfingstfest würdig sei, ihm sein Traum wohl vorgegaukelt hatte. Er war etwas verwundert, denn er hatte nie nach Ruhm und Erfolg gestrebt. Ein freies und friedliches Cuba und das Wohlergehen von Mensch und Tier, vor allem auf der Plantage, das hatte seine Gedanken bestimmt.

In den nächsten Tagen blieb er meist allein. Wenn andere von Cuba sprachen, schmerzte es ihn so sehr, dass er wegging. Immerhin – mit Lesen vermochte er sich abzulenken. Und durch den Umgang mit Frauen ...

Ein Cubaner auf Reisen

Unstet und getrieben bereiste er Spanien und Frankreich.

Über das Elsass gelangte er nach Deutschland, von dem ihm Juan Gundlach so viel erzählt hatte. Dort gefiel es ihm von Anfang an, was wohl nicht zuletzt daran lag, dass sein von dem in Hessen geborenen Zoologen gelerntes, etwas altmodisches Deutsch häufig Überraschung und Entzücken hervorrief. In Baden-Baden lernte er nicht nur die Kraft des Thermalwassers sowohl als Trunk, sondern auch durch das Bad zu schätzen. Neben den überaus gepflegten Hotels gefielen ihm die luxuriösen Badeanlagen. Das gab es so auf Cuba nicht. In San Diego de los Baños, einem Fünfhundert-Seelen-Kaff im Westen seiner Heimatinsel, hatte man erst kürzlich für die seit langem bekannten Heilquellen ein einfaches Bäderhaus errichtet. Er reiste von Kurbad zu Kurbad und begann die deutsche Sprache noch intensiver zu erlernen. Es gab überall sehr schöne blonde Frauen, denen er den Hof machen konnte. Und auch da, wo er die volle Gunst eines Dienstmädels oder einer Näherin großzügig bezahlte, bevorzugte er die Blondinen, die keineswegs so kühl waren, wie es behauptet wurde.

In Bad Ems schließlich empfahl ihm der dortige Apotheker bei einer guten Zigarre: „Bereisen Sie doch mal den deutschen Norden. An der Nordsee gibt es übrigens besonders viele hübsche Blondinen." Er zwinkerte Cristobál zu, denn er hatte dessen Vorliebe bald bemerkt. Genüsslich stieß er den Rauch aus. „Diese Zigarren, die Sie von ihrer heimatlichen Plantage haben, sind die besten, die ich je geraucht habe!" Für einen Moment hielt er inne, da er den Faden verloren hatte, nicht zuletzt, weil Cristobál plötzlich so traurig in die Ferne starrte. „Die Nordsee ist sicherlich ein riesiger Kontrast zu Ihrer karibischen Heimat – bis auf den weißen Sand ist dort alles anders. Aber die wohltuende Wirkung des Meerwassers auf den Organismus, die man bereits vor über hundert Jahren entdeckte, das müssen Sie erleben und studieren. Fahren Sie nach

Norderney! Auf dieser schönen Insel trifft sich die europäische Hautevolee. Und Sie finden da jede Menge attraktiver Frauen", er zwinkerte dem Cubaner abermals zu, „auch die ces-dames, die keine wirklichen Damen sind, was ja durchaus seinen Reiz besitzt."

„Mit der käuflichen Liebe habe ich wenig am Hut", erwiderte Cristobál knurrig.

„Zu Recht, junger Freund, zu Recht! Mit einem Tripper ist nicht zu spaßen und von der Syphilis, die immer noch eine Geißel ist, gar nicht zu reden!"

„So ist es. Schon allein die Vorstellung, wie vielen Freiern so eine Prostituierte zu Diensten ist, und das bei zweifelhafter Hygiene, lässt mich schaudern." Er nahm einen tiefen Zug aus der Zigarre. „Außerdem passt das nicht zu dem Respekt, den die Großmutter meinem Bruder und mir vor den Frauen beigebracht hat. Sie betonte stets, dass sich die Welt ohne Frauen, egal welcher Hautfarbe, nicht weiterdreht. Und dass Männer, die Frauen schäbig behandeln, einen schlechten Charakter haben, vor allem, wenn sie diese zu etwas zwingen, das sie nicht wollen. Besonders die Art und Weise, wie viele weiße Männer, zu denen auch durchaus mein Vater gehörte, die Mulattinnen als Freiwild betrachteten, erboste sie maßlos."

„Nun, auf Cuba herrschen da gewiss andere Verhältnisse, als wir sie hier kennen", warf der Apotheker etwas hilflos ein.

„In der Tat, zumal mein Halbbruder eine Mulattin zur Mutter hatte."

Während sein Gegenüber diese Information verdaute, fiel Cristobál der aufgeregte Bericht Estébans über das Verhalten der amerikanischen Soldaten auf Cuba wieder ein. Die Mambíses hatten den Militärs in Cienfuegos mit der blanken Machete Benehmen beigebracht. Die amerikanischen Soldaten, gelb angezogen, schön gebügelt, waren häufig betrunken und wollten aus purem Leichtsinn die Criollas haben, als ob sie Fleisch vom Markt wären. Wenn sie eine hübsche Frau am Fenster sahen, hatten sie: ‚Fucky, fucky, Margarita', gerufen und waren einfach rein ins Haus. Das hatten sie auch noch für einen Riesenspaß gehalten. Juan, in seiner Ehre als Criollo getroffen, war vor Wut rot angelaufen und hatte Estéban gefragt, was sie dagegen getan hätten. Der hatte stolz beschrieben, wie die Mambíses mehrere Soldaten, die Frauen belästigten, ihnen an den Hintern fassten und dreckige Bemerkungen machten, mit gezogener Machete gezwungen hatten, das Feld zu räumen. Einige rannten zur Mole, wo ihr Schiff lag, um dort Schutz zu suchen. Danach hatten sie nie wieder ein Weib aus dem Dorf bedrängt. Auf Juans Lob aus vollem Herzen hatte Estéban nur trocken bemerkt, als sei das nichts gewesen, dass sie an dem Tag alle ihre Haut riskiert hatten.

Der Apotheker riss Cristobál mit einem etwas süffisanten Lächeln aus seinen Erinnerungen. „Und wie handhaben Sie auf Cuba das Thema mit den männlichen Bedürfnissen?"

„Nun, Geld erleichtert die Angelegenheit natürlich immer. Ein Verhältnis auf Zeit, aus dem möglichst keine Kinder entstehen und das bei einer sich entwickelnden zu großen Anhänglichkeit der Frau mit der Wahl eines passenden Ehemannes und einer guten Mitgift endet."

„Das würden wir bei uns ‚Vorgehen nach Gutsherrenart‘ nennen."

„Genau das sagte meine Großmutter auch, die mich drängte, mir endlich eine Ehefrau zuzulegen. Aber die standesgemäßen heißblütigen Senoritas waren alle nicht mein Fall. Mein Bruder gab mir mit auf den Weg, mir hier eine schöne blonde Frau zu suchen."

„Viel Erfolg dabei. Wie gesagt, da sind Sie im Norden gerade richtig. Abgesehen davon finden sich dort, wo die Hautevolee sich ein Stelldichein gibt, auch Witwen und allein reisende Ehefrauen, die einem diskreten Techtelmechtel nicht abgeneigt sind."

Welches Argument letztendlich den Ausschlag gab, wusste Cristobál nicht so recht zu sagen, aber er ließ sich die Reiseunterlagen zusammenstellen und begab sich in einem komfortablen Abteil der 1. Klasse in den Zug gen Norden.

Henriette

Nachdem sie in Hannover das Nötigste geregelt hatte, reiste Henriette von Struhs im Frühsommer 1902 das erste Mal nicht in Begleitung ihrer vor einem Jahr verstorbenen Mama nach Norderney, sondern mit ihrer Tante Elisabeth. Bewusst hatte sie ein kleineres Hotel an der Kaiserstraße mit Meerblick ausgesucht, in dem sie mit ihrer Mutter Helene nie gewesen war. Auch so waren zahlreiche Erinnerungen an die Verstorbene mit der Insel verbunden, die dort wegen ihrer angegriffenen Gesundheit Wannenbäder bekommen hatte, derweil Henriette es liebte, sich ins Meer zu stürzen und mit den Wellen zu kämpfen.

Stets hatte Henriette während der regelmäßigen Besuche bei der ehemaligen Hannoverschen Königin Marie im Gmundener Exil ausführlich von deren Lieblingsinsel berichten müssen. Sowohl die Marien- wie auch die Georgs-Höhe erinnerten an das letzte Herrscherpaar des Königreichs Hannover, welches seit nunmehr über dreißig Jahren unwiederbringlich verloren schien. Königin Marie, die Henriette auf Grund der weitläufigen Verwandtschaft großzügig erlaubte, sie mit Großtante anzureden, hatten die Schilderungen des Mädchens so manchen Seufzer in Erinnerung an vergangene Welfenherrlichkeit entlockt.

Das galt besonders für Grüße aus Maries Lieblingsstiftung, welche sie aus einem Erbe ihrer Großmutter Henriette von Württemberg 1859 gegründet hatte. Im Kinderhospiz auf Norderney wie in der Henrietten-Stiftung in Hannover wurde ihr nach wie vor, nicht nur von den Diakonissen, getreulich gedacht. Kein Wunder, dass Henriettes Vater, dessen eingedenk, wohlweislich bei der Namenswahl für die Tochter auf Helene eingewirkt hatte …

Henriette von Struhs blickte mit knapp achtzehn Jahren bereits auf ein recht ungewöhnliches Dasein zurück. Vaterlos aufgewachsen, hatte sie mit ihrer stets kränkelnden Mutter ein unstetes Leben geführt. Die beiden kannten sich in Europa in zahlreichen Kur- und Thermalbädern aus, in denen sich Adel, Großbürgertum, Fabrikanten und Politiker eine geraume Zeit aufzuhalten pflegten. Viele, um ihre Tage vor allem angenehm zu verbringen und die Spielkasinos zu frequentieren, einige, um Linderung ihrer Leiden zu suchen. Zu Letzteren hatte Henriettes Mutter Helene gehört, die manchmal Besserung erfahren hatte, aber nie kuriert worden war.

Seit sie sich erinnern konnte, begleitete Henriette, gemeinsam mit wechselnden Gouvernanten und einer getreuen Kammerzofe, die Mama bei ihren zahllosen Reisen durch die Heilbäder. Diese hatte sie immer so vorgestellt: „Meine Tochter, Henriette von Struhs!" Als das hübsche Mädchen ins heiratsfähige Alter kam, wurden des Öfteren mehr oder weniger diskrete Erkundigungen eingezogen. Versuchte man, sie mit perfiden Andeutungen in die Enge zu treiben, so erklärte die Witwe: „Meine Tochter wurde nach dem frühen Tod des wackeren Struhs geboren – ihr leiblicher Vater konnte mich aus Standesgründen nicht heiraten." Aber rein gar nichts vermochte darüber hinwegzutäuschen, dass Henriette ein unehelicher Bastard war.

Alle Bemühungen der Mutter, zumindest ihrer Tochter einen kleinen Adelstitel zu verschaffen, waren von den Welfen, dem im österreichischen Exil lebenden norddeutschen Adelsgeschlecht, strikt abgelehnt worden, verbunden gar mit der Androhung, die beträchtlichen finanziellen Zuwendungen anzufechten. Das hätte das Umherziehen von Kurbad zu Kurbad, den Aufenthalt samt Dienerschaft in den teuersten Hotels schlagartig beendet.

Aber fangen wir mit dem Anfang an – der ein Skandal gewesen wäre, hätte man ihn nicht äußerst sorgfältig vertuscht.

Herkunft und Jugend

Als Henriette Struhs im Juli 1882 in Braunschweig gesund und munter das Licht der Welt erblickte, fand man in ihrer Familie die ganze Angelegenheit in unterschiedlicher Hinsicht mehr als unschicklich. Helenes Schwester brachte die Ansichten der Verwandtschaft auf den Punkt: „Es ist degoutant! Der glückliche Vater hat die siebzig weit überschritten, die Mutter ist eine Witwe von Mitte vierzig. Und von Heirat kann keine Rede sein. Denn du, meine Gute – so attraktiv, gebildet und charmant du auch immer sein magst, wie sehr dich auch Königin Marie damals als Vorleserin in ihrem Hofstaat auf der Marienburg schätzte – für Wilhelm von Braunschweig kommst du keineswegs als Gattin in Frage."

Damit fand sich Helene, die in dieser späten Liebe aufgegangen war, nur schwer ab.

Nachdem die von ihr hochverehrte Königin Marie einen Teil ihres Hofstaates hatte auflösen müssen, um ihrem Gatten nach Gmunden ins Exil zu folgen, ging Helene zur großen Erleichterung ihrer Verwandtschaft 1870 eine Vernunftehe ein. Die Familie hatte schon befürchtet, sie als alte Jungfer mit durchfüttern zu müssen. Die keineswegs harmonische Ehe währte indessen nur kurz – der Ehemann fiel 1871 im Deutsch-Französischen Krieg. Seiner Witwe hinterließ er Schulden, so dass sie in äußerst bescheidenen Verhältnissen leben musste, in denen es ihr schwerfiel, den Schein zu wahren.

Helene beförderte für ihre Königin ab und zu einige geheime Korrespondenz – Marie befürchtete zu Recht, dass die Preußen sie ausspionierten. Als Wilhelm von Braunschweig der Witwe ein Kondolenzschreiben von Marie sowie einige vertrauliche Briefe zur Weiterleitung überbrachte, war dies ihre zweite Begegnung. Bereits auf der Marienburg hatten sie sich insgeheim anziehend gefunden, nun brachte der Zufall sie wieder zueinander. Dieses Mal sprang sofort ein Funke über – schnell wurden die beiden ein Paar. Mit Wilhelm fühlte Helene sich zum ersten Mal in ihrem Leben glücklich, soweit es ihr in dieser geheim gehaltenen Konstellation möglich war.

Dass diese große Liebe ihres Lebens zudem völlig unerwartet mit einer späten ersten Schwangerschaft gekrönt wurde, erfüllte sie mit großer Freude. Von einer Legalisierung der Beziehung, die sie sich ebenso unrealistisch wie sehnlichst erhoffte, konnte allerdings auch jetzt keine Rede sein.

„Ich will dir mit der Kleinen nahe sein – wir sind nicht mehr jung, Wilhelm, wer weiß, wie viel Zeit uns noch bleibt!", hatte sie ihm entgegen geschleudert.

„Meine liebe Helene, du kennst meine Zuneigung zu dir, aber du musst doch wissen, dass unsere Verbindung auch nach der Geburt der Tochter ebenso geheim gehalten werden muss wie zuvor."

„Du könntest mich nichtsdestoweniger als Ehefrau zur linken Hand nehmen oder uns zumindest in deinem Schloss in Braunschweig etliche Räume zuweisen, damit wir in deiner Nähe sind."

„Das ist völlig unmöglich, da kann ich es ja gleich in die Zeitung setzen."

Die nach der Geburt geschwächte Frau steigerte sich immer mehr in illusorische Hoffnungen hinein, schmiedete nicht umsetzbare Pläne, überschüttete Wilhelm mit Vorwürfen. So kam es bereits kurz nach der Ankunft von Henriette zu einer wachsenden Entfremdung zwischen ihren Eltern.

„Du könntest doch die Kleine adoptieren", forderte Helene, die ohnehin nach der Niederkunft noch lange unter düsteren Stimmungen litt, in zunehmender Verzweiflung.

„Eine Adoption ist ausgeschlossen. Zumal unsere Tochter trotzdem nicht als Mitglied meines Hauses betrachtet würde, da ihre Mutter nicht aus einem vergleichbaren Adelsgeschlecht stammt. Aber ich werde eine Standeserhebung veranlassen, so dass ihr dann beide von Struhs heißt."

Helene wiegte ihr Töchterchen und zeigte sich wenig dankbar.

„Außerdem werde ich euch finanziell großzügig absichern, damit ihr stets standesgemäß und sorgenfrei leben könnt. Die Familie Struhs muss sich allerdings zu absoluter Diskretion verpflichten, auch über meinen Tod hinaus."

„Meine Familie wird schweigen. Die sind froh, wenn ich ihnen nicht zur Last falle. Aber wenn Henriette eine große Ähnlichkeit zu den Welfen hat, was dann?"

„Deshalb bringe ich euch zunächst in Hannover unter. In der Wohnung hier in Braunschweig, die ich dir zur Verfügung gestellt habe, könnt ihr nicht bleiben. Unnötiges Gerede müssen wir vermeiden. Und in Hannover können wir uns unauffälliger treffen. Ich habe schon im Central-Hotel vorgefühlt. Ernst Moses, den Besitzer, kenne ich. Er wird sich bestens bemühen und dir jeden Wunsch von den Augen ablesen, damit du dich wohl fühlst. Es wird dir an nichts mangeln. Du bekommst eine geräumige Suite nebst Kinderzimmer, Unterkunft für das Kindermädchen und die Zofe, dazu eine Dienstmädchenkammer auf dem Dachboden. Das 1870 gegründete Hotel befindet sich vis-a-vis des Bahnhofs in einem ursprünglichen Wohnhaus im sehr repräsentativen, von Baumeister Hase geprägten Hannoverschen Stil. Die Gesellschaftsräume sind angenehm, im großzügigen Salon steht sogar ein Klavier von unserem exzellenten Klavierbauer Schimmel, auf dem kannst du brillieren und die Kleine später Mal spielen lernen. Dann logierst du direkt in der Stadt, bist ganz in der Nähe des Königlichen Schauspielhauses und gehst vom gegenüberliegenden Bahnhof bequem auf Reisen."

„Du weichst mir aus, Wilhelm!"

„Ich versuche, eine für alle Beteiligten vernünftige Lösung zu finden. So bist du auch ein Stück außer Reichweite deiner zwischen moralischer Empörung, Missgunst und Neid schwankenden Braunschweiger Verwandtschaft. Selbst wenn wir dir hier eine repräsentative Wohnung einrichten – die werden dir nicht helfen, ein angesehenes Haus zu führen. Man würde dich schneiden und mit Tratsch überziehen. Da bist du im Hotel besser aufgehoben."

Obwohl sich alles in ihr sträubte, sah Helene nach und nach die Vorteile des Arrangements. So musste sie sich auch in keiner Weise um die Haushaltsführung kümmern, die ihr sowieso stets lästig gewesen war – was Wilhelm sehr wohl wusste. Aber eine Frage war immer noch offen.

„Nochmals: Wenn sie nun große Ähnlichkeit mit dir oder den Welfen hat?"

„Dann wirst du dies nicht leugnen, ihr jedoch nie sagen, wer ihr Vater ist, bevor sie nicht das 21. Lebensjahr erreicht hat. Ich werde einen Brief an meine Tochter verfassen, in dem ich ihr alles erkläre."

„Du schämst dich unser."

„Keineswegs, aber sowohl die Umstände der braunschweigischen Thronfolge, als auch mein Alter erfordern eine kluge Voraussicht. Daher werde ich Königin Marie und ihre Tochter Mary in Gmunden bitten, eine schützende Hand über euch zu halten. Ihr seid ja nach wie vor miteinander in Korrespondenz."

Wohlweislich verschwieg Wilhelm, dass er einst sehr für Marie geschwärmt hatte. Für eine solche Frau, die zudem noch standesgemäß gewesen wäre, hätte er sämtliche Bedenken wegen einer festen Bindung beiseitegeschoben. Der Glückliche, dem Marie ihre Zuneigung geschenkt hatte, war jedoch sein Vetter Georg gewesen.

Wilhelm hielt sein Versprechen. Im Frühjahr 1881 hatte er sich anlässlich seines fünfzigjährigen Regierungsjubiläums lange mit Ludwig Windthorst, dem juristischen Berater der Welfen, besprochen, und Ernst-August, dem Sohn von Prinzessin Marie, sein gesamtes Privatvermögen, nämlich zehn Millionen Reichsmark, in Aussicht gestellt.

Nach seinem Tod im Oktober 1884 in seinem Herzogtum Oels in Schlesien gab Ernst August von Cumberland aus dem österreichischen Exil in Gmunden in einer Proklamation seinen Regierungsantritt in Braunschweig bekannt. Aber wie Wilhelm von Braunschweig vorausgesehen hatte, hielten Wilhelm I. und Reichskanzler von Bismarck an ihrem Standpunkt fest, dass er dazu nicht berechtigt war, solange er nicht auf Hannover verzichtete und die Reichsverfassung anerkannte. Da Ernst-August seinem Vater geschworen hatte, nie das Königreich Hannover aufzugeben, wurde schließlich im Herbst 1885 entsprechend dem braunschweigischen Regentschaftsgesetz ein Neffe von Kaiser Wilhelm I., Albrecht Prinz von Preußen, zum Regenten gewählt.

Im Frühjahr 1885 reisten Mutter und Tochter auf Einladung der ehemaligen hannoverschen Königin Marie das erste Mal nach Gmunden. Zunächst beäugte man sich vorsichtig, fand aber schnell zu der früheren Verbundenheit zurück. Helene berichtete, was aus den anderen, zum Teil ebenfalls bürgerlichen Hofdamen geworden war, die ebenso wie sie selbst nicht mit nach Gmunden hatten gehen können. Und sie las Marie wie in alten Zeiten vor. Beide bevorzugten Literatur von und über

Frauen, zeitgenössische Werke aus der Mitte des Jahrhunderts, außerdem aus dem Englischen übersetzte historische Romane. Für Marie bedeutete das eine willkommene Abwechslung, Helene genoss die Anerkennung, die hier ihrer Tochter und ihr zuteilwurde. Allerdings hatte Ernst-August seiner Mutter auch klar seine Meinung gesagt: „Ich wünsche, bei aller Dankbarkeit gegenüber Wilhelm von Braunschweig, keinen familiären Umgang meiner Familie mit dem kleinen Bastard. Das kann, auch mit meinen Kindern, nur zu Komplikationen führen. Dieses Mädchen mag sein, wie es will, es ist die uneheliche Tochter einer ehemaligen Hofdame von dir. Wir werden unserer Dankbarkeit gegenüber Wilhelm von Braunschweig gerecht werden, sie soll die sehr großzügigen Zuwendungen bekommen – aber ich wünsche keinen Kontakt."

Marie akzeptierte dies wegen der heiklen Situation in der Nachfolge um Braunschweig und dachte sich im Übrigen mit der Weisheit eines Menschen, der viel mitgemacht und verloren hatte, es wäre klug, einfach mal abzuwarten. So stellte Marie gegenüber ihrer Tochter fest: „Du große Güte, liebe Mary, du bist jetzt 36, und die Witwe Struhs geht auf die fünfzig zu – das arme Mädchen könnte früh eine Vollwaise werden. Was für ein schreckliches Schicksal."

Ihre Tochter nickte zustimmend. „Das arme kleine Ding, dabei habe ich sie auf den ersten Blick sofort gern gehabt."

Marie lächelte. „Kein Wunder, sie sieht dir zum Sprechen ähnlich, als du in dem Alter warst. Wir werden die beiden jedes Jahr einladen, zu uns zu kommen. Damit löse ich auch mein Versprechen gegenüber Wilhelm von Braunschweig ein."

„Könnte es sein, chère Maman, dass dieser Wilhelm dich einst sehr verehrte? Auch wenn Helene deine Hofdame war, scheint es mir doch bei deinen sonst eher pietistischen Ansichten sehr großmütig, dass du dich um den illegitimen Spross der beiden kümmern willst. "

Königin Marie wedelte abwehrend mit ihrem Fächer. „Tempi passati, liebe Tochter. Er ist verstorben und hat unsere Familie äußerst großzügig bedacht. Und christliche Nächstenliebe steht über gesellschaftlichen Konventionen." Sie hielt einen Moment inne, ihr Blick schweifte wie so oft über die zahlreichen Erinnerungsstücke in ihrem von oben bis unten vollgestellten Salon. Danach fuhr sie fort: „Und wenn Henriette etwas größer ist, kann sie auch ohne ihre Mama hier sein, dann mag

Helene sich einige Wochen in einem Bad in der Nähe ganz ihrer Gesundheit widmen."

Mutter und Tochter tauschten einen verschwörerischen Blick.

„So machen wir es", strahlte die unverheiratete Mary.

Auch Helene, die sich sonst nie von ihrer Tochter trennte, zeigte sich über dieses Angebot erfreut – und fühlte sich geehrt. „Sie wissen, dass Henriette und ich unzertrennlich sind, aber Ihnen vertraue ich sie gern an."

Demgemäß verbrachte Henriette etliche Aufenthalte in Gmunden und verfiel dort dem Bergsteigen und überhaupt sportlicher Betätigung. Schon früh schenkte ihr Mary, die immer mehr zu einer geliebten und verehrten Tante wurde, ein Pony. Und Henriette mauserte sich zu einer exzellenten Reiterin. Ernst-August ließ sich immerhin erweichen, dass Henriette aus den Stallungen für 38 Pferde des 1886 fertiggestellten nahen neogotischen Schlosses Cumberland Pferde für ihre Ausritte nutzen durfte. Aufgrund ihrer guten Beziehung zum Stallmeister konnte sie später meist heimlich im Herrensattel reiten, was, da im höchsten Grade unsittlich, selbstverständlich Mary und Marie verborgen bleiben musste.

Die kränkelnde Helene begrüßte es ausdrücklich, dass Henriette in Gmunden früh reiten lernte und wanderte. Sie wollte ihre Tochter nicht verzärteln, sondern tat alles für deren robuste Konstitution. „Mein liebes Kind, es ist schlimm genug, dass meine Gesundheit labil ist und ohne die segensreichen Anwendungen nach Kneipp und die zahlreichen Kuraufenthalte noch fragiler wäre."

Mit sechs Jahren hatte Henriette schwimmen gelernt. Auf Norderney badete sie zur weiteren Abhärtung im Meer, was ihr großen Spaß machte. In Hannover unternahm Henriette lange Spaziergänge mit ihrer Gouvernante in der Eilenriede, wurde zu Gymnastik und körperlicher Ertüchtigung angehalten. Als sie ihren vierzehnten Geburtstag feierte, beschloss ihre Mutter, dass es Zeit sei, das Tennisspiel zu erlernen.

„Denn beim Tennis findet sich leichter ein Herz zum Herzen, eine Möglichkeit, die du unbedingt wahrnehmen musst. Mit der Suche nach einem geeigneten Ehekandidaten kann man nie früh genug anfangen, schließlich sollst du es mal besser haben als ich."

Henriette stöhnte innerlich – ihre Mutter machte nie einen Hehl daraus, dass sie ein hartes Los getroffen hatte und sie hochfliegende Pläne für ihre Tochter hegte. Und sie fand, dass es gewiss schlimmere Schicksale gab, als das unkonventionelle Zigeunerleben der Luxusklasse, das sie führten. Aber Widerspruch war zwecklos, das wusste sie aus Erfahrung. Nun also Tennis – nicht umsonst wurde das Spielfeld oft als Verlobungszwinger verhöhnt.

Das Tennisspiel allerdings blieb ausgeschlossen – die Handgelenke von Henriette waren so aristokratisch schmal und zart, dass bereits die ersten Übungsstunden zu einer schmerzhaften und langwierigen Sehnenentzündung führten.

„Das bedauere ich sehr, mein Kind, denn dadurch kannst du später nicht an den beliebten Doppeln mit Damen und Herren auf dem Rasen teilnehmen. Dann werden wir fortan Hotels meiden, die über eigene Tennisplätze verfügen. Dort bekommst du nicht die dir zustehende Aufmerksamkeit!" Henriette nahm das gelassen – ihr war das Reiten viel wichtiger.

Neben der körperlichen Ertüchtigung kam auch der Bildung ein hoher Stellenwert zu. Bereits mit fünf Jahren hatte Frau von Struhs ihrer Tochter während einer langwierigen Mandelentzündung das Lesen beigebracht, was stets Henriettes große Leidenschaft blieb. Für eine anspruchsvolle Ausbildung wurden ausländische Gouvernanten eingestellt, von denen Henriette nach und nach wegen der Verwandtschaft mit den Welfen zuerst Englisch, außerdem Französisch, Italienisch und Spanisch lernte.

Denn Frau von Struhs wusste aus eigener schmerzhafter Erfahrung, dass die Art und Weise zu sprechen und sich auszudrücken nahezu untrüglich die Herkunft eines Menschen verriet. Und obwohl sie eine recht gute Erziehung genossen hatte, war sie von Wilhelm auf den einen oder anderen Fauxpas herablassend hingewiesen worden. Das wollte sie ihrer Tochter ersparen – deren Auftreten sollte einer Prinzessin würdig sein. Und dafür ergriff sie alle notwendigen Maßnahmen und ertrug auch die Zeit, in der Henriette ohne sie in Gmunden weilte – auch dort konnte sie nur dazulernen! Zumal ihr Ernst-August gestattete, die umfangreiche Bibliothek, die durch den Nachlass von Herzog Wilhelm von Braunschweig nach 1884 erheblich erweitert worden war, nach Voranmeldung zu benutzen.

Durch intensiven Unterricht in Geschichte, dazu Geographie, den Grundkenntnissen der Mathematik, der Pflanzen- und Tierwelt wurde Henriette nach und nach zu einer gewandten und belesenen Gesprächspartnerin mit fundierten Ansichten – was keineswegs allen Männern gefiel.

Henriette wuchs zu einem schlanken, großen, blauäugigen Backfisch heran, hellhäutig und mit mittelblondem welligem Haar. Sie besaß natürliche Anmut und eine starke Ausstrahlung – wer sie sah, vermutete sogleich, dass sie von guter Abstammung sein musste. „Wenn die auftritt, dreht sich alles um sie", beklagte sich eine eifersüchtige Bekannte. „Es ist, als ob ein roter Teppich vor ihr her rollt."

Wer die Welfen kannte, ahnte unschwer, dass sie deren Blut in den Adern hatte. Ein Grund mehr für ihre Mutter, dass sie nun auch möglichst wenig in Hannover sein wollte, wo es immer wieder hinter vorgehaltener Hand zu Spekulationen über Henriettes Herkunft kam. Ihre eigene Familie in Braunschweig gab sich weiterhin äußerst distanziert.

Im Frühjahr 1901, man hielt sich gerade in Hannover auf, verstarb die Witwe von Struhs ganz plötzlich an Herzversagen. Gustav Degenhard, der das Central-Hotel just übernommen hatte, nahm der völlig verzweifelten Henriette alle Formalitäten ab und sorgte für eine angemessene Beerdigung auf dem Engesohder Friedhof. Seine Frau Auguste kümmerte sich gemeinsam mit der Kammerzofe rührend um die verwaiste junge Frau, die plötzlich ganz allein dastand. Das Ehepaar Degenhard versicherte ihr, dass sie über die repräsentative Suite im zweiten Stock, welche einen Eckbalkon mit Blick auf den Bahnhofsplatz hatte, selbstverständlich weiter verfügen konnte. Begleitet von der langjährigen Kammerjungfer ihrer Mutter machte Henriette sich auf den Weg nach Österreich.

Als Waise in Gmunden

Sie unterhielt sich häufig mit Großtante Marie in deren von Erinnerungsstücken überquellendem Salon, ritt viel aus, unternahm Bergtouren. Alles war ihr recht, was sie nicht zum Nachdenken kommen ließ. Dabei entdeckte sie auch fasziniert ihre Wirkung auf die Männerwelt, was im Gegensatz zu den Ausritten im Herrensitz nicht unentdeckt bleiben sollte.

Mary bestellte Henriette in ihr privates Empfangszimmer.

„Meine Liebe, du weißt, dass wir deinen Lebensweg im Auge gehalten haben, was wir stets mit Freude taten. Nun verbringst du nach dem Tode deiner Mama einige Zeit bei uns, um dich zu fassen. Gewiss musst du erst mal verkraften, nun eine Waise zu sein, und ich übernehme gern für dich die mütterlichen Aufgaben, wenn die auch nicht immer angenehm sind."

Bei Henriette ging eine rote Warnlampe an – und richtig, da kam es schon.

„Es gibt leider erheblichen Anlass zur Sorge. Man hat mir zugetragen, dass du dich in höchst unschicklicher Weise mit dem Stallmeister eingelassen hast." Fragend blickte Mary zu Henriette, die bis in die Haarspitzen errötete. „Auch sollst du deinen zweifellos vorhandenen Charme ausgerechnet an unserem jungen Pfarrer erproben."

Henriette zuckte mit den Achseln und dachte, dass die gute Mary, zumal sie die fünfzig schon überschritten hatte, kaum wissen konnte, welchen Spaß es bereitete, den Pfarrer zu verwirren. Es war doch zu nett, von diesem rotgelockten Herrn angehimmelt zu werden. Wenn sein beseelter Blick – statt sich zur Decke blickend Gott zuzuwenden – in ihre Augen senkte, überlief sie ein kleiner wohliger Schauer von Macht. Aufmerksamkeiten jeder Art taten ihr eben momentan gut. Vor allem aber ahnte Mary sicherlich nicht, wie außerordentlich erregend es war, den Stallmeister zu küssen und unter seinen kundigen Händen zitternd nach mehr zu verlangen.

„Ach, Tante Mary", seufzte sie daher nur.

Diese zog mit einem leicht ironischen Lächeln eine Augenbraue hoch und sagte leise: „Mein liebes Kind, da dieses ein strikt vertrauliches Gespräch ist, bei dem ich in weiser Voraussicht meine Frau Mama aus dem Spiel gelassen habe, sei dir gesagt: Nicht jede unverheiratete Frau ist zugleich eine alte Jungfer! Keineswegs nur meiner Mutter zu Liebe verzichtete ich auf eine Heirat, sondern auch, weil der Mann, den ich über alles liebte, im Deutsch-Französischen Krieg fiel. Es war zum Glück nicht zu einer Schwangerschaft gekommen."

Fassungslos starrte Henriette ihr Gegenüber an und stotterte schließlich: „Das tut mir leid, Tante Mary, das konnte ich nicht im Entferntesten ahnen."

„Dennoch, meine liebe Henriette, gilt es nun, klug zu sein, auch wenn nach den Entdeckungen, die du wohl gemacht hast, die Versuchungen noch so verlockend sein mögen."

Die völlig überraschte Henriette schlug die Augen nieder.

„Das heißt, dass ab sofort untadeliges Benehmen und totaler Verzicht auf weitere Tändeleien oder gar Amouren angebracht ist."

Mary bemerkte das Aufbegehren in dem jungen Gesicht. Dabei schoss ihr der Gedanke durch den Kopf, dass eine solche absolut undamenhafte Anfälligkeit für die Anziehungskraft des anderen Geschlechtes generell – und im speziellen ausgerechnet zum Personal – infolge ihrer Abstammung vielleicht nicht so überraschend sei. Während sie heftig mit dem rechten Zeigefinger wedelte, hob sich ihre Stimme: „Ein makelloser Ruf ist gerade in deiner prekären Situation noch unverzichtbarer, als bei jedem anderen jungen Mädchen. Ein uneheliches Kind gar, womöglich von einem Domestiken, wäre das absolute Ende jedweder Chance für eine vorteilhafte Verheiratung. Um es auf den Punkt zu bringen: Damit würdest du dein gesamtes Leben völlig verpfuschen. Wir können froh sein, dass wir hier seit Beginn unseres Exils 1866 immer uns treu ergebenes Personal aus dem Hannoverschen beschäftigten. Welches ja überwiegend noch unser Platt spricht, vor allem aber weiß, was sich gehört und absolute Diskretion zu wahren weiß.“

„So, so, ich kann mich also nicht benehmen“, brauste Henriette auf.

„Doch. Deine Ausbildung lässt sich nur als superb bezeichnen. Dessen ungeachtet hast du einen schweren Verlust erlitten, der verkraftet werden muss. Nach längerer Rücksprache mit Mama haben wir uns daher entschlossen, dir einen Brief deines Vaters, den du eigentlich erst mit 21 erhalten solltest, bereits jetzt zu übergeben.“

Henriette erstarrte und wurde blass. „Von meinem Vater? Ihr wusstet also die ganze Zeit, wer er war? Womöglich ist er gar nicht tot, was meine Mutter immer behauptet hat!“

„Mein Kind, er ist leider schon vor vielen Jahren verstorben, er war bei deiner Geburt bereits ein älterer Herr.“ Mary wand sich innerlich und fand ihre Aufgabe äußerst unangenehm und schwierig.

In Henriette stieg ein Verdacht auf. „Wer von den Welfen war er denn nun?“

„Wilhelm von Braunschweig.“

„Den habe ich wegen seines Alters nie in Betracht gezogen!“

„Nun“, Mary räusperte sich ausgiebig, „das war ja auch alles etwas ungewöhnlich. Aber gleichwie ... Da Wilhelm keine ehelichen Kinder hatte, erlosch mit seinem Tod 1884 das ‚Neue Haus Braunschweig‘, das seit 1533 in den welfischen Stammlanden regierte und neben dem Haus Hannover die ältere welfische Linie bildete. Und da die Preußen den Welfen seit der unrechtmäßigen Annexion des hannoverschen Königreiches 1866 nicht das Schwarze unter dem Fingernagel gönnten, übernahm die Regierungsgeschäfte in Braunschweig ein Regentschaftsrat."

Henriette, die natürlich besonders die Geschichte der Welfen studiert hatte, ergänzte: „Und so verhinderten sie, dass der eigentliche Thronanwärter Ernst-August von Hannover, Herzog von Cumberland, die braunschweigischen Lande regierte."

„So ist es leider, mein liebes Kind, meinem Bruder Ernst-August hätte das rechtmäßig zugestanden. Aber genug davon. Lies du nun deinen Brief. Soll ich dich erst mal allein lassen?"

Henriette nickte unter Tränen. Mary gab ihr einen versiegelten Umschlag und verließ den Salon.

Nachdem Henriette sich die Augen getrocknet und tief Luft geholt hatte, erbrach sie das Siegel, ließ die schöne Schrift ihres Vaters auf sich wirken und begann zu lesen.

Liebe Henriette,

diesen Brief erhältst Du zu Deinem 21. Geburtstag. Wenn Du ihn gelesen haben wirst, hoffe ich, dass Du manches etwas besser verstehst und die Dinge so hinnehmen, aber auch schätzen kannst, wie sie nun einmal sind.

Bevor ich Weiteres erkläre: Ich sah Dich zuletzt im Alter von zwölf Monaten – Du warst ein entzückendes Putzerl. Ich bin gewiss, dass das Blut der Welfen und Deiner tüchtigen Mutter Dir gute Veranlagungen und einen glücklichen Lebensweg bescheren werden.

Mein hohes Alter als Vater verhindert, Deinen Weg, wenn auch nur von Ferne, zu begleiten.

Ich bat Königin Marie von Hannover, die stets meine besondere Verehrung und mein Vertrauen genoss, und ihre Tochter Mary, Dich im Auge zu haben und notfalls eine schützende Hand über Dich zu halten. Ich bin sicher, beide hielten dieses Versprechen. Ernst-August ist mir ebenfalls verpflichtet und wird sich entsprechend an Abmachungen halten.

Deine Mutter und damit Dich habe ich finanziell großzügig abgesichert. Mehr konnte ich nicht für Dich tun. Abgesehen von der Unmöglichkeit einer nicht standesgemäßen Ehe war die Thronfolge von Braunschweig ja stets ungesichert – ich wünsche Dir, dass Du Dich auf Deine eigenen Kräfte besinnst. Sei stolz auf Dein Welfenblut, aber gehe Deinen persönlichen Weg. Bedenke, dass blaues Blut kein Verdienst ist, auch wenn zahlreiche Adelige viel zu sehr von ihrer Herkunft und ihrem Gottesgnadentum durchdrungen sind.

Deine Mutter wird Dir eine gute Ausbildung angedeihen lassen. Da Du nicht in eine Dynastie hineingeboren bist, wirst Du mehr Freiheit haben, Dein Leben zu gestalten. Nutze diese Freiheit, die derzeit nicht viele Frauen haben, weder im Adel, noch im gehobenen Bürgertum. Diese Tatsache ist mir ein Trost! Und ich hoffe, Du wirst Deine Möglichkeiten ausschöpfen, zumal Du auch finanziell unabhängig sein wirst. Die großzügige Apanage, die ich für Dich und Deine Mutter abgesichert habe, wird nach deren Tod Dir in voller Höhe weiter zukommen. Außerdem wirst Du bei Heirat eine Art Mitgift bekommen, die nicht Deinem Ehemann zufließt, sondern über die Du die alleinige Verfügungsgewalt hast. Nutze das klug, und überlege Dir gut, inwieweit Du mögliche Ehekandidaten über Deine finanzielle Situation einweihst oder zunächst im Unklaren lässt!

Eine weitere beträchtliche Summe steht zur Verfügung für den Kauf oder Bau eines standesgemäßen Hauses. Weitere Einzelheiten, auch über die von mir in Hannover beauftragte Anwaltskanzlei, findest Du in dem zweiten versiegelten Umschlag.

Damit bist Du unabhängiger, als man dies heute Frauen zugesteht.

Dazu hat unser hochverehrter Leibniz, der ja stets in Kontakt war mit der hannoverschen Kurfürstin Sophie und deren Tochter, der brandenburgischen Kurfürstin und nachmaligen Königin in Preußen, Sophie Charlotte, dereinst seine Erfahrungen niedergeschrieben: Damen von geistiger Bildung eignen sich besser, die Künste voranzubringen. Die Männer, ganz von ihren Geschäften eingenommen, denken meist nur an das Notwendige, während Frauen, durch ihren Stand über Sorgen und Nöte erhoben, unbefangener und fähiger sind, an das Schöne zu denken.

In diesem Sinne wünsche ich Dir eine ausgefüllte und glückliche Lebensreise.

Dein Dich liebender Vater Wilhelm von Braunschweig

PS: Ich muss Dir noch sagen, dass Du diesen Brief in keiner Form an die Öffentlichkeit bringen darfst – in diesem Fall würde das amtierende Oberhaupt der Welfen versuchen, Dir alle finanziellen Zuwendungen zu streichen.

Tränenüberströmt las Henriette das Schreiben ihres Vaters wieder und wieder. Erst allmählich begriff sie, welche Möglichkeiten sich für sie eröffneten. Immerhin lag ein Leben ohne finanzielle Sorgen vor ihr, sie hatte bis zu ihrer Volljährigkeit die Anwaltskanzlei zur Unterstützung und konnte danach verfügen, wie sie es wollte. Sie beschloss, sich künftig mehr um finanzielle Dinge zu kümmern, um nicht allzu unbedarft zu sein.

Ihr war nun auch klarer, warum die oft schmerzliche Grenze zwischen der Familie des Herzogs von Cumberland und ihr strikt gezogen worden war. Das blieb nicht ohne bitteren Beigeschmack, obwohl sie verstand, dass es eben der Konvention der Zeit entsprach. Und die Welfen ohne Königreich und darüber hinaus in gewisser Abhängigkeit von den Hohenzollern, mit denen es immer wieder zu tiefgreifenden Verstimmungen kam, konnten und wollten sich wohl nicht mit möglichen Komplikationen abgeben. Die es zum Beispiel hätte geben können, wenn die uneheliche Tochter von Wilhelm von Braunschweig bei ihnen ein- und ausgegangen oder gar Spielgefährtin ihrer Kinder geworden wäre.

In der folgenden Woche gab es lange Gespräche zwischen Mary und Elisabeth, der neuen Gesellschafterin und Begleiterin für Henriette.

Mary hatte die Anstandsdame ebenso auf Grund einer weitläufigen Verwandtschaft, wie in Kenntnis derer äußerst bescheidenen finanziellen Mittel, als Aufpasserin auserkoren und ein vertrauliches Gespräch unter vier Augen geführt. Denn die sittenstrenge Marie durfte von Henriettes Kapriolen keinesfalls erfahren! An die Reaktion von Ernst-August mochte sie schon gar nicht denken. Man erwartete von den Welfen im deutschen Kaiserreich nicht nur politische Zurückhaltung, sondern auch ein vorbildliches Familienleben, welches durch keinerlei Skandale getrübt werden durfte.

„Nach dem Tod ihrer Mutter bekämpft sie ihre Trauer nicht nur durch schwierige Bergtouren und lange Ausritte. Sie ist mittlerweile siebzehn und hat leider einen verhängnisvollen Drang, ihre Reize an allem, was Hosen anhat, zu erproben. Und wenn ich sage an allem, meine ich das so!"

Elisabeth hatte den von ihr erwarteten Laut des Entsetzens ausgestoßen und auf weitere Einweisung gewartet. „Weder der Stallmeister noch der Pfarrer ist vor ihr sicher – unvorstellbar, falls sie bis zum Letzten ginge und schwanger würde – dann wäre es vollends unmöglich, sie einigermaßen gut zu verheiraten. Katastrophal! Möglicherweise auch finanziell! Du musst ihr klarmachen, in welche Gefahr sie sich begibt – kannst du das?"

Elisabeth nickte mit unbewegtem Gesichtsausdruck. „Das werde ich ihr nachdrücklich verdeutlichen."

„Henriette war doch immer so ein liebes kleines Ding, in das alle vernarrt waren, wenn sie sich auch etwas wild gebärdete", seufzte Mary. „Sie braucht jetzt dringend eine Gesellschafterin als Anstandsdame, die aufpasst, dass ihr Ruf untadelig bleibt."

„Das werde ich gern tun, denn ich kenne sie ja aus den Sommerferien und will ihr helfen, ihren Weg zu finden."

Erfreut nickte Mary ihr zu. „Und da ihr ja sehr weitläufig verwandt seid, würdest du ihr als Tante zugleich ein nobles Ansehen geben." Sie war auf ein Zusammenzucken von Elisabeth gefasst gewesen, welches prompt erfolgte, daher fuhr sie eilig fort: „Wir würden dich bis zur Verheiratung unseres Sorgenkindes äußerst großzügig bezahlen. Selbstverständlich werden wir dich mit standesgemäßer Kleidung ausstatten lassen. Du wirst außerdem ein hübsches Sümmchen zurücklegen können. Henriette ist es gewohnt, mit ihrer Mutter von einem Kurbad zum anderen zu reisen. Das kann sie nun unter deiner Aufsicht wieder tun, ihr nehmt auch die langjährige Kammerjungfer mit. Setzt dich mit der in gutes Einvernehmen, sie kennt Henriette von Kindesbeinen an. Und wenn du gewisse Befürchtungen wegen Männerbekanntschaften hegst, reist ihr ab ins nächste Bad. Bei Bedarf musst du deinen Schützling eben zur Räson rufen. Und gleichzeitig hältst du nach einem Gatten für unseren Wildfang Ausschau."

Elisabeth blickte sie zustimmend an. „Am einfachsten wäre, sie würde in einem der Bäder einen vermögenden Ausländer kennenlernen – vielleicht einen Amerikaner. Für den könnte auch eine halbe Adelige, noch dazu, wenn sie so hübsch ist wie Henriette, von großem Reiz sein. Jedenfalls sollen die nicht so dünkelhaft sein, wie die meist versnobte Adelsgesellschaft hier. Außerdem mag ich Henriette sehr und möchte, dass sie glücklich wird. Verlass dich darauf, ich werde mein Bestes tun."

Mary seufzte erleichtert auf, und die beiden Frauen, vereint in Zuneigung für Henriette, reichten sich die Hände.

Das Gespräch zwischen Elisabeth und ihrem Schützling verlief gewiss nicht ganz so, wie Mary sich das vorgestellt hatte. Die neue Anstandsdame nannte die Dinge eindeutig beim Namen. Was Henriette imponierte und ihr zugleich Vertrauen einflößte – sie spürte, dass diese Frau es gut mit ihr meinte. Denn sie wusste nun, welche Risiken sie trotz einiger ihr anempfohlenen Vorsichtsmaßnahmen immer noch einging und beschloss, sich sehr zurückzuhalten.

Nun also erstmals Norderney ohne die Mama. Henriettes Gefühlswelt befand sich in einem ziemlichen Durcheinander. Sie hatte nicht nur den Tod ihrer Mutter zu verkraften, sondern auch die tieferen Einblicke über ihre Herkunft. Da war es nützlich, dass sie in Elisabeth eine verständnisvolle Gesprächspartnerin fand, die ihr half, erneut Boden unter den Füßen zu gewinnen. Sie weihte die Vertraute sogar in die Identität ihres Vaters ein.

„Durch seinen Brief, den ich wieder und wieder lese, und wenn ich über seine Überlegungen nachdenke, löst sich die Bitterkeit, die sich in mir angesammelt hatte, ein wenig auf. Immerhin schmerzt dieser Stachel im Fleisch, dessen Wunde ich als unheilbar tief empfand, langsam weniger."

„Das halte ich für heilsam. Denn man kann es ja auch so betrachten, dass du bisher ein ungewöhnliches Leben geführt hast und immer noch führst. Mit Möglichkeiten und Freiheiten, um die dich gewiss so manche Tochter aus gutem Hause glühend beneidet. Nicht zuletzt um deine finanzielle Unabhängigkeit – du wirst es nie nötig haben, dich an einen Mann zu binden, um versorgt zu sein."

„Das stimmt. So konnte ich es früher aber nicht sehen. Ich habe immer mehr daran gedacht, dass die uneheliche Geburt meine Heiratschancen schmälert. Das ist auch nach wie vor in gewissen Kreisen so – aber jetzt muss ich eher darauf achten, dass ich keinem Mitgiftjäger aufsitze."

„Ich passe mit auf, meine Liebe."

Spontan umarmte Henriette ihre Vertraute. „Gut, dass du da bist. Ohne dich wäre es sehr einsam. Das Zigeunerleben ließ mich nirgends richtig dazugehören, die Königinvilla in Gmunden war schließlich der einzig feste und vertraute Ort für mich."

„Und dort sind auch alle um dein Wohl besorgt."

Henriette nickte. „Ja, ich weiß das sehr zu schätzen – und gerade Mary wünscht mir einen guten Mann und eine Familie."

„Das wünsche ich dir auch. Ich hoffe, dass du einen Gatten frei von Dünkel findest, der dich als Persönlichkeit zu schätzen weiß, dem deine illegitime Geburt egal ist, der dich ohne Wenn und Aber liebt und dich umhegt."

„Ja, ein Mann, der sich kümmert und um mein Wohl besorgt ist. Das wäre schön. Denn ich habe ich ja mein Leben lang schmerzlich die Fürsorge eines Vaters vermisst."

„Nun, ein Ehemann ist natürlich kein Ersatz für einen Vater. Aber er könnte dir neben allem anderen", Elisabeth bemerkte zufrieden ein Lächeln, das über Henriettes Züge huschte, „auch ein Freund und Kamerad sein. Er sollte dich nicht nur als schmückendes Beiwerk betrachten und ansonsten in seinem Beruf aufgehen."

„Nein, einen ehrgeizigen Karrieristen brauche ich nicht, sondern einen Mann, der mich ernst nimmt, dem meine Meinung wichtig ist und der mit mir gemeinsam Interessantes unternimmt."

In den Gesprächen mit der ebenso klugen wie einfühlsamen Elisabeth gewann Henriette auch größere Klarheit über ihre Wünsche und Bedürfnisse.

Und – sie lächelte bei dem Gedanken etwas selbstironisch – nachdem ich entdeckt habe, wie schön es sein kann, in den Armen eines erfahrenen Mannes dahinzuschmelzen, ein guter Liebhaber sollte er unbedingt sein. Und das werde ich ausprobieren, bevor ich mich endgültig entscheide. Selbst meine liebe Elisabeth, die ja im wahrsten Sinne des Wortes auch mein Anstandswauwau in der Funktion eines Wachhundes ist, wird dies nicht verhindern können!

Noch hatte die Hauptsaison auf Norderney nicht angefangen – Henriette war gespannt, welche Gäste sich vor Pfingsten auf der Insel tummeln würden.

Cristobál genoss unterdessen die ruhige Überfahrt zur Insel und die ihm ungewohnte Landschaft, als Norderney näherkam. Im Hotel Germania auf der Kaiserstraße bezog er eine luxuriöse Suite mit Meerblick.

Das Baden im Meer, dessen Wohltat für die Gesundheit er als Pharmazeut genauer kennenlernen wollte, mochte ja heilsam sein – die Wassertemperatur jedoch war einfach barbarisch! Der weiße Strand, der ihn so sehr an seine Heimat Cuba erinnerte, hatte ihn nicht darauf vorbereitet, wie kalt hier das Wasser war! Wie konnte man sich freiwillig dieser

Tortur aussetzen und noch Vergnügen bei dem Ganzen finden? Einige behaupteten tatsächlich, der Körper werde bei Brandung durch die Wellen warm geschlagen. Jetzt, in der Vorsaison, stürzten sich auch nur einige wenige Mutige in die Fluten. Immerhin, wenn die Sonne schien und der Wind mal nicht über die Promenade fegte, ließ sich die Luft genießen und das überwiegend aus Adel, Politik und wohlhabendem Bürgertum stammende, oft blasierte Publikum beobachten. Man hörte hier außer Englisch und Französisch auch Polnisch und Russisch und vertrieb sich neben dem Baden im Badehaus die Zeit beim Spiel um hohe Einsätze, außerdem bei Konzerten, Bällen und Lawn-Tennis. Alles recht unterhaltsam – dennoch, das Klima seiner Heimat bot doch angenehmere Temperaturen.

Cristobál sah Henriette das erste Mal beim Promenieren vor dem Konversationshaus. Die Kurkapelle spielte gerade einen schwungvollen Walzer, als er die hochgewachsene Blondine mit der aristokratischen Nase entdeckte. Nach einem tiefen Blick in ihre meerblauen Augen, den sie kurz, aber keck, erwiderte, revidierte er seinen kürzlich gefassten Entschluss, die Insel schleunigst zu verlassen.

Vor meinem Nordseeaufenthalt habe ich noch nie etwas von Nixen gehört, dachte er. Aber vorhin sah ich eine, zum Glück hat sie keinen Fischschwanz, sondern lange, wahrscheinlich wohlgeformte Beine. Als sie zum dritten Mal aneinander vorbeipromeniert waren, konstatierte er: Ihre Augen gleichen der unheimlichen Nordsee: mal eher blau, dann grau, dann mit einem Stich ins Grüne – wie gerade jetzt, wo sie doch tatsächlich meinen bewundernden Blick bis an die Grenze der Schicklichkeit erwidert hat. Er atmete tief durch. Diese Frau will ich erobern! Kein Zweifel, ich werde hierbleiben.

Henriette wiederum war fasziniert von dem stattlichen, den südländischen Typus attraktiv verkörpernden Mann. Nicht zuletzt deshalb, weil in dessen aus langbewimperten braunen Augen abgeschossenen Blicken ein Versprechen zu liegen schien, welches ihr einen angenehmen Schauer den Rücken hinunterlaufen ließ. Seit den Erfahrungen mit dem Stallmeister hatte sie dafür ein gutes Gespür entwickelt. Den Namen dieses aus dem Rahmen fallenden Mannes hatte sie bereits der Norderneyer Badezeitung entnommen, die zum späten Frühstück zur Pflichtlektüre gehörte, um über Neuankömmlinge auf dem Laufenden zu sein. Dr. Cristobál Borrel-Bequer aus dem fernen Cuba, das war doch mal etwas anderes als die blasierten Adeligen hier. Dem Vernehmen nach sollte dieser Cubaner eine Hacienda besitzen und sich auf großer Europareise, einer Tour de Horizon, befinden.

Cristobál hatte sich mit dem Badearzt angefreundet, der den Cubaner jedoch nicht zum Baden im Meer überreden konnte. Er lernte viel über die heilende Kraft der salzigen Nordseeluft, die möglichst nah am Meer eingeatmet werden sollte, die Wohltaten der Wannenbäder, die er auch durchaus genoss. Und er beobachtete die Kinder, die aus den verqualmten Industriestädten zur Erholung in teilweise von Diakonissen geführte Erholungsheime auf die Nordseeinsel geschickt wurden.

Nach der Begegnung beim Promenieren hatte er nur noch eines im Sinn: die Nixe! Und so stellte der Badearzt den Cubaner auf dessen dringliche Bitte hin Henriette offiziell vor. „Sie spielt leider nicht Tennis, Señor Médico, ich weiß sonst nicht, wie ich ihre förmliche Bekanntschaft machen soll."

Henriette hatte sich bis dato sehr zurückgehalten. Dies galt auch für den Spielbetrieb, an dem sie nur pro forma teilnahm, was ihr im Gegensatz zum Verzicht auf ein aufregendes Techtelmechtel überhaupt nicht schwerfiel.

Die Kasinos dienten ihr mehr dazu, ihre Beobachtungen zu machen und Menschen zu studieren, wobei sie die fanatischen Spielernaturen genauso faszinierend wie mitleiderregend fand. Außerdem verband sie das Angenehme mit dem Nützlichen und hielt nach einer ebenso attraktiven, sprich aus Paritätsgründen möglichst vermögenden Partie Ausschau.

Man traf sich schließlich am 18. Mai, dem Pfingstsonntag bei einem Abendessen im Restaurant des Hotel Pique mit dem Badearzt und Tante Elisabeth, die Henriette unvermeidlich stets im Schlepptau hatte. Diese ahnte schneller als ihr Schützling, dass ihre Zeit als Anstandsdame bald vorbei sein könnte.

Zunächst plauderten Henriette und Cristobál scheinbar Belangloses.

„Die Wannenbäder mit dem warmen Meerwasser finde ich überaus wohltuend – ich bin eben kein Typ für kalte Gefilde."

„Dann wären die kalten Güsse des Pfarrers Kneipp, von denen man so viel Gutes hört, auch nichts für Sie. Aber unsere angenehm warmen Thermalschwimmbäder, die würden Ihnen gefallen. Ich habe ja mit Mama etliche bereist …"

„Ja, die lernte ich besonders in Baden-Baden kennen und schätzen. Solche Einrichtungen sind bei uns in Cuba noch sehr einfach."

Das erste Mal, so konstatierte Elisabeth, schien ihr Schützling Feuer gefangen zu haben.

Während der scheinbar harmlosen Konversation wurden Blicke ausgetauscht, die die Luft immer mehr knistern ließen. Die Begegnung zwischen Henriette und Cristobál glich einem Blitzschlag, einem coup de foudre. Cristobál ging durch den Kopf, dass diese Begegnung genau ein Jahr nach seiner Abreise von Cuba stattfand, und er erinnerte sich das erste Mal seit langer Zeit wieder an seinen Traum auf dem Schiff. Zumindest fühlte er sich ähnlich glücklich wie damals, wenn er in Henriettes Augen sah.

Auch Henriette hatte Feuer gefangen. So brauchte Elisabeth nicht lange auf den Busch zu klopfen – ihr Schützling machte ihr gegenüber aus ihrem Interesse an dem Cubaner keinen Hehl.

Sie riet ihr daher unter vier Augen: „Halt dich zurück, wenn du ernsthaft enthusiasmiert bist. Du kannst locken, aber mehr nicht! Außerdem stammt er aus einem anderen Kulturkreis und ist im südländischen Machismo aufgewachsen, also im Zweifelsfall noch viel konservativer als unsere Männer hier, was ja einiges heißen will …"

Henriette seufzte. „Ach, ich finde ihn einfach fabelhaft interessant. Er ist so männlich. Wenn er so daher kommt in seinen weißen Anzügen, der Kontrast zu den schwarzen lockigen Haaren und dem dunklen Teint. Und das goldene Kreuz mit dem Amulett um den Hals – wie romantisch!"

„Hast du schon mal daran gedacht, welche Schwierigkeiten es geben wird, wenn du einen katholischen Mann heiraten willst?", unterbrach Elisabeth die Schwärmerei ihres Schützlings. „Königin Marie wird das entsetzlich finden!" Aber es half alles nichts – Henriette war offensichtlich bis über beide Ohren verliebt.

Gleiches galt für Cristobál. Henriettes uneheliche Geburt störte ihn in keiner Weise. Das gemeinsame Aufwachsen mit seinem Halbbruder hatte in ihm die Erkenntnis reifen lassen, dass der Zufall der ehelichen Geburt kein Verdienst sei. Im Gegenteil: Henriettes Herkunft imponierte ihm sehr – immerhin floss königliches Blut in ihren Adern. Zwar ging das Familiengerücht, beim Zustandekommen seiner Urgroßmutter sei ein Haciendero aus einer der führenden adeligen Familien La Palmas beteilig gewesen – und habe die Reisekosten getragen, um sie endgültig loszuwerden. Die meisten Palmeros wanderten aus, weil sie durch die Klüngel-Wirtschaft, den caciquismo der wenigen Großgrundbesitzer der Insel auf keinen grünen Zweig kommen konnten. Aber was waren schon Adelstitel und Majorate auf La Palma im Vergleich zu dem Geblüt der Welfen? Gleichwie – das war nicht die Hauptsache – Cristobál stand in Flammen und trug schließlich auf Anraten des Badearztes Tante Elisabeth seine ernsthaften Absichten vor. Und bat diese, seine Chancen bei Henriette auszuloten.

Henriette hatte während des Zigeunerlebens durch die Kurbäder durchaus keinen Kandidaten gesichtet, der es mit diesem Mann hätte aufnehmen können. Denn Cristobál besaß nicht nur Charme, wohl immerhin ein kleines Vermögen und einen Doktortitel, sondern schien frei von jeglichem männlichen Ehrgeiz. Weder wichtige Geschäfte, noch Pläne die Welt zu verbessern, würden ihn davon abhalten, sich ganz und gar ihr und dem gemeinsamen Leben zu widmen. Und genau danach sehnte sie sich ja aus tiefster Seele. Bereits nach kurzer Zeit gab das auffallende Duo Anlass für den üblichen Tratsch. Bald galten beide als unzertrennlich. Sie besuchten viele Veranstaltungen und eine Kunstausstellung, bei der sich Henriette als gute Kennerin der Malerei erwies. So lernten sie auch den jungen Norderneyer Maler Poppe Folkerts kennen, der bereits im Juli 1898 seine erste Ausstellung im Conversationshaus gehabt hatte. Etwas argwöhnisch betrachtete der eifersüchtige Cristobál den jungen Mann mit dem flotten Schnauzbärtchen.

Dabei gab sich dieser ganz bescheiden und gab erst auf Henriettes Frage preis. „In diesem Jahr bin ich bei der großen Berliner Kunstausstellung mit meinem Gemälde ‚Ausfahrt des Rettungsbootes Fürst Bismarck' vertreten."

Das war Henriette Referenz genug – davon abgesehen gefiel ihr der Malstil, der bei allem Realismus leicht impressionistische Züge aufwies. So erstand Cristobál, dem wieder die Worte seines Bruders Juan einfielen, das Ölbild „Am Hafen von Norderney". Das wird, so dachte er, auf der Hacienda in Cuba recht exotisch wirken. Der junge Maler freute sich sichtlich und schenkte noch eine Zeichnung dazu. „Das ist ja ein netter Anfang meiner kleinen europäischen Kunstsammlung", meinte Cristobál, den dann allerdings wieder ein heftiges Heimweh überfiel. „Nun lass uns zum Conversationshaus spazieren und dem Konzert lauschen."

Wenig später gaben Königin Marie und deren Tochter Mary nach der Lektüre eines langen Briefes von Elisabeth Anweisung nach Gmunden zu kommen, um den Cubaner kennenzulernen. Daraufhin ging das verliebte Paar schon mal eine inoffizielle Verlobung ein. Auf der gemächlichen Reise nach Österreich – Henriette fragte sich insgeheim, was die Großtante zu ihrem Cubaner sagen würde, zeigte sie ihrem Cristobál noch eine Reihe von Kur- und Thermalorten, die er noch nicht kannte. Die warmen Thermalschwimmbäder gefielen ihm außerordentlich, und deren Wirkungen interessierten ihn nicht zuletzt als Apotheker sehr.

Gmunden

So kamen sie erst im Spätsommer im österreichischen Exil an. Mary erfuhr von der stets gut informierten Elisabeth, dass es sich inzwischen nicht mehr lange verbergen lassen würde, dass das Brautpaar die Hochzeitsnacht bereits seit einiger Zeit hinter sich hatte. Königin Marie zeigte sich entsetzt. „Aber sie hat Tatsachen geschaffen, Mary, wir müssen uns mit der Heirat abfinden. Und die muss schleunigst über die Bühne gehen."

In einem Gespräch unter sechs Augen konnte Cristobál glaubhaft belegen, dass er in der Lage war, Henriette standesgemäß zu versorgen, wobei er nicht alle Karten auf den Tisch legte. Soweit waren Marie und ihre Tochter beruhigt. Und weihten den künftigen Ehemann über die finanzielle Situation seiner künftigen Frau auch nur unvollständig ein. Die Hochzeit fand bald darauf in der evangelischen Kirche, die mit Unterstützung des Welfenhauses 1871-1875 erbaut worden war, im allerkleinsten Kreis statt. Cristobál hatte zugestimmt, dass die Kinder evangelisch erzogen wurden.

Henriette genoss die vertraulichen Gespräche mit Großtante Marie. Die geizte nicht mit Ratschlägen: „Du solltest unbedingt den Säugling selber stillen, das ist das Gesündeste für das Kind und das Natürlichste sowieso. Lass dir ja nicht einreden, dass dies unvornehm sei. Ich habe es zum Entsetzen meines Schwiegervaters bei jedem meiner drei Kinder getan. Es rief allgemeines Unverständnis hervor, dass ich mich weigerte, eine Amme zu nehmen. Zur Strafe wurde ich von der königlichen Tafel ausgeschlossen." Verschwörerisch lächelte die alte Dame Henriette zu.

Diese fühlte sich glücklich wie nie zuvor – ihr Mann vergötterte sie förmlich, und das tat ihr gut. Doch dann änderte sich schlagartig alles und noch dazu durch ihren eigenen Leichtsinn. Eine anstrengende Bergtour, von der man ihr dringend abgeraten hatte, führte zu einer Fehlgeburt.

Aus dem fröhlichen jungen Paar wurden zwei bekümmerte Menschen. Henriette musste viel ruhen, was sie hasste. Außerdem erging sie sich in Selbstvorwürfen, was sie noch mehr niederdrückte. Cristobál, der sich für den Herbst in den Bergen nicht warm genug angezogen hatte, erkrankte an einer schweren Erkältung mit hohem Fieber, die der Arzt für eine Lungenentzündung hielt. Elizabeth tat ihr Bestes, um die Rekonvaleszenten abzulenken, besorgte zahllose Zeitschriften, ließ stets die neueste Gartenlaube schicken, und die zwei vertrieben sich die Zeit damit, nun die Sprache des Ehepartners noch perfekter zu lernen. Königin Marie und deren Tochter Mary schlossen den jungen Ehemann immer stärker ins Herz. Und der lauschte fasziniert den Erzählungen der beiden Damen, zumal er schnell bemerkte, dass es Marie gut tat, in ihren Erinnerungen zu schwelgen. „Es schmerzt sehr, wenn ich bedenke, dass ich dies alles nie mehr wiedersehen werde – aber andererseits hängen auch so schöne Reminiszenzen daran. Besonders die Marienburg, die mein Gemahl mir einst zum Geburtstag als Sommerresidenz schenkte, geht mir oft sehnsüchtig durch den Sinn. Das war ja unser romantisches Märchenschloss und zugleich mit dem damals modernsten Komfort ausgestattet, wie etwa einer Fußbodenheizung."

Während Cristobál einige Ansichten und Baupläne bewunderte, bemerkte Mary trocken: „Die bei Kälte durchaus nicht ausreichte, ich weiß noch, wie wir in dem letzten Winter, bevor wir notgedrungen Papa hierher folgten, gefroren haben." Nachdenklich zerteilte sie einen Gugelhupf, der zum Kaffee gereicht wurde. „Gut ausgestattet waren wir dort allerdings. Ich erinnere mich zum Beispiel, dass es für jeden Tag eine andere Kuchenform gab."

„Sie meinen, es gab 365 Backformen?", fragte Cristobál ungläubig, während er ihr dankend den Kuchenteller abnahm.

Königin Marie lächelte. „Hier im Exil sind wir natürlich arg beengt, aber es gibt ja genug Erinnerungsstücke, die uns erfreuen können."

In der Tat empfand Cristobál vor allem den Salon, der mit zahllosem Nippes vollgestellt war, als völlig überladen.

„Ja, mein Gemahl hegte eine gefühlsmäßige Abneigung gegen die Preußen – vielleicht, so denke ich heute, umgaben ihn auch nicht die richtigen Ratgeber. Er war so durchdrungen von der königlichen Würde, die Gott seiner Familie geschenkt hatte, dass er meinte, er könne als Christ, Monarch und Welf nicht anders handeln." Maries Gesicht verzog sich schmerzlich, als sie an die schicksalhaften Tage dachte, die 1866 mit der Schlacht von Langensalza das Ende des Königreiches bedeutet hatten.

Bewusst wechselte Cristobál das Thema, nicht zuletzt, weil er den Gedanken unterdrücken wollte, wann er seine Heimat wiedersehen würde.

„Meine liebe Henriette schreibt ja gerne Briefe und dann und wann eine Art Tagebuch – neulich sprach sie gar darüber, eine Erzählung schreiben zu wollen. Darf ich Sie fragen, verehrte Königliche Hoheiten, was Sie davon halten?"

„Tagebuch hat sie schon früher geschrieben – wenn es genutzt wird, Geschehnisse zu überdenken, finde ich das nützlich", meinte Marie. Und ihre Tochter fügte hinzu: „Meine Schwester und ich hatten auf der Marienburg in unseren Schreibtischen zwei ausgezeichnete Maximen eingraviert."

Marie nickte eifrig. „Ich erinnere mich noch an Folgendes:

,Ein Zauber ist geschriebenes Wort,

Ein Blick, ein Laut, und es blüht fort.'"

Lächelnd ergänzte Mary: „Das war der von Friederike. Und auf meinem stand:

,Geschriebenes Wort

Lebt fort und fort

Überdauert Zeit und Ort.'"

Lange beriet man sich, wo die beiden Rekonvaleszenten im Frühjahr eine Kur zwecks endgültiger Genesung machen sollten. Elisabeth schlug St. Blasien vor.

„Ein Reiseziel ersten Ranges, dessen Luft den Göttern von Epikur gerecht würde", wie Elizabeth schwärmerisch vorgelesen hatte. „Nur grüne Berge und Tannen mit regungslosen Wipfeln. Ein Schwarzwaldnest, weltfern, ohne Bahnanschluss, nicht für jedermann erreichbar, keine lärmenden Massen von Ausflüglern."

„Um Himmels willen, was sollen wir denn da, Elisabeth? Das ist ja noch langweiliger als hier!", rief Henriette.

„Täusche dich nicht, meine Liebe, du wirst dich äußerst wohl fühlen. Seit den neunziger Jahren reist Großherzog Friedrich I. von Baden regelmäßig an, gefolgt von immer mehr Adel und Hautevolee. Die finden, genau wie der Monarch, allergrößtes Wohlgefallen an dem idyllischen Flecken im Albtal. Der kleine abgelegene Ort bildet zugleich einen Treffpunkt der internationalen Crème de la Crème und ist mir streng vertraulich unter der Hand als absoluter Geheimtipp in mehrfacher Hinsicht empfohlen worden. Baltische Rittergutsbesitzer, russische Aristokraten, schwerreiche Bankiers, gewiefte Entrepreneure und Gründerpersönlichkeiten beziehungsweise deren Nachkommen, in Übersee zu Reichtum gelangte Auswanderer, Plantagenbesitzer aus den Kolonien, distinguierte englische Familien, Literaten, Politiker, Wissenschaftler, Nobelpreisträger, jüdisches Establishment und Regierungsbeamte des Kaiserreichs geben sich hier ein Stelldichein."

„Nun, das klingt äußerst interessant. Es muss wirklich ein Geheimtipp sein, denn ich habe bislang nie von St. Blasien gehört", meinte Henriette nachdenklich.

Elisabeth fuhr fort: „Die Heilerfolge für Lungenleiden sollen sensationell sein, die Kureinrichtungen luxuriös und auf dem allerneuesten Stand. Die Lage St. Blasiens ist vorzüglich und kaum zu übertreffen. Es herrscht eine anheimelnde und vornehme Ruhe."

Am meisten überzeugte Henriette jedoch, dass ihrem Gatten Cristobál, mit dem sie jetzt seit einem Jahr außerordentlich gern Bett und Tisch teilte, dort endgültig geheilt werden konnte. Denn das europäische Klima, das so gegensätzlich zu dem seiner Heimat war, hatte ihm ja kräftig auf die Lungen geschlagen. Was ihn unvernünftiger Weise nicht davon abhielt, seine Zigarren zu rauchen oder besser gesagt, zu zelebrieren. Und sie selber hoffte, sich durch Bäder und weitere Anwendungen endgültig von der Fehlgeburt zu erholen.

Wie hätte sie jemals ahnen können, dass ausgerechnet hier Begegnungen stattfinden sollten, die alles veränderten? Die ihren bis dato weder nach Ruhm noch ehrgeizigen Zielen strebenden Gatten, Plantagenbesitzer auf Cuba und studiertem Pharmazeuten ohne praktische Tätigkeit, in einen leidenschaftlichen Entdecker verwandeln sollten?

St. Blasien

Im Frühjahr 1903 begaben sie sich auf den Weg nach St. Blasien. Man ließ sich Zeit, reiste mit großem Gepäck und der alten Kammerjungfer im Gefolge gemächlich über Salzburg, München, Stuttgart und Karlsruhe in Richtung Freiburg. Dem Wunsch seines Bruders entsprechend, sah sich Cristobál unterwegs immer wieder nach Gemälden und Möbeln um. Die Norderneyer Hafenszene von Poppe Folkerts befand sich ja schon längst auf dem Weg nach Kuba. Da Henriette inzwischen einiges über den Kunstgeschmack von Juan erfahren hatte, hinderte sie ihren Gatten erfolgreich daran, von allen Stationen Souvenirs in Form von Dosen, Tassen, Tellern, Blumenvasen oder gar in Form von Gebäuden mitzunehmen. Bei den Schneekugeln allerdings, deren Prototyp bei der Pariser Weltausstellung 1878 gezeigt worden war, gab es kein Halten mehr. Ein Schwarzwaldmädel und ein röhrender Hirsch im immer verfügbaren Schneegeriesel wanderten ins Reisegepäck und entzückten ihren neuen Besitzer, der sie stets auf seinem Nachtschrank deponierte. Zum Glück nahmen sie ja wenig Platz weg.

Henriette hatte dem Bedürfnis Erinnerungsstücke von Reisen mitzubringen schon früh widerstanden. Die Hotel-Suite im Central-Hotel Kaiserhof bot kaum genügend Platz, um auch noch zahlreiche Andenken unterzubringen.

Nach der Fahrt mit der Höllentalbahn bei strahlendem Sonnenschein stiegen sie geradezu berauscht von der spektakulären Landschaft schließlich an der Bahnstation Titisee in die Kutsche. Cristobál, dem dringend nach frischer Luft war, bestand darauf, offen zu fahren. Der Fuhrmann, an kapriziöse Wünsche der vornehmen Gäste gewöhnt, packte alle sorgsam in Decken, zog auch noch warme Kopfbedeckungen hervor, die Henriette misstrauisch inspizierte, jedoch für sauber befand. So bekamen sie bei Pferdegetrappel, gelegentlichem Peitschenknall und Vogelgezwitscher gleich einen Eindruck von der frischen, heilsamen Schwarzwaldluft. Während es immer weiter bergan ging und merklich kühler wurde, fragte sich Henriette ernsthaft, ob Elisabeth sich einen schlechten Scherz erlaubt hatte – in dieser Einöde sollte sich eine internationale Crème de la Crème treffen? Cristobál indessen beobachtete, dass die Tannenwälder, als die Sonne hinter einer großen weißen Wolke verschwand, plötzlich bedrohlich und dunkel aussahen, wodurch sich ihm nun der Name Schwarzwald unmittelbar erschloss.

Nach gut drei Stunden sahen sie die Rundkuppel der Pfarrkirche auftauchen. Sie bezogen großzügige Räumlichkeiten im Hotel und Kurhaus, welches als Maß aller Dinge für den Ort galt und am 15. Mai eröffnet hatte.

In der internationalen Gesellschaft St. Blasiens blühte Henriette rasch auf und wurde viel umschwärmt, was ihr guttat. Nur noch selten bemühte sie Anspielungen auf die liebe Königin Marie, um Anerkennung zu erlangen. Auch taten ihr die nach badeärztlicher Verordnung angewendeten Bäder und Packungen gut. Zum Nachdenken kam sie jetzt kaum, und jede Ablenkung von dem Schmerz über die erlittene Fehlgeburt und die damit verbundenen Selbstvorwürfe war ihr willkommen. Vor allem aber mochte sie das Luftbad, welches Dr. Determann, der leitende Arzt am Kurhaus 1903 als innovative Neuerung eröffnet hatte, womit die Freikörperkultur in St. Blasien Einzug hielt. Selbstverständlich nach Geschlechtern getrennt, konnte man hinter drei Meter hohen Zäunen dem Körper Licht, Luft und Sonne direkt zuführen, angetan mit roten Luftbadehemden und Hosen. Cristobál, dem dies gar nicht gefiel, gab vor zu frieren. Woraufhin der tüchtige Mediziner, der festgestellt hatte, dass sein Patient kein Lungenleiden, sondern eine allerdings äußerst schwere Bronchitis gehabt hatte, ihn auf lange Spaziergänge durch die Wälder jagte. „Damit mache ich bei chronischen Katarrhen beste Erfahrungen – es wird sowohl der Stoffwechsel angeregt, die Lungen trainiert, als auch den Appetit gereizt."

Cristobál ergab sich in sein Schicksal und fand allmählich sogar großen Gefallen an seinen Wanderungen in einer Natur, die so ganz anders war als in seiner Heimat.

Mit dem Ergebnis war der tüchtige Doktor denn auch bald zufrieden. „Ich denke, Sie haben sich inzwischen in der guten Luft endgültig akklimatisiert. Die Infektion ist vollständig abgeklungen, und wir können mit einer gewissen Immunität gegen weitere Attacken rechnen." Er zwinkerte seinem Patienten zu. „Richten Sie also Ihrer ebenso besorgten wie entzückenden Gattin aus, dass eine galoppierende Schwindsucht nicht zu befürchten sei."

Henriette zeigte sich in der Tat beruhigt und genoss nun das rege und abwechslungsreiche Leben noch mehr in vollen Zügen.

Da er sich nur bedingt als Gesellschaftslöwe eignete, verabsentierte sich Cristobál von der samstagabendlichen Réunion im Kursaal, um eine seiner Zigarren zu rauchen. Seine Frau, angetan in großer Robe, war charmant plaudernd wie stets von einer Schar von Bewunderern umringt und würde ihn nicht schnell vermissen. Er verließ das Kurhaus und wandelte unter dem überdachten Steg Richtung des hochherrschaftlichen Schwarzwaldhauses, welches seit der Jahrhundertwende vor allem von gekrönten Häuptern und deren Gefolge genutzt wurde. Genüsslich blies er einige Rauchringe in die Luft. Ein Herr, der ihm entgegenkam, schnupperte und bemerkte spontan: „Ich wette, diese Zigarre stammt aus Cuba, aber es ist weder eine Montechristo noch eine Cohiba. Es riecht jedenfalls wunderbar, und ich kenne nur eine Provenienz, die nicht nur vergleichbar, sondern vielleicht sogar besser ist!" Cristobál war mehr als erstaunt! Ja, er fühlte sich nicht nur als Plantagenbesitzer, sondern auch als Cubaner geradezu in seinem Stolz verletzt. „Die cubanischen Zigarren genießen Weltruhm, Señor! Von wo sollte eine nur annähernd so erstklassige Qualität kommen?"

„Nun, für mich war dies kürzlich ebenfalls eine überraschende Entdeckung – die puros von der Insel La Palma sind eine Klasse für sich."

Sein Gegenüber erstarrte und sah ihn völlig perplex an.

Schließlich überbrückte der Herr die lange, peinliche Gesprächspause: „Ich habe Sie doch wohl nicht unwissentlich beleidigt?"

Endlich fand Cristobál seine Sprache wieder. „Keineswegs, Señor, aber Sie haben mir sozusagen einen doppelten Kinnhaken verpasst: Ich bin ein aufrichtiger Mensch von da, wo die Palme wächst, wie unser hochverehrter Dichter José Martí in seinem Gedicht Guantanamera über Cuba schrieb. Diese Zigarre stammt von meiner Plantage. Ich bin Cubaner in der dritten Generation, einige meiner Vorfahren stammen jedoch von La Palma. Schon seit längerer Zeit wollte ich diese Insel, die mir aus vielen Erzählungen meiner Großmutter vertraut ist, besuchen. Aber wie es so ist – immer standen andere Dinge an. Und ich habe noch nie eine Zigarre von der Insel genossen."

„Das müssen wir ändern", meinte sein Gegenüber nachdenklich. Und Cristobál kam nicht so schnell dazu, aus dem seltsamen Tonfall dieser scheinbar einfachen Aussage Doppeldeutigkeiten herauszuhören. Denn sein Gesprächspartner entpuppte sich als für weitere Überraschungen gut. „Es wird Zeit, dass wir uns miteinander bekanntmachen – ich bin

Friedrich genannt Fritz, Erbherzog von Baden. Normalerweise verbringen immer meine Eltern hier die Sommerfrische, in diesem Jahr jedoch hindern sie andere Pflichten. Meine Frau und ich sind eigentlich inoffiziell da, wir leben gern zurückgezogen. Aber mit La Palma haben wir ein spannendes Gesprächsthema. Mein Vater und ich baten einen Mann unseres Vertrauens, sich dort umzusehen, die Insel ist nebenbei bemerkt auch aus strategischen Gründen interessant. Sie wissen ja, unser Kaiser Wilhelm II. will für das Deutsche Reich einen Platz an der Sonne und weltpolitischen Rang, wofür er als Instrument die Flotte aufbauen will. Der Marineadmiral von Tirpitz, der sich diesem Flottenprogramm verschrieben hat, weilt übrigens ebenso hier in St. Blasien, wie der König von der Ruhr, Hugo Stinnes."

Dem Cubaner sagte das wenig, also nickte er höflich, deutete eine Verbeugung an und stellte sich vor: „Cristobál Bequer-Borrel."

Fritz von Baden fuhr auch schon fort: „Aber kommen wir zurück auf La Palma: Wenn ich das Inkognito des Gewährsmannes lüften darf, werde ich ihn fragen, ob er morgen, gemeinsam mit Ihrer Frau und Ihnen zu einem kleinen informellen Dinner in unsere Suite kommt."

„Was soll die Geheimnistuerei?", fragte Cristobál etwas brüsk.

„Nun, dieser Mann ist ein bekannter Forschungsreisender, der allerdings in Kontakt mit Fürst Bismarck steht. Mit dem wiederum hat unser Kaiser nicht viel im Sinn. Mein Vater ist der Schwiegersohn von Kaiser Wilhelm I. und väterlicher Berater von Wilhelm II. Also gilt es, Diskretion walten zu lassen."

„Lo siento, bedaure, jetzt raucht neben der Zigarre auch mein Kopf", entgegnete Cristobál. „Ich weiß schon, warum ich das gesellschaftliche Parkett meiner Frau überlasse, die sich da genauestens auskennt. So habe ich außerdem ab und zu einen Grund, mich auf eine gute Zigarre zurückzuziehen."

Fritz klopfte dem Cubaner jovial auf die Schulter. „Also abgemacht, morgen um acht Uhr zum Dinner! Aber nur, wenn Sie mir jetzt freundlicherweise eine von Ihren Zigarren anbieten."

Mittlerweile hatte sich Cristobál so weit erholt, dass er dem Erbherzog mit ruhiger Hand sein Etui präsentieren konnte. „Danke für die Einladung – es wird uns eine Ehre sein!"

Die beiden Herren setzten sich auf eine Bank, und nach den ersten genießerischen Zügen meinte der Erbherzog: „Welch eine Sinnenfreude

– jeder reine Tabak schmeckt unterschiedlich –, und selbst in einer Kiste gibt es keine Zigarre, die der anderen gleicht." Er nahm einen weiteren Zug, blies einen perfekten Rauchring in die Luft. „Der Duft des Tabaks bietet der Nase zahllose Varianten. Die Aromen einer wirklich guten Zigarre können den Geruchssinn geradezu betrunken machen. Und das ist hier der Fall!" Er lächelte ebenso fachmännisch wie spitzbübisch – und Cristobál wusste, dass er nicht nur einen Kenner, sondern einen Aficionado, einen glühenden Anhänger getroffen hatte.

„Dass wir außer Zuckerrohr auch nebenbei Tabak anbauen, verdanken wir meinem Urgroßonkel. Ihn faszinierte der Tabak, den zurückgekehrte Palmeros von Cuba mitgebracht hatten. Er experimentierte viel und brachte von La Palma Samen mit."

„Klingt, wie Eulen nach Athen zu tragen."

Cristobál grinste erfreut. „Genau das sagen wir in unserer Familie auch! Jedenfalls kreuzte er mit cubanischen Sorten, wie Criollo und probierte lange, bis er zufrieden war. So können wir uns mit der besten Tabakregion um Pinar del Rio vollauf messen."

„Richtig", nickte der Erbherzog, „von dort kommt der weltweit teuerste und beste Tabak!"

„Wie gesagt, unserer braucht den Vergleich keineswegs zu scheuen. Mein Urgroßonkel wusste, dass die Behandlung der Pflanze wie die Herstellung der Zigarre eine hohe Kunst ist. Er bestand darauf, dass jedes einzelne Blatt, hinsichtlich des Aromas, der Farbe, Beschaffenheit und Brennbarkeit geprüft wurde, und ließ dann nach Einlage, Umlage und Deckblatt sortieren. Es gibt übrigens wie beim Wein, der auf Cuba leider nicht gedeihen will, gute und schlechte Jahre."

Fritz nickte beeindruckt. „Und die eigentliche Herstellung?"

„Geschieht in einem extra Raum. Angeblich soll es meine Urgroßmutter gewesen sein, die auf die Idee kam, den Frauen bei der Fertigung der Zigarren vorlesen zu lassen. Von Nachrichten über Romane gab es eine große Bandbreite, die das Bildungsniveau der Frauen durchaus gehoben hat."

„Wieso nur Frauen?"

„Mein Urgroßonkel behauptete, die hätten ein feineres Gespür für das Rollen und für das abschließende Kleben mit Yucca-Saft." Nachdenklich blies Cristobál einen weiteren Rauchring in die Luft. „Die Herstellung exquisitester Zigarren, das machte sein besonderes Erbe an uns aus – denn er meinte, der Zucker, das weiße Gold, bedeute riesige Plantagen, Sklaverei, Blut, Schweiß, Tränen und spanische Herrschaft. Der Tabak hingegen verlange freie Individualisten."

Darüber hatte Fritz von Baden noch nie nachgedacht – er ließ das daher lieber unkommentiert und wechselte diplomatisch das Thema. „Mein Kompliment: Diese Zigarre schlägt jede Havanna, die ich bisher geraucht habe", sagte er geradezu ehrfürchtig und eroberte damit endgültig Cristobáls Herz. „Aber wieso bekam ich diese Zigarre noch nie angeboten?"

„Die verkaufen wir traditionell nur an Stammkunden. Sie kommen nicht in den offiziellen Handel", erklärte Cristobál. „Unsere Haupteinnahme bildet jedoch nach wie vor das weiße Gold, dass wir einst für Spanien anbauten und nun für die Vereinigten Staaten." Er spürte plötzlich einen bitteren Beigeschmack, wie stets, wenn er an die Amerikaner dachte. „Im letzten Unabhängigkeitskrieg sind auch bei uns Zuckerrohrfelder und Mühlen zerstört worden. Da waren wir froh, dass wir die Einnahmen aus dem Tabak hatten und außerdem fast alles, was man zum Leben braucht, selber herstellen konnten."

Seinem Gegenüber war die cubanische Geschichte so fern wie der Mond – er beschloss, sich darüber informieren zu lassen. Um abzulenken entgegnete er: „Autark zu sein, ist immer gut. Das erstrebt unser Kaiser ja ebenfalls. Nun sagen Sie mir aber nicht, dass Sie außerdem noch Rum produzieren – dafür ist Cuba ja auch berühmt."

Cristobál grinste stolz und deutete eine Verbeugung an. „Nein, das überlassen wir der Familie Bacardi, die das Geschäft über Generationen, basierend auf altem, gut abgelagerten Rum aufgebaut hat. Man kann nicht auf allen Gebieten der Matador sein!"

Der Erbherzog nickte zustimmend.

Bald verabschiedeten sich die Herren in bestem Einvernehmen, nachdem sie noch schweigend einige Züge gemeinsam genossen hatten.

Fröhlich suchte Cristobál seine Frau auf, um ihr von der Einladung zu berichten. Denn diese hatte schon längst von dem inoffiziellen Aufenthalt des erbherzoglichen Paares gehört und brannte darauf, dessen Bekanntschaft zu machen. Ich werde in ihrer Achtung steigen, dachte er – und so war es auch. Henriette vermochte zunächst kaum zu glauben, dass sie tatsächlich von den hohen Herrschaften eingeladen waren. Und Cristobál konnte sich nicht verkneifen hinzuzufügen: „Und alles nur

wegen meiner guten Zigarren, Liebling!" – was sie klugerweise unkommentiert ließ.

Am Pfingstsonntag, dem 31. Mai 1903, nicht ahnend welch schick-
salhafter Tag dies werden würde, bestaunte Cristobál gemeinsam mit
seiner Frau am Vormittag den feierlichen Auszug der von einem prächtig
geschmückten Ochsen angeführten Viehherde auf die Sommerweiden.
Für die überwiegend aus Städten stammenden Kurgäste war dieser
Brauch fast ebenso exotisch, wie für Cristobál. Der Priester sprach zudem noch den großen Wettersegen aus, mit dem um günstiges Wetter
und eine reiche Ernte für die Bauern gebeten wurde.

Der Tag verging bei strahlendem Sonnenschein wie im Fluge, und gut
gelaunt machten sich Henriette und Cristobál zum Schwarzwaldhaus auf.

Die Familie des Großherzogs besaß dort eine riesige Suite, die mit
eigenen Möbeln, erlesenen Gemälden und einer umfangreichen Bibliothek ausgestattet war. Dort trafen Henriette und Cristobál bereits einen
etwa fünfzigjährigen Herrn mit stattlichem Schnurrbart und etlichen Orden an der Frackbrust an, der sie mit diskreter Neugier, aber eingehend
musterte. Unter diesem kritischen Blick war Henriette froh, eine ihrer
klassisch eleganten Roben angelegt und auf Extravaganzen verzichtet zu
haben. Sie wusste sofort, dass er in der täglich erscheinenden Fremden-
liste des Kurortes als Forschungsreisender aus München aufgeführt war.

Eugen Wolf entpuppte sich als Journalist, der Europa, Afrika, die
Vereinigten Staaten, China, Japan und Sibirien erkundet hatte. „Ich tref-
fe mich gern mit Politikern und Geschäftsleuten aller Art, um unser Va-
terland bei der Entwicklung seiner weltpolitischen Rolle zu unterstützen", erklärte er, während er an einer der hohen Bücherwände lehnte.

„Wir sind ja nicht so ohne Weiteres in der Lage zu reisen, die Reprä-
sentationsaufgaben und vielfältigen Verpflichtungen hindern uns", meinte die Erbherzogin Hilda, eine beeindruckende Frau um die vierzig,
„aber mit Büchern und in Gedanken auf Fahrt zu gehen und den Luxus
einer doppelten Bibliothek genießen zu können, ist etwas, was so manche Unannehmlichkeit der Regierungsaufgaben wettmacht."

Ihr Gatte Fritz lächelte dazu unverbindlich und zuckte kaum merklich mit den Achseln. Henriette sah sich in ihrem Eindruck bestätigt,
dass diese Büchersammlung sicherlich öfter von ihr als von ihm fre-
quentiert wurde.

Wolf schwärmte von der Insel, die er inkognito bereist hatte. „La Palma ist die westlichste der Kanarischen Inseln und gewiss nicht nur strategisch interessant." Ein warnender Blick des Erbherzogs ließ ihn das Thema wechseln. Schließlich ging es diesen Cubaner keinen Deut an, dass Wilhelm II. auf der Suche nach Stützpunkten im Atlantik ernstlich in Madrid hatte vorfühlen lassen, ob La Palma zu kaufen sei.

So fuhr er harmlos fort: „Dazu Temperaturen des ewigen Frühlings. Wer dem Winter entfliehen will, ist dort gut aufgehoben. Die Saison hier wird ja auch Ende September abgeschlossen."

Die Erbherzogin seufzte. „Ja, leider."

„La Palma ist äußerst abwechslungsreich und weiter im Norden mit Kiefer- und Lorbeerwäldern bedeckt – ein riesiger Krater befindet sich ungefähr in der Mitte, die Caldera de Taburiente. Weinberge, Kakteen, einige erste Bananenplantagen, Tomaten und natürlich Palmen – man nennt sie nicht umsonst die schöne Insel."

„Und wie sieht es im Süden aus?", fragte Henriette.

„Wie Koks und Kaktus, manchmal mit Wolfsmilchgewächsen", entgegnete Wolf. „Aber das Interessanteste dort ist zweifellos eine verschüttete Heilquelle."

„Davon haben wir doch wohl in Deutschland genug", meinte Henriette.

„Diese Quelle besitzt jedoch eine legendäre Heilkraft. Leider wurde die Fuente Santa am 10. November 1677, während eines Ausbruchs des Vulkans San Antonio, der drei Monate dauerte, unter Tonnen von Gestein begraben. Bis heute gibt es ein großes Lamento auf der Insel über diesen Verlust."

Derweil Henriette gleichgültig mit den Achseln zuckte, erinnerte sich Cristobál plötzlich an Erzählungen seiner Großmutter. Indessen fuhr Eugen Wolf fort: „Es ist zum Beispiel überliefert, dass bei einer Höhle noch Quellwasser ins Meer gelangte, ein Leprakranker darin badete und durch das wohltätige Wasser geheilt wurde."

Cristobál traf es wie ein Schlag – einen Moment stockte ihm tatsächlich der Atem! Das glich ja in frappanter Weise der Überlieferung über die Heilquellen von San Diego de los Baños! Dort sollte ein verbannter Negersklave nach dem Bad von der Lepra genesen sein.

„Dieses Heilwasser erneut zugänglich zu machen würde eine wahrhaft heroische Tat sein", erklärte Eugen Wolf.

„Das käme nach so langer Zeit einer Sensation gleich! Man müsste die Quelle unbedingt wiederentdecken und könnte damit gewiss vielen Kranken helfen", rief Cristobál geradezu elektrisiert. Ihm war ganz seltsam zumute. Er, der Wissenschaftler, der sich doch über die bunte Welt der afro-cubanischen Götter der Farbigen in seiner Heimat erhaben gefühlt hatte, kam sich vor wie vom Blitz getroffen. Sein Pfingsttraum auf dem Schiff fiel ihm siedendheiß wieder ein. Nur selten noch hatte er daran gedacht, ihn eher als Produkt seines Abschiedsschmerzes abgetan. Aber nun drängte er sich mit großer Intensität wieder in seine Gedanken und Gefühle. Ob die Vorhersehung den Zufall geschickt hatte, um ihn aufzurufen, etwas Wichtiges zu gestalten? Unwillkürlich fasste er nach dem goldenen Kreuz und dem Amulett an seinem Hals. Der Hemdkragen wurde ihm eng. Letztes Jahr am Pfingstsonntag hatte auf Norderney die entscheidende Begegnung mit Henriette stattgefunden, und nun ging es um die verschüttete Heilige Quelle auf der Insel seiner Vorfahren – das alles konnte kein Zufall sein. Der Pfingstsonntag entwickelte sich zu einem schicksalhaften Tag in seinem Leben.

Henriette betrachtete erstaunt ihren blass gewordenen Ehemann und war froh, dass die Erbherzogin, der ihr Gatte ein Zeichen gegeben hatte, den Herren gestattete, sich zum Rauchen zurückzuziehen. Benommen folgte Cristobál den Männern.

Die Damen tauschten sich derweil ausführlich über die vielen möglichen Kuranwendungen aus. Da Hilda bisher ebenfalls kinderlos war, hatten sie ein Thema, welches beide bewegte. „Ich war froh, dass wir bei Großtante Marie in Gmunden waren, als es passierte", flocht Henriette in die Unterhaltung ein. „Zumal ich mir den Vorwurf nicht ersparen kann, dass ich leichtsinnig das Leben meines Kindes riskierte. Mein Mann versucht mich zu trösten, dass wir noch viele Kinder haben können. Aber das weiß man eben nie." Sie stockte, da sie befürchtete, der kinderlosen Erbherzogin zu nahe zu treten. Die wechselte auch prompt das Thema.

„Königin Marie von Hannover?"

Henriette nickte. „Ja, sie ist inzwischen schon lange im Exil."

„Mein liebes Kind, mein Vater büßte nach dem verlorenen Deutschen Krieg 1866 die Herrschaft über das Herzogtum Nassau ein, welches ja ebenfalls von Preußen annektiert wurde. Ich weiß nur allzu genau, was das bedeutet – davon abgesehen, schätze ich Marie außerordentlich."

„Ja, sie hat in Hannover immer viel Gutes getan und sich stets nett um mich gekümmert, obwohl ich ja nur von der männlichen Linie her Welfenblut in mir habe."

„Das vermutete ich schon, das sieht man Ihnen durchaus an", meinte Hilda, was Henriette sehr erfreute. „Darf man fragen, wer Ihr Papa war?"

Henriette schüttelte den Kopf. „Ich weiß es inzwischen, aber es ist ein Familiengeheimnis, an das auch ich strikt gebunden bin."

Hilda blickte sie nachdenklich an. „Das Wichtigste scheint mir jedoch, dass Sie nun mit Ihrem interessanten Gatten glücklich sind und hoffentlich eine große harmonische Familie bilden werden. Für mich besteht da leider nicht mehr viel Aussicht."

Henriette bemerkte den Kummer, der über Hildas Gesicht huschte, und äußerte spontan: „Bei meiner Geburt war meine Mutter gewiss etliche Jahre älter als Sie!"

„Nun, vielleicht gibt es tatsächlich noch Hoffnung. Aber ich frage mich auch manchmal, ob ich nicht zu alt bin, um ein Kind großzuziehen. Ich könnte ja bereits Großmutter sein. Wie war das für Sie, meine Liebe?"

„Ach, ich hatte ja kaum Vergleiche zu anderen Mädchen. Mama war stets von zarter Gesundheit, weshalb wir die meiste Zeit in Kurorten weilten. Und sie hing sehr an mir, sie wollte sich nicht lange von mir trennen."

„Die meiste Zeit in Kurorten?", echote die Erbherzogin. „Wo sind Sie denn zur Schule gegangen?"

„Gar nicht, es gab immer Gouvernanten und Hauslehrer."

„Aber dann hatten Sie ja nie langjährige vertraute Freundinnen Ihres Alters, mit denen Sie Gedanken und Träume austauschen konnten. Haben Sie das nicht vermisst?"

Henriette zuckte mit den Achseln. „Kann man vermissen, was man nicht kennt? Vielleicht ist es so – die Bekanntschaften mit jungen Mädchen in den unterschiedlichen Kurorten waren meist oberflächlich und mit zunehmendem Alter bereits von Konkurrenz geprägt."

„Und ein Pensionat, wo junge Damen ja auch lernen, einem standesgemäßen Haushalt vorzustehen, besuchten Sie ebenfalls nicht?"

„Nein, ich glaube, dass durch unser unstetes Leben Mama dem keine große Bedeutung zumaß. Sie sprach allerdings davon, mir in einem exklusiven Schweizer Pensionat den letzten Schliff geben zu lassen und dort vor Ort zu wohnen, da sie mich keinesfalls für längere Zeit missen wollte. Es ging ihr dabei wohl weniger um Haushaltsführung als vielmehr um Beziehungen zu höchsten Kreisen. Aber dazu kam es nicht mehr, da Mama ja ganz plötzlich verstarb."

Mitfühlend streichelte Hilda Henriettes Hand und meinte dann: „Glauben Sie mir, das wird das Wichtigste sein in Ihrem Leben: dass Sie sich gemeinsam mit Ihrem Gatten an einem Ort niederlassen, an dem Sie sich wohlfühlen und dort ein geschmackvolles Heim einrichten. Vielleicht in Hannover, welches Sie ja kennen und wo noch viele welfentreue Anhänger Ihnen ein heimatliches Gefühl geben." Mit Tränen der Rührung tätschelte Hilda der jüngeren Frau die Schulter, und Henriette, die sonst nicht zu Gefühlsausbrüchen neigte, ergriff diese Hand und hauchte einen dankbaren Kuss darauf.

„Das stimmt", sagte sie, „das Zigeunerleben macht unstet. Ich habe ja in meinem ganzen Leben noch nie in einem normalen Haushalt gelebt, sondern immer in Hotels."

Hilda schüttelte entsetzt den Kopf. „Das kann ich mir gar nicht vorstellen. Kein geordneter Hausstand, kein eigenes Porzellan, keine Gläser, Vasen, Bilder und vor allem keine Bibliothek."

Schlagartig wurde Henriette bewusst, dass sie gerade begann, genau dies zu vermissen.

„Wir sollten wirklich daran denken, uns niederzulassen. Hannover scheint mir eine gute Idee zu sein." Eine schöne große Villa in Kleefeld, dem Zooviertel oder in Waldhausen tauchte vor ihrem geistigen Auge auf – möglicherweise statt in die Vororte doch mehr ins Zentrum – an den Schiffgraben oder in die Königstraße?

„Vielleicht könnten Sie auch in der Heimat Ihres Mannes einen Neubeginn wagen", schlug Hilda vor. „Ich habe viel über Cuba gelesen. Auf einer Hacienda lässt es sich gewiss gut leben. Und sollten Sie Tatendrang verspüren, ist es ganz bestimmt möglich, dort etwas zu bewegen. Die Sklaverei ist zwar abgeschafft, aber der Bevölkerung geht es meist nicht sehr gut."

Unwillkürlich musste Henriette an den Brief ihres Vaters denken. Diese Unterhaltung würde ihr noch reichlich Stoff zum Nachdenken geben.

Indessen lösten die Erzählungen von Eugen Wolf, der auch einige Fotografien dabeihatte, bei Cristobál einen Schwall von Erinnerungen aus. Immer mehr verstärkte sich das Gefühl, die Vorhersehung habe bei ihm angeklopft, er persönlich habe den Auftrag zu erfüllen, diese heilige Quelle wiederzufinden. Sein Pfingsttraum war doch ein ganz deutliches Zeichen dafür! Er war jetzt absolut erpicht darauf, die Insel seiner Vorfahren kennenzulernen. Fast überflüssig zu erwähnen, wie gut ihm die Zigarre von La Palma schmeckte.

So kam er von dem Gespräch unter Männern in aufgeräumter Stimmung und mit glänzenden Augen zurück.

Während die Herren immer noch von der Insel sprachen, wurde Henriette von der Erbherzogin dezent beiseite genommen. Der war nicht entgangen, dass Cristobál vor Aufregung glühte, und ihr schwante, dass die Suche nach der Quelle das bisherige Eheleben des jungen Paares dramatisch verändern würde.

„Meine liebe Henriette, Männer entwickeln im Laufe der Ehejahre bisweilen seltsame Grillen. Da braucht es oft Geduld, sie sind dann manchmal wie kleine Buben mit einem neuen Spielzeug, von dem sie partout nicht lassen wollen."

Hilda konnte nicht ahnen, welch prophetische Worte sie da ausgesprochen hatte, an die Henriette im fernen La Palma noch oft denken sollte.

Auf dem Heimweg schwärmte Cristobál. „Auf La Palma finden wir, was wir beide lieben, die Berge, das Meer, das alles mit vernünftigen Temperaturen. Das wäre für meine Lunge gut, und du könntest dich auf einer der Inseln des ewigen Frühlings auch weiter erholen. Und ich möchte nun die Heimat meiner Vorfahren kennenlernen. Dafür erfülle ich dir danach, sobald wir von dort zurück sind, jeden Reisewunsch."

„Jeden?"

„Und wenn es Grönland sei! Auch erhielten wir hier so viele Einladungen – wir könnten Enrique Larreta besuchen oder seine Frau Josefina Anchorena und deren Familienclan in Uruguay und Argentinien. Nachdem Enrique dir schon das Konzept zu seinem Roman ‚Die Versuchungen des Don Ramiro' anvertraut hat, könntest du erleben, wie das Werk fortschreitet. Und wir würden den sagenhaften Reichtum der Familie ebenso bestaunen wie die endlosen Ländereien am Rio de la Plata. Dort bestünde für mich auch die Möglichkeit, mit auf die Jagd gehen."

Doch seine Frau, obwohl sie von Enrique und seinem Schwager Aaron ausgiebig angehimmelt und mehrfach eingeladen worden war, sprang seltsamerweise auf diese Vorschläge überhaupt nicht an.

„Lieber möchte ich dir dann zeigen, woher meine Vorfahren kommen, mit dir Hannover besuchen und die Marienburg zumindest von außen ansehen."

Zutiefst erstaunt war Cristobál über diesen Wunsch – er hatte damit gerechnet, dass sie irgendein exklusives Bad in Europa aufsuchen oder gar nach Südamerika reisen wollte. Aber in seinem Überschwang achtete er nicht weiter darauf, sondern meinte nur äußerst erleichtert: „Versprochen! Zunächst meine Wurzeln auf La Palma, dann deine in Norddeutschland."

„Und danach möchte ich unbedingt deine Heimat Cuba kennenlernen!"

Cristobál zuckte überrascht zusammen, nickte jedoch. Das war ja noch eine Weile hin – und irgendwann würde seiner Rückkehr nichts mehr im Wege stehen. So hatten jedenfalls die letzten Nachrichten seines Bruders Juan gelautet, da die Großmutter die Beziehungen und das Geld der Familie spielen ließ, und beide sehnsüchtig darauf warteten, seine blonde Frau kennenzulernen.

Am nächsten Morgen nahm sich Henriette wie jeden Tag „Das Fremdenblatt und Kur-Liste für den Kurort St. Blasien" vor. Sie stieß einige unwillige Laute aus.

„Da haben wieder etliche Gäste unvollständige Angaben gemacht, nur den Nachnamen und Russland."

„Wieso ist das denn wichtig?", fragte Cristobál

„Nun, nur mit vollständigen Mitteilungen können Postsendungen rasch zugestellt werden. Außerdem will man doch von vornherein genau wissen, mit wem man es zu tun hat. Dort schon wieder – nur der Familienname und Amerika."

„Aus Amerika?", echote Cristobál erstaunt. „Das ist wohl eher die Ausnahme?"

„Keineswegs, bei uns im Hotel sind mehrere amerikanische Familien. Die wollen gewiss nicht zuletzt für die Töchter einen adeligen europäischen Gatten finden."

Sie las weiter. „Nun, es befinden sich aber auch hochinteressante Deutsche hier, zum Beispiel Hugo Stinnes, der Stahlkönig von der Ruhr, mit Familie. Und Dr. James von Bleichröder, der Bankier des Kaisers, samt Diener aus Berlin."

Nun hörte Cristobál mit ernsthafter Aufmerksamkeit zu. Kontakte zu solchen Leuten konnten über den Erbherzog und seinen Vater von großem Interesse sein, wenn es um die Erschließung der Quelle auf La Palma ging.

„Der Fabrikant Mannesmann aus Bonn ist ebenfalls da, oh, und hier, seine Exzellenz Staatsminister von Tirpitz, Staatssekretär des Reichsmarineamtes mit Familie. Sie wohnen alle bei uns im Hotel."

Sofort nahm Cristobál sich vor, fortan mehr Wissbegierde für solch möglicherweise wichtige Personen aufzubringen und Kontakte zu knüpfen.

Sie brachen zu ihrem üblichen Morgenspaziergang auf. Da begegneten sie einem Herrn, der Cristobál schon öfter aufgefallen war. Dieser war ungefähr Mitte vierzig, mit Halbglatze und Vollbart, trug einen vornehmen Zwicker auf der Nase und wurde stets von einem temperamentvollen, kleinen schwarzen Schnauzer begleitet.

Eingedenk seiner Ahnungslosigkeit im Gespräch mit dem Erbprinzen und seiner guten Vorsätze fragte Cristobál seine Frau: „Weißt du, wer das ist, der mit dem Hund?"

„Das ist Herr Hüglin, der nicht nur hier in St. Blasien in die Hotellerie investiert. Er soll ein Geschäftsmann aus Leidenschaft sein." Henriette schüttelte sich bei dem Gedanken, einen solchen Mann an ihrer Seite zu haben. „Er ist verrückt danach, sich ständig neue Projekte auszudenken, mit Investoren Kontakt zu halten und überall seine Finger im Spiel zu haben."

Ihr Mann beschloss sofort, diesen Herrn unbedingt kennenzulernen. So hörte er seiner Frau nur mit halbem Ohr zu. Er war vollauf damit beschäftigt, die vielen Aspekte einer Reise nach La Palma zu bedenken – und das wenige, was er über die verschüttete Fuente Santa wusste, zu resümieren. Dieser Zustand sollte noch Monate andauern.

Auf La Palma

Als die Reise zu den Kanarischen Inseln feststand, begann Henriette, noch intensiver Spanisch zu lernen, welches sie etwas vernachlässigt hatte. Jetzt übte sie fleißig, denn sie wollte auf der Insel keineswegs auf ihren Mann angewiesen sein. Was sich als kluge Voraussicht erweisen sollte. Außerdem spukte noch immer der Hinweis der Erbherzogin auf

Cuba in ihrem Kopf herum – auch dort würde sie ja die spanische Sprache brauchen.

Die Überfahrt von Hamburg aus, mit einem die afrikanischen Kolonien bedienenden Reichspostschiff, verlief ohne besondere Vorkommnisse. Auf Teneriffa angekommen erblickten sie dann die Ostseite der Insel La Palma. Als sie sich mit einem spanischen Schiff näherten, sahen sie das helle Hauptstädtchen Santa Cruz, das, in die Bucht geschmiegt und in die Berge hinauf bebaut, einen malerischen Anblick bot.

Hier betraten sie zum ersten Mal palmerischen Boden. Und plötzlich wurde Cristobál bewusst, dass dies die klare und reine Luft war, die seine Vorfahren geatmet hatten, bevor sie sich zwischen Hoffen und Bangen nach Cuba aufmachten. Und er sog diese Luft ebenso gierig in seine Lungen, wie seine Ohren die spanischen Satzfetzen um ihn herum als vertraute Sprachmelodie aufnahmen. Ihm war, als sei er seinen Ursprüngen mit einem Schlag nähergekommen.

Der rührige Eugen Wolf und der hinter ihm stehende Erbherzog hatten einen Agenten angeheuert, der sie bereits erwartete.

Durch diesen waren La Palmas führenden Familien schon bestens über interessante Neuigkeiten informiert. Nämlich, dass ein Plantagenbesitzer aus Cuba mit palmerischen Wurzeln samt seiner blonden, deutschen und auch noch teilweise blaublütigen Frau die Heimat seiner Vorfahren kennenlernen wollte. Selbstverständlich plante man in den maßgeblichen Kreisen ein, diesen Besuch gebührend zu empfangen und mit aller Gastfreundschaft zu beherbergen.

In weiser Voraussicht verhinderte Wolf so, dass die beiden mit den einfachen Posadas vorliebnehmen mussten, die gerade Henriettes verwöhnten Ansprüchen kaum genügt hätten. So wurden sie gastlich von einer Hacienda, von einem Anwesen zum anderen weitergereicht.

In Santa Cruz wohnten sie etwas außerhalb an der Playa de Bajamar, wo Félipe de Paz Pérez ein prächtiges Herrenhaus im Kolonialstil mit viel Glas und filigranem Mauerwerk hatte errichten lassen. Henriette bestaunte Maulbeerbäume und Magnolien, Bougainvilleas in allen Farben, riesige gefüllte Weihnachtssterne, Palmen, Myrten und Hibiskus. „Was für eine Pracht, Cristobál, da kann keines der Palmenhäuser, wie ich sie aus Deutschland kenne, mithalten." Der nickte stolz, und sein Herz weitete sich für diese Insel seiner Vorfahren, deren Vegetation ihn zugleich häufig an das ferne Cuba erinnerte.

Sie erkundeten mit großer Freude das Städtchen.

Gern promenierten sie über die Avenida Maritima, die Uferstraße, die direkt am Meer entlang verlief. Sie bewunderten die mit schönen Holzbalkonen versehenen Häuser, ebenso ein Erbe der maurischen Architektur wie ein Kiosk, den die Einheimischen nicht umsonst das Cremetörtchen nannten. Die Calle Real, die Königsstraße, überraschte mit den Patrizierhäusern flämischer, spanischer und irischer Familien, hinter deren recht schlichter Fassade sich ein um den Innenhof gruppierter vierstöckiger maurischer Palast auftun konnte. Cristobál begeisterte besonders die Kirche El Salvador. Ihr massiver Glockenturm war wohl als Fluchtturm für die im 16. Jahrhundert häufigen Piratenüberfälle gebaut worden. Die garstigen Gestalten neben dem Portal streckten grimassierend die Zungen heraus – als Warnung an Verleumder und Verräter, was Cristobáls Gedanken gen Heimat wandern ließ. Seine Frau, die seinen leeren Blick inzwischen richtig zu deuten wusste, riss ihn aus seinen wehmütigen Erinnerungen. „Lass uns in die schöne, im Jugendstil gebaute Markthalle gehen."

Hier gab es die ganze Pracht an Obst und Gemüse, die die Insel hervorbrachte. Zu Pyramiden aufgestapelte Früchte wurden ebenso angeboten wie einheimische Weine, Kaninchen, Hühner, Fisch und den runden Ziegenkäse in unterschiedlichen Reifegraden. Henriette schmeckte am besten der frisch geräucherte, den sie zusammen mit den aromatischen Tomaten und Oliven als kleine Vorspeise beim abendlichen Glas Wein liebte. Die verschiedenen Sorten Mangos, die mäßig süßen Navelapfelsinen, aber auch die Mandeln und getrockneten Feigen waren ihr nirgends so köstlich vorgekommen wie hier. Sie konnte der Versuchung nicht widerstehen, einige Einkäufe zu machen, womit sie Gefahr lief, ihre Gastgeber zu beleidigen. Danach suchten sie eine Placetta mit einem von Tauben umschwirrten Brunnen auf, um dort einen Kaffee zu trinken. „Wir sollten noch hochreiten zur Schutzpatronin der Insel, der Virgen de Las Nieves, der Jungfrau vom Schnee."

„Ja, gern, ich möchte mal wieder in ländlicher Umgebung sein. Und unsere Gastgeber erzählen, dass es ein hübscher kleiner Wallfahrtsort mit einem gepflasterten Platz vor der Kirche und einem Pilgerhaus ist."

„Wie schön, dass du auch Lust dazu hast. Schade, dass wir die Bajada versäumen, davon hat mir Großmutter als Junge so viel erzählt. Da wird die Jungfrau in kostbaren Kleidern hinunter nach Santa Cruz getragen, begleitet von seit langem überlieferten Gesängen, Aufführungen und dem Tanz der Zwerge."

Henriette hob fragend eine Augenbraue.

„Du brauchst gar nicht so zu gucken. Den Männern, die große Hüte auf dem Kopf tragen, werden die Unterschenkel umgebogen und festgeschnallt, so dass sie auf den Knien tanzen." Seine Frau schüttelte sich und sagte: „Schreckliche Vorstellung. Das muss doch fürchterlich wehtun!"

„Ja, das erfordert gewiss viel Disziplin – aber dadurch sehen sie mit den riesigen Kopfbedeckungen eben wie Zwerge aus."

„Was Männer so alles anstellen", murmelte Henriette und war des Themas damit überdrüssig. „Komm, lass uns noch ein wenig in den Läden umsehen."

Die meisten Geschäfte jedoch vermochten die verwöhnte und anspruchsvolle junge Dame nicht zu reizen. Eine Ausnahme bildeten die einheimischen Seidenstoffe, die sie von der Qualität und Farbe her begeisterten. Zwar meinte Cristobál, sie könne handgewebte Stoffe auch direkt in El Paso kaufen, was er auf jeden Fall besuchen wolle, aber Henriette deckte sich schon mal großzügig ein. „Wir liefern diese Stoffe sogar an die Seidenfabriken in Lyon, Señora, denn Blas Carillo führte schon vor über zwanzig Jahren in seiner Fabrik die modernen Techniken der französischen Seidenspinnerei ein. Und einige unserer breiten Stoffe, die circa sechzig Zentimeter messen, führen wir nach Amerika aus." Henriette kaufte noch von den sogenannten schmalen Tuchwaren einen Gürtel.

Ansonsten war sie auf die Ausflüge gut vorbereitet. Da die Insel kaum Straßen besaß, hatte sie sich für die bevorstehenden Ausritte auf Maultieren mit praktischer Kleidung ausgerüstet. Von ihren ausgedehnten Exkursionen zu Pferde in Österreich wusste sie, worauf es ankam. Außer diversen Shawls kamen auch einige Flanellbinden, die bei warmer Witterung um die Taille gewickelt den Schweiß aufsaugten und so vor Erkältungen schützen, ins Reisegepäck. Letztere führte sie Cristobál natürlich nicht vor, sehr wohl aber hatte sie ihrem staunenden Gatten ihre sonstige Ausrüstung bereits in Deutschland präsentiert. „Hosen, Stiefel, Jacke, Loden-Hut, Regenzeug – du liebe Güte, Henriette, so kannst du unmöglich auftreten, du siehst ja aus wie ein Mann!"

„Ich werde keinesfalls einen Damensattel benutzen", hatte sie seinen Protest abgewiegelt. „Auf den unwegsamen Pfaden, die Wolf uns beschrieben hat, ist das auch viel zu unsicher. Du wirst mich ja wohl nicht wegen dummer Konventionen unnötigen Gefahren aussetzen wollen."

Dieser Argumentation hatte Cristobál in keinster Weise etwas entgegenzusetzen und fand sich mit der Garderobe seiner Frau ab. Die für die Reise zugleich beschlossen hatte, sich der lästigen Korsetts zu entledigen und sich fort an im bequemeren und, wie sie behauptete, wesentlich gesünderen Reformstil zu kleiden.

Damit erregte sie bei den ersten neugierigen Besuchern, die bald eintrafcn, um ihre Aufwartung zu machen, nicht geringes Aufsehen. Auch ein entfernter Vetter von Cristobál erschien. Die beiden etwa gleichaltrigen Männer fanden sich auf Anhieb sympathisch. Da sich die Unterhaltung zunächst um die Bestimmung des Verwandtschaftsgrades und die Familie drehte, ließ Henriette sie allein.

Der Vetter empfahl, mit einem Frachter nach Tazacorte Hafen zu fahren, um Henriette die Inselüberquerung per Maultier zu ersparen. Vom Städtchen Tazacorte aus könne man gut die Westseite der Insel erkunden. „Ich werde mich zudem umhören, in welchem der Herrenhäuser ihr Quartier nehmen könnt."

Cristobál klopfte dem freundlichen Verwandten dankbar auf die Schulter und gestand: „Ich freue mich außerordentlich auf die Heimat meiner Vorfahren. Aber mich bewegt auch sehr der Gedanke an die Fuente Santa, die ich gern wieder zutage fördern würde."

Höchst erstaunt sah der Palmero den Cubaner an. „Wie kommst du nur auf diese Idee? Die Heilige Quelle ausgraben – ja, das wollten schon viele. Die spukt hier durch so manchen Kopf! Vor allem unser Vetter Eliseo beschäftigt sich seit Jahr und Tag damit. So wie ihr in Tazacorte seid, schicke ich ihn vorbei."

Aufgeregt fragte Cristobál: „Kennt der sich mit der Quelle gut aus?"

„Und wie. Der war auf dem Festland mal Bergmann – er würde sich am liebsten gleich ans Werk machen. Aber dafür braucht man eine Menge Kapital."

„Darüber lässt sich reden – versprich mir jedoch strikte Diskretion, vor allem meine Frau soll mit diesen Dingen nicht behelligt werden."

Zwei Tage später kam ein weiterer Besucher – dieses Mal aus Tazacorte.

Er stellte sich als Besitzer der Hacienda de abajo vor und legte Henriette mit einem tiefen Blick in ihre meerblauen Augen die Nutzung seines Anwesens mit Grandezza zu Füßen. Nur sein nicht gespieltes Bedauern, dass er sich bereits kurz nach ihrer Ankunft auf eine längere Reise nach Europa begeben müsse, hielt Cristobál, der dies mit wachsender Eifersucht beobachtete, davon ab, das großherzige Angebot auszuschlagen. Henriette registrierte dies mit Genugtuung, da sie ihren Gatten in den letzten Tagen als etwas zerstreut empfunden hatte. Immerhin scheinen seine Gedanken nicht bei einer anderen Frau zu weilen, konstatierte sie zufrieden. Beide freuten sich nun darauf, in der Hacienda wieder ihr vertrautes Privatleben genießen zu können. Denn die rührende Gastfreundschaft mit den beständig gemeinsamen Mahlzeiten und Ausflügen mit den Gastgebern, begann, ihnen lästig zu werden. Sie waren es gewohnt, in einer großzügigen Hotelsuite zu residieren, dort nach Gusto zu speisen und ihre Zweisamkeit zu pflegen.

Wenige Tage später machten sie sich mit einem Frachter nach Puerto de Tazacorte auf. Als sie sich der Südspitze der Insel näherten, meinte Henriette: „Kein Wunder, dass man diesen Landstrich Mal Pais, schlechtes Land nennt. Das ist ja die reinste Ödnis. Außer ein paar Kiefern weiter oben wächst hier wohl gar nichts."

„Doch", erklärte ein Mitreisender, „es gedeiht ein recht guter Wein hier unten, wenn auch die lukrative Zeit, wo wir Malvasier nach England lieferten, leider nach einer Reblaus Plage vorbei ist."

Inzwischen kam der Ort Fuencaliente ins Blickfeld, und der freundliche Palmero erläuterte: „Das Dorf liegt ungefähr siebenhundert Meter hoch, der Name stammt von der heißen Quelle, der fuente caliente, die im 17. Jahrhundert von einem Vulkanausbruch verschüttet wurde."

„Wir hörten bereits in Deutschland von der heißen Quelle", erwiderte Henriette gleichgültig, „das Land um den Leuchtturm herum sieht ja schrecklich aus, das ist ja nur Geröll. Hier sagen sich wohl Fuchs und Hase gute Nacht", wandte sie sich an ihren Mann.

Der jedoch spürte, wie sein Herz schneller schlug. Er starrte wie gebannt auf die Küste: Irgendwo dort drüben, in dieser unwirtlichen Gesteinswelt befand sich seine Quelle, die darauf wartete, von ihm wachgeküsst zu werden! Am liebsten wäre er sofort an Land geschwommen.

Tazacorte

In Tazacorte wurden sie ausgebootet. Der kleine Hafen diente auch als Verladestation für Bananen, die man mit einer Lasten-Seilbahn von einem hochaufragenden Felsen heruntertransportierte.

Don José de Sotomayor empfing seine Gäste mit einer Maultierkarawane. Er wandte sich an Cristobál und zeigte auf eine unbedeutende Straße. „Von der Avenida de los Emigrantes dort drüben verließen die Palmeros ihre Heimat Richtung Cuba und Venezuela."

Versonnen blickte der Cubaner sich um und stellte sich vor, wie seine Urgroßmutter und deren Bruder damals von diesem kleinen Hafen, also nicht von Santa Cruz aus, aufgebrochen waren. Fast glaubte er, sie vor sich zu sehen. In diesem Moment kreisten seine Gedanken ausnahmsweise nicht um die Fuente Santa, sondern um die Wurzeln, die ihn mit dieser Insel verbanden.

Während die Maultiertreiber das umfangreiche Gepäck aufluden, bemühte sich Don José nicht allzu sehr auf Henriettes Hosen zu starren, ein Anblick, den er das erste Mal bei einer Frau sah. Er rettete sich in einige Erklärungen: „In dieser Bucht hat schon 1492 der spanische Eroberer de Lugo geankert. Die Schlucht hier, die in den riesigen Krater, die Caldera führt, heißt Barranco des las Angustias, also der Angst. Hier wurde auch viel spanisches Blut vergossen. Aber ein Jahr später unterwarf der Invasor die letzten widerspenstigen Guanchen und ihren stolzen Häuptling Tanausu, der als Gefangener auf dem Schiff lieber den Hungertod starb, als sich nach Spanien bringen zu lassen."

Henriette schauderte – die schmale Schlucht hatte sie schon ohne diese Erklärung als beklemmend empfunden. Daher war sie froh, als sie im Herrensitz sicher im Sattel saß und es auf steinigen und kurvenreichen Pfaden aufwärts ging. Über Stock und Stein trotteten die Maultiere geschickt nach oben – das eigentliche Städtchen Tazacorte sahen sie zunächst nur von Weitem, da die Hacienda de abajo unterhalb der Hauptstraße lag.

Der Graf de Sotomayor, der bereits gepackt hatte, überließ ihnen gastfreundlich das komplette erste Geschoss des Hauses. Es bestand aus einem großzügigen Salon mit Sofa und bequemen Sesseln, einem Esstisch und sechs Stühlen, sogar ein Kamin war vorhanden. Das feudale Schlafzimmer mit einem Himmelbett, welches über eine dreistufige Trittleiter betreten wurde, schloss sich an. Eine Verbindungstür führte zum rückwärtigen Bad, mit einer großen weißen Wanne, die auf Löwenköpfen ruhte und keine Wünsche offenließ. Von der Veranda aus konnte man direkt über die Bananen hinweg aufs Meer blicken, rechts ragte die Bergspitze des Time empor. Selbst die benachbarte Küche schien bestens ausgestattet zu sein. Stolz führte der Hausherr seine Gäste herum, um noch alles zu zeigen und zu erklären.

„Das ganze Anwesen wurde Anfang des 16. Jahrhunderts von einem Neffen des Eroberers de Lugo den Welsern verkauft. Die Bankiers des Kaisers wiederum veräußerten es 1513 für 8.000 Goldtaler an ihre deutschen Geschäftspartner Jacob Grünberg und dessen Onkel Johann Biess. Der Grund und Boden hier gehörte vom Hafen bis hin zur Caldera zum Landgut."

„Ein Deutscher auf La Palma als Großgrundbesitzer", rief Cristobál erstaunt, was seine Frau lächeln ließ, da er neuerdings dauernd von seiner Insel sprach.

„Grünberg, der sich bald Monteverde nannte, baute eine regelrechte Zuckerrohr-Industrie aus", berichtete der Hausherr stolz. „Die Hacienda galt als das wertvollste und produktivste Zuckerrohrlandgut auf ganz La Palma. Bereits nach zwei Jahren hatten sich seine Investitionen rentiert. Der Zuckerrohrhandel, damals noch ohne Konkurrenz aus Amerika, florierte prächtig. In Antwerpen, wo er ein Kontor unterhielt, nannte man ihn sogar ‚den Heer von Canarien'. Mit Flandern trieb er regen Handel, so dass zahlreiche Kunstgegenstände aller Art wie Gemälde, Skulpturen, Porzellan und Silber hier landeten. Auch die nachfolgenden Generationen sammelten mit Leidenschaft Möbel und Kunst aus Europa und Asien."

Das erinnerte Cristobál stark an die Gepflogenheiten der reichen Zuckerbarone auf Cuba – es wurde ihm immer deutlicher, wie intensiv die Kanarischen Inseln und das karibische Eiland miteinander verflochten waren.

Henriette indessen dachte: Nicht nur mein cubanischer Gatte hat hier familiäre Wurzeln, auch wir Deutschen haben diese Insel mit beeinflusst.

Beide waren von der Sammlung von Kunstschätzen beeindruckt, besonders die zahlreichen Gobelins hatten es Henriette angetan. „Dass Sie uns hier wohnen lassen in all diesen kostbaren Stücken ist wirklich äußerst großzügig", meinte sie.

Der Gastgeber lächelte stolz. „Ich bin mir sicher, dass Sie es zu schätzen wissen, und so ist das Haus doch während meiner Abwesenheit in allerbesten und noch dazu schönen Händen!" Er nahm Henriettes Hand und hauchte einen Kuss darauf.

Cristobál verzog keine Miene, denn der Kerl war ja bald weit weg.

Der Graf zeigte noch die Bibliothek, die Kapelle und das Badehaus, dann überließ er Henriette die Dienerin Pepa, die ihr geschickt beim Auspacken behilflich war.

Das Dinner fand in einem gediegenen, von exquisiten Kronleuchtern erhellten Speisezimmer statt. Auch hier zierten Gobelins die Wände, der Tisch war mit feinsten Gläsern und Porzellan gedeckt. Dagegen fiel der Hauptgang, es gab cabrito, Zicklein, samt Knochen in kleinere Teile gehackt, deutlich ab. Das mundete Henriette schon wegen der vielen Knochensplitter nicht, die sich in der durchaus schmackhaften Sauce befanden.

„Wir kochen hier recht bodenständig", meinte der Graf, dem dies nicht entging, „mit der gehobenen Küche in Europa lässt sich das nicht vergleichen, eher gibt es noch Anklänge an Cuba, zu dem wir ja sozusagen durch Auswanderer familiäre Beziehungen haben." Er prostete Cristobál elegant zu. „Dafür bekommen Sie hier frischen Fisch in unterschiedlichsten Sorten, besonders der Tunfisch ist zu empfehlen, außerdem Meeresschnecken, die schon die Ureinwohner schätzten, geräucherten Ziegenkäse, Huhn, Kaninchen und Obst und Gemüse in Hülle und Fülle."

Henriette nickte huldvoll, was den Hausherrn veranlasste, ihr Carte blanche für die Küche zu geben. „Sie können der Köchin gern Anweisungen erteilen – sie wird sich bemühen, auch nach Ihren Rezepten zu kochen."

Cristobál, der an die nicht vorhandenen Kochkünste seiner Gattin dachte, unterdrückte ein Lächeln.

Bereits am nächsten Morgen brach der Hausherr wieder nach Puerto de Tazacorte auf, um mit einem Frachter, der mit Bananen und Tomaten beladen war, nach Santa Cruz und von dort aus nach Europa aufzubrechen. Bedauernd erklärte er, gewiss nicht vor dem Sommer 1904 auf seine geliebte Insel zurückkehren zu können.

„Ach, da sind wir schon dreimal über alle Berge, beziehungsweise über den Atlantik", bemerkte strahlend Henriette.

Ihr Gatte, dem der zeitliche Aspekt der Quellensuche nicht geringes Kopfzerbrechen bereitete, enthielt sich jeglichen Kommentars.

Nach dem Frühstück sprach zu Cristobáls großer Freude Vetter Eliseo vor, ein stolzer, hochgewachsener Palmero mit blauen Augen. Er lud für den Abend auch im Namen seiner Frau Rosa zu einem einfachen familiären Essen ein, damit man einander in Ruhe kennenlernen konnte. Die beiden bewohnten ein schönes Haus direkt an der Hauptstraße, und es gab in der Tat palmerische Hausmannskost. Wobei der frisch gefangene, gebratene Fisch, zu dem kleine salzige Pellkartoffeln mit einer grünen Sauce gereicht wurden, den Besuchern besonders mundete. Schnell drehte sich das Gespräch darum, was zu besichtigen sei.

Die Insel wird erkundet

„Das Meer ist ungewöhnlich ruhig – es bietet sich an, mit dem Boot bis Puntagorda zu fahren. Vielleicht können wir sogar einen Blick in die Cueva bonita, die schöne Höhle, werfen", schlug Eliseo vor.

„Gute Idee, denn reiten und zu Fuß gehen werdet ihr noch mehr als genug", stimmte seine Frau ihm zu.

„Dann sollten wir so schnell wie möglich aufbrechen", beschloss Cristobál.

„Henriette, ich werde dir etwas Wachstuch ausleihen, worin du empfindliche Sachen einwickeln kannst", bot die praktische Rosa an. „Wahrscheinlich müsst ihr in ein kleines Boot wechseln. Und nimm nur das Nötigste mit – der Weg hinauf nach Puntagorda ist steil. Von dort aus könnt ihr dann mit den Maultieren die schöne Gegend erkunden."

Während die Frauen noch überlegten, was einzupacken sei, zogen sich die Männer mit den scheinbar unvermeidlichen puros in den Innenhof zurück. Nachdem er sich genüsslich eine Zigarre angezündet hatte, kam Cristobál sofort zur Sache. „Ich hörte, dass du dich mit der Fuente Santa auskennst?"

Völlig erstaunt kam sofort die Gegenfrage: „Und du interessierst dich ebenfalls dafür?"

„Und wie! Es wäre doch ein Traum, nach genau 227 Jahren der Insel unserer Väter die Quelle wiederzugeben." Von seiner Vision eines eigenen Thermal-Imperiums schwieg er zunächst wohlweislich – erst mal musste er herausbekommen, wessen Geistes Kind Eliseo war.

Dessen Augen begannen zu leuchten. „Vetter, wir teilen den gleichen Traum! Die Quelle beschäftigt meine Gedanken mehr als alles andere."

„Wohl doch nicht mehr als deine bezaubernde Frau Rosa", scherzte Cristobál.

Aber sein Gegenüber lachte nicht, sondern zog die Schultern und zugleich die Augenbrauen hoch. Da ahnte der Cubaner, dass er den richtigen Partner für sein Vorhaben gefunden hatte.

Zunächst jedoch galt es, die Insel zu erkunden. Der Vetter organisierte alles Nötige – und so fuhren sie einige Tage später, begleitet von Eliseos unvermeidlichen großen Jagdhunden, mit einem Fischerboot von Tazacorte Puerto nach Norden.

Die gewaltige Steilküste mit den Farbspielen der verschiedenen Gesteinsschichten und den zahlreichen, unterschiedlich großen Aushöhlungen faszinierte Henriette. Das Meer war ruhig, daher konnten sie nah an die Cueva bonita heransteuern, eine Höhle, die durch zwei Öffnungen Licht empfing. „Am späten Nachmittag ist es noch schöner", erklärte Eliseo, „dann leuchtet das Wasser richtig türkis und reflektiert sich in den rotschimmernden Felsen." Henriette hätte gern gebadet, aber Eliseo drängte zur Eile. „Die Fischer müssen rechtzeitig zurückfahren – wer weiß, ob sich das Wetter hält." Sie fuhren an der Porís Candelaria, der Schmugglerbucht, vorbei und der Playa Veta, die man auch als Tauschplatz für Waren nutzte. Nach dem Pozo de Tinizara kam eine weitere Höhle in Sicht, die durch die quer verlaufenden, rot bis gelblichen Gesteinsschichten einen faszinierenden Anblick bot.

„All diese Anlegestellen sind im Winter meist nicht nutzbar", erklärte Eliseo.

Henriette schauderte. Denn das hieß ja, dass Kranke, die nicht mit dem Maultier transportiert werden konnten, auf das Wissen der heilkundigen Frauen in den Dörfern angewiesen waren, von denen Rosa ihr erzählt hatte. „Gilt das auch für Tazacorte?", fragte sie bang.

„Ja, wenn die kräftigen Winterstürme toben, kann es vorkommen, dass der Hafen tagelang nicht genutzt werden kann."

Ihr sehnlicher Wunsch, schwanger zu werden, erschien Henriette da plötzlich nicht mehr so erstrebenswert.

In diesem Moment rief Eliseo: „Wale!" und winkte sie auf die andere Seite des Schiffes Richtung Meer. Seinen Hunden bedeutete er, sich ruhig zu verhalten, was diese zu Henriettes Erstaunen brav taten. Und tatsächlich – nach und nach erkannte sie die großen Säugetiere an den Rückenflossen. Ein ganzes Rudel begann das Fischerboot zu begleiten, sogar Mütter mit ihren Jungen waren dabei. Ergriffen beobachteten Cristobál und Henriette Hand in Hand die großen Tiere.

„Das sind indische Grindwale oder auch Pilotwale", erklärte Eliseo, „die können bis zu vier Tonnen schwer werden." Bald verloren sie die Wale aus den Augen, aber Eliseo spähte weiter aus und wechselte mit dem Kapitän Zeichen. Wenig später rief er: „Ihr seid Glückspilze! Seht nur, eine Meeresschildkröte! Und da vorne springen Delphine!"

Das war für Henriette ein besonderes Erlebnis, welches sie ihr Leben lang nicht vergessen sollte. Der Atlantik zeigte sich weiterhin von seiner besten Seite, und so erreichten sie den Porís von Puntagorda halbwegs trocken. Auch hier handelte es sich um eine der winzigen Buchten, mit Hütten und einer abenteuerlichen Anlegestelle versehen, über der kleine, hochgezogene Boote lagerten. Der Pfad, der nach oben führte, erschien Henriette halsbrecherisch. Mit kräftigen Haken bestückte Seilwinden gehörten zu diesen Schlupfhäfen ebenso wie die Nussschalen ähnlichen Boote, deren Beherrschung schon bei geringem Wellengang akrobatische Ruderkünste erforderte. Trotz der relativ ruhigen See war Henriette daher heilfroh, als sie sicher auf einem Felsvorsprung stand.

Nun hatten sie bereits einen großen Teil der Insel und vor allem den rauen, beeindruckenden Nordwesten mit seinen schroffen Steilküsten vom Meer aus gesehen. Die sanfte Schönheit Puntagordas mit seiner roten Erde und den vielen Mandelbäumen umfing sie als überraschende Abwechslung. Henriette kam mit dem Maultier gut zurecht und freute sich nun darauf, endlich mehr von dieser abwechslungsreichen Insel zu erkunden. Dabei erwies sich Eliseo als bestens informierter Führer, der voller Stolz seine Heimat präsentierte.

„Du bist wirklich eine exzellente Reiterin, Henriette – und ich muss zugeben, der Herrensattel ist angebracht in diesem unwegsamen Gelände, da hattest du völlig recht. Kaum eine Frau würde eine solche Erkundung so mitmachen können wie du."

Henriette freute sich über dieses Lob ihres Mannes und fühlte sich überaus anerkannt und glücklich. Daran vermochte auch die griesgrämige Miene von Eliseo, der das Kompliment von Cristobál mit einem süffisanten Lächeln quittierte, nichts zu ändern. Vielleicht werden wir eines Tages Cuba so erkunden, ging es ihr durch den Kopf. Aber sie hütete sich, es auszusprechen. Nicht nur wegen Eliseo, sondern weil sie die empfindsamen Reaktionen ihres Mannes auf die Erwähnung seiner Heimat als Heimweh eingeordnet hatte.

Tagelang durchstreiften sie den Norden, besuchten Santo Domingo de Garafia, wo Henriette die Kirche besonders gut gefiel. „Der Templo de Nuestra Señora de la Luz ist eines der ältesten Gotteshäuser der Insel und wurde 1550 erbaut. Die Holzdecke im Mujedarstil mit den Kassetten ist eine wunderbare Arbeit", erklärte Eliseo.

Vom Vorplatz der Kirche aus blickten sie auf die inzwischen tobende See, sahen den Gelbschnabel-Sturmtauchern zu, die kreischend in eleganten Schwüngen über den vorgelagerten Felsen kreisten.

Schließlich ging es vom El Time wieder abwärts nach Tazacorte. Dabei ergaben sich immer wieder wunderbare Blicke in den Kessel der Caldera. „Den hochaufragenden Felsen Idafe, ein Heiligtum der Guanchen, die kleinen Wasserfälle und die teilweise riesigen Kiefern werden wir später mal besichtigen", erklärte Eliseo.

In dem malerischen kleinen Kirchlein Nuestra Señora de las Angustias mit dem stattlichen Barockaltar verweilten sie ein wenig und ließen den ebenso schlichten wie schönen Bau mit seiner Holzdecke auf sich wirken. Während Henriette die Votivgaben betrachtete, die aus in Wachs abgebildeten Körperteilen und Schmuckstücken bestanden, stand Cristobál lange vor einer Marmortafel. Diese gab über ein blutiges Drama Auskunft, welches sich 1570 an der Südküste La Palmas abgespielt hatte.

Piraten hatten ein Schiff mit vierzig Missionaren und Kirchenschätzen auf dem Weg zu den amerikanischen Kolonien bereits kurz hinter Santa Cruz verfolgt. Mit Müh und Not gelang es, den rettenden Hafen von Tazacorte zu erreichen, wo die Familie Monteverde Gastfreundschaft bot. Leise rief Cristobál seine Frau zu sich: „Sieh nur, wir sind nicht die Ersten, denen die Grünbergs Aufenthalt gewähren – aber das endet nicht immer gut."

Henriette las auf der Tafel weiter und erblasste. „Oh, calvinistische Piraten haben die armen Missionare zu Märtyrern gemacht – ausgerechnet in einer Höhle im Süden der Insel, dort, wo sich diese verschüttete Quelle befinden soll."

Cristobál beschlich ein seltsames Gefühl – wie ein böses Omen –, und er griff unwillkürlich an sein Amulett. Und schalt sich zugleich: Verfiel er jetzt dem afrocubanischen Aberglauben? Er schüttelte diese Gedanken ab und drängte zum Aufbruch. Als sie die Kirche verließen, stob eine Schar weißer Tauben auf. Eine von ihnen trug einen Zweig im Schnabel, und sofort dachte Cristobál daran, dass die Taube im Alten Testament die Hoffnung verkündet hatte, als sie mit einem Palmzweig im Schnabel den Menschen nach der Sintflut trockenes Land verhieß. Als Symbol des Heiligen Geistes sollte sie ihm gewiss Mut machen, nach der Quelle zu suchen, so wie er es zu Pfingsten bei der Überfahrt von Cuba geträumt hatte. Er straffte die Schultern, holte tief Luft und spürte, wie seine Ungeduld wuchs. Am liebsten hätte er die Erkundung der Insel abgebrochen! Aber das konnte er seiner Frau gegenüber kaum begründen, ohne sich zu verraten.

Cristobál gierte immer stärker danach, die Quelle zu suchen. Dies wurde auch dadurch befördert, dass sich die Männer vor allem abends, wenn Henriette sich müde vom Reiten und mit dem Kopf voller Eindrücke früh zurückzog, leise und in schnellem Spanisch über die Quelle unterhielten. Nicht im Entferntesten ahnte Henriette, dass sie fast ausschließlich von der Fuente Santa sprachen, sonst hätte sie wohl trotz ihrer Erschöpfung kein Auge zugetan. So aber schmiedeten die beiden bereits ungestört immer konkretere Pläne, wie sie nach Beendigung der Inselerkundung vorgehen wollten. „Ich werde unseren anderen Vetter zum Alcalde nach Fuencaliente schicken. Unter dem Siegel strikter Verschwiegenheit soll er über die baldige Ankunft des Cubaners informieren, der große Pläne mit der Quelle hat", sagte Eliseo, der ebenso wie Cristobál darauf brannte, endlich zu beginnen.

Nachdem sie sich einige Tage ausgeruht hatten, schlug die unermüdliche Henriette vor, die Insel auf den alten Caminos reales, den Königswegen zu überqueren. „Ich möchte unbedingt einmal von West nach Ost über die Insel. Sicherlich sind die Lorbeerwälder noch ein besonders lohnendes Ziel. Danach könnten wir vielleicht den Nordosten erkunden. Von Santa Cruz aus jedenfalls erwische ich vermutlich wieder einen Frachter nach Tazacorte. Und ihr werdet euch dann Richtung Süden begeben und hoffentlich in kürzester Zeit erfolgreich diese ominöse Quelle freilegen."

„Ja, die Fuente Santa wartet auf uns", sagte Eliseo mit so sehnsüchtigem Ton und glänzenden Augen, dass Henriette ihn von Stund an für ein wenig verrückt hielt.

Sie passierten Los Llanos, mit seiner Pfarrkirche Nuestra Señora de los Remedios, der wunderbaren Plaza und den majestätischen Lorbeerbäumen. Das Städtchen strahlte einen etwas behäbigen, ländlichen Charme aus und gefiel Henriette besonders gut.

Es wurde nachts merklich frischer, je höher sie kamen, desto mehr. In El Paso nahm man sie im Hause der Montereys gastfreundlich auf. Henriette fror des Nachts jedoch erbärmlich.

„Cristobál, mein Lieber, du musst mich wärmen", bat sie. Das bot auch endlich Gelegenheit zu weiteren Vertraulichkeiten, die bei den Übernachtungen im Zelt zu kurz gekommen waren. Von Frieren konnte in dieser Nacht keine Rede mehr sein.

Am nächsten Morgen überquerten sie die Insel über den Pass des Reventon. Erstaunt nahmen sie zur Kenntnis, dass eine Telefonleitung von Santa Cruz über El Paso bis nach Los Llanos lief. „Das hätte ich nie vermutet, wo man hier doch mit dem Straßenbau Jahrzehnte im Rückstand ist", bemerkte Cristobál.

Die Kiefernwälder begeisterten beide. Die langen Kiefernnadeln, die die Feuchtigkeit aus der Luft kämmten, funkelten fein im Sonnenlicht, alles schien in verzauberndes Licht getaucht. „Es würde mich nicht wundern, wenn uns Hänsel und Gretel Hand in Hand entgegen kämen", bemerkte Henriette träumerisch. Cristobál kannte das Märchen nicht, und Henriette erzählte es ihm auf Deutsch, wobei sie es durchaus genoss, Eliseo somit auszuschließen.

Denn die zunehmend herzlichere Freundschaft zwischen den beiden Männern irritierte sie, zumal sie manchmal das Gefühl hatte, Eliseo könne ihr nicht richtig in die Augen sehen. Sie konnte nicht so recht begründen warum, aber der blauäugige Palmero, der offensichtlich eine Menge Guanchen-Blut in den Adern hatte, wurde ihr irgendwie immer unsympathischer. Der Mann schien oft geistesabwesend zu sein. Mit großer Fürsorge kümmerte er sich um seine Hunde, an denen sein Herz offenkundig besonders hing. Vielleicht stärker als an seiner Frau, dachte Henriette und schalt sich sogleich als bösartig. Von der Quellenleidenschaft ahnte sie ja nach wie vor nichts.

In Santa Cruz angekommen, verspürte Cristobál keinerlei Lust mehr, den Nordosten der Insel zu durchstreifen – er wollte nur noch zur Quelle.

„Was hältst du davon, wenn wir erst mal eine Pause von den Erkundungen machen, du siehst ein wenig abgespannt aus, meine Liebe", erkundigte er sich vorsichtig bei seiner Frau. Zum Glück war auch Henriette des anstrengenden Umherstreifens müde.

So fuhr Henriette wieder mit einem Frachter von Santa Cruz nach Tazacorte „Ich hoffe, das Ganze in ungefähr zwei Monaten erledigt zu haben, und am Wochenende komme ich immer zu dir", versprach Cristobál ihr leichtfertig beim Abschied. Denn er brannte voller Vorfreude darauf, dass es endlich losging. Henriette hingegen bestieg mit dem irritierenden und unguten Gefühl den Frachter, dass ihr Mann es gar nicht abwarten konnte, sie loszuwerden.

Getrennte Wege: Tazacorte und Fuencaliente

Über Zeit zum Nachdenken und Pläne schmieden verfügte Henriette bald reichlich, denn schnell hatte sie sich in ihrem feudalen Domizil häuslich eingerichtet, indessen ihr Gatte mit Eliseo die komplette Woche in Fuencaliente verbrachte.

Freunde hatten geraten, in Santa Cruz Quartier zu nehmen: „In der Hauptstadt gibt es mehr Abwechslung – allein in den zwei dortigen Theatern gastierten häufig Ensembles, die auf der Durchreise nach Südamerika sind."

Aber Henriette verspürte wenig Lust im regenreichen Santa Cruz ohne vernünftige Heizung zu frieren. Sie zog das sonnenverwöhnte Tazacorte vor. Obendrein würde Eliseos Frau Rosa ebenfalls dort sein, so dass sie auch gleich eine Freundin am Ort hatte. Wichtig erschien ihr weiterhin, dass sie bei Nachrichten nicht völlig von ihrem Gatten abhängig war. Und außerdem vermutete sie in Rosa eine Leidensgefährtin – sie konnte die Augen nicht mehr davor verschließen, dass Cristobáls Denken und Handeln sich immer stärker um die Quelle drehte. Das alte Gefühl, benachteiligt worden zu sein, flackerte in ihr wieder auf. Aber sie dachte an den Brief ihres Vaters und die Bemerkung der Erbherzogin in St. Blasien über die Grillen der Männer und beschloss zunächst abzuwarten, zu erkunden und zu genießen, was es zu genießen gab.

Und hiervon gab es viel!

Die überdachte Terrasse im ersten Stock des Doppelgiebelhauses der Hacienda de abajo nahm die dem Westen zugewandte komplette Breitseite ein. Die schöne Konstruktion war aus Tea, dem harten Kernholz der kanarischen Kiefer, gearbeitet, welches man für Balkenkonstruktionen Türen und Dächer verwendete. Die abwechslungsreichen Wolkenformationen faszinierten sie ebenso wie die stimmungsvollen Sonnenuntergänge. Genau vor ihr standen in Reih und Glied Bananenstauden, deren üppige grüne Blätter allerdings oft vom Wind zerfetzt wurden. Unter ihr lag das zweiflügelige Tor mit dem Haupteingang, daneben ein großes Backhaus mit Ziegeldach. Ihr Schreibtisch stand direkt am Fenster mit Blick auf das Meer. Hier erledigte sie ihre Korrespondenz, die sie hauptsächlich mit Mary und Elisabeth führte, denen sie ihr Leben und die Insel ausführlich schilderte. „Nun habe ich den Blick auf den Traunsee mit dem auf den Atlantik getauscht", schrieb sie, als sie das Heimweh packte. Beide antworteten regelmäßig und legten Zeitungsausschnitte bei, so dass Henriette über die Neuigkeiten aus Gmunden und dem Kaiserreich, wenn auch mit erheblicher Verspätung, recht gut auf dem Laufenden war.

Der Garten der Hacienda, in dem sie oft verweilte, erschien Henriette als wahres tropisches Paradies. Neben Gemüsesorten, die sie nach und nach zu schätzen lernte, wie die Chayota, eine Schlingpflanze mit stachelig erscheinenden Früchten, deren Geschmack an Kohlrabi erinnerte, oder die leckere Süßkartoffel, gab es nicht nur unterschiedliche Palmen. Dazu kamen Bäume mit Orangen, Zitronen, Misperos, Maulbeeren, Aprikosen, Pfirsiche, Papaya. Einige Teiche, die sowohl das Auge erfreuten, als auch der Bewässerung dienten, wurden seit Jahrhunderten über alte Bewässerungsgräben aus Quellen der Caldera gespeist, welche ebenfalls zum Grundbesitz Monteverdes gehört hatten. Hier saß sie oft auf einer Bank aus Teaholz, mit einem Buch aus der reichhaltigen Bibliothek. Dort hatte sie zu ihrer Freude zahlreiche deutsche Bücher gefunden, die ihr halfen, sich die Zeit zu vertreiben. Sogar ein deutsches Kochbuch, der Klassiker von Henriette Davidis, befand sich darunter. Vom einfachsten Gericht bis zum hochgestochenen Menü wurde alles so klar beschrieben, dass Henriette ihrer Namensschwester ebenso dankbar wie fasziniert gedachte. Und Rosa brachte ihr noch ein Büchlein über die cubanische Küche mit.

Die Suche nach der Quelle beginnt

Der Alcalde hatte auf die informelle Anfrage sehr verhalten reagiert, so dass Eliseo nur eine Karawane mit Maultieren, Eseln und den notwendigsten unauffälligen Geräten ausrüstete. Cristobál und Eliseo hielten sich gar nicht erst lange in Fuencaliente auf, wo sie ein einfaches Quartier bezogen. Denn nun endlich wollte Cristobál die Höhle sehen. Mit Proviant, Zelten, Hacken und Brechstangen versehen, alles sorgfältig gepackt, stiegen sie auf Maultieren hinab zur Cueva de Malpique. Je tiefer sie kamen, desto lauter hörten sie das Meer gegen die Felsen donnern – und wo es der Insel eine Felsnase entrissen hatte, tobte es gegen die hingestreuten Brocken weiter. „Das Meer kommt mir vor wie urzeitliches Ungeheuer, das die Insel am liebsten verschlingen würde", sinnierte Cristobál.

„Ja, es kämpft seit ewigen Zeiten mit den Drachen, den feuerspeienden Vulkanen, deren Lava dann wieder zu neuem Land erstarrt."

„Was das unerschütterliche Meer dann gemeinsam mit den Vulkanen zum Kampf der Giganten macht – man denke nur an den Untergang von Atlantis, von dem ja viele vermuten, dass es sich hier bei den kanarischen Inseln befand."

„Zum Glück steht unsere Insel noch – aber der San Antonio hat leider nicht nur für neues Land gesorgt, sondern auch unsere Quelle verschüttet."

Inzwischen waren sie an der Bucht angelangt, die ein fast perfektes, tiefgezogenes Halbrund bildete, in deren Mitte die Höhle lag. Da der Strand nicht in einer Linie zum Wasser abfiel, sah man das Meer nicht, wenn man vor dem Höhleneingang stand. Man hörte nur, wie es wütend gegen die Felsen anstürmte, begleitet vom Gekreisch der Möwen. Cristobál verspürte sofort die tiefe Magie dieses Ortes, der etwas Archaisches hatte, ja, aus der Zeit geworfen schien. Und dabei war hier alles erst 1670 von der Lava des Vulkanes San Antonio überformt worden, die dem Ganzen einen bizarren Stempel aufgedrückt hatte.

„Koks und Kaktus", hatte Henriette gesagt, als sie mit dem Schiff die Südspitze umrundet hatten. Hier gab es noch nicht mal Kakteen – die Natur hatte das Ganze im Laufe der Jahrhunderte nur spärlich mit Flechten und Wolfsmilchgewächsen überzogen. Schwarzes Lavageröll überall, und darunter irgendwo befand sich seine Quelle.

Die Sonne knallte vom Himmel, und die Männer besprachen im wohltuenden Schatten der Höhle zunächst das Geschäftliche.

„Ich habe inzwischen Kontakt mit meinen Compagnons aufgenommen", behauptete der Cubaner, damit sein Vorschlag gewichtiger erschien. „Wir bieten an, die kompletten Kosten von der Bohrung zu übernehmen. Du bekommst ein Drittel der Eigentumsrechte an dem Wasser. Das ist ein Vorgehen, das momentan allen nutzt – zumal wir ja auch noch Verhandlungsspielraum mit dem Alcalde brauchen werden."

Eliseo wäre es lieber gewesen, wenn er jede Woche Geld nach Hause gebracht hätte. Dennoch stimmte er zu – ein Drittel der Quelle zu besitzen, war einfach zu verlockend.

„Ja, so verbleiben wir erst mal, aber für alle Kosten, die jetzt entstehen, musst du aufkommen."

„Kein Problem", entgegnete Cristobál, der sich neugierig in der Höhle umsah.

Eliseo zog aus einer Satteltasche eine Flasche und wickelte zwei Gläser aus einem Tuch. Er füllte feierlich für jeden einen ordentlichen Schluck ab und reichte Cristobál ein Glas. „Auf unseren Erfolg!"

„Salud, amor y dinero", erwiderte dieser mit dem palmerischen Trinkspruch, der Gesundheit, Liebe und Geld verhieß.

Nach dem ersten Schluck drückte seine Miene pures Erstaunen aus, was Eliseo, der ihn genau beobachtete, mit einem stolzen Lächeln quittierte.

Cristobál nahm einen zweiten Schluck, um sich zu vergewissern, und meinte dann: „Dieser Rum ist so vorzüglich wie unser allerbester Bacardi – wenn nicht sogar besser! Wo hast du diesen feinen Tropfen her?"

„Der kommt vom Nordosten unserer Insel, wo wir noch nicht waren."

„Da haben wir auf jeden Fall etwas verpasst!"

„In der Gemeinde San Andrés y Sauces gab es bereits zu Beginn des 16. Jahrhunderts ausgedehnte Zuckerrohrplantagen, 1883 wurde die Destille ‚Destilería del Valle' gegründet. Eine weitere Destilería produziert neben dem ‚Ron del Puerto' auch Zuckerrohrsirup."

„Und ich dachte immer, der beste kanarische Rum sei der Arehuca von Gran Canaria."

„Der ist auch ausgezeichnet. Die bringen seit 1892 Rum auf den Markt und auch Liköre, und sie beliefern sogar das spanische Königshaus."

Cristobál ließ sich einen weiteren Schluck auf der Zunge zergehen. „Aber dieser Rum schmeckt einfach anders, frischer, natürlicher."

„Ja, weil er nicht aus Melasse, sondern aus frisch gepresstem Zuckerrohrsaft gebrannt wird. Und das Atlantikklima beeinflusst den Geschmack des Zuckerrohrs natürlich auch."

„Dieser Rum trägt offenbar den Charakter seiner Insel in sich", bestätigte Cristobál und bemerkte das erfreute Nicken von Eliseo.

„Und er wurde lange gelagert. Es ist so ähnlich wie mit euren Zigarren – nur für einen auserwählten Kreis erhältlich."

Das Gespräch mit Fritz in St. Blasien über Bacardi ging Cristobál durch den Sinn. Und er verstand noch deutlicher als zuvor, wie viele Verknüpfungen es zwischen Cuba und La Palma gab. Dann jedoch konzentrierte er sich wieder auf die Höhle. „Aber nun erklär mir bitte, wie du mit der Suche vorgehen willst."

„So, wie ich es durchführen möchte, ist es sehr einfach und kann unmöglich schiefgehen. Das Wasser von der Fuente kommt, wenn die Flut steigt, beim Strand raus, immer ein paar Zentimeter über dem Meeresspiegel. Man muss eine Galerie bauen, deren Boden unter dem Wasser sein muss, sich von der Küste entfernt und dem heißen Wasser folgt. Die Galerie geht sozusagen der Quelle nach. Obwohl diese vielleicht einige Biegungen macht, wird sie uns schlussendlich zum Punkt führen, wo die Fuente Santa entspringt."

„Ich stelle es mir so vor, dass es ähnlich ist, wie dem Blut über die Arterie nachzugehen – dann kommt man immer zum Herzen. Im Körper könnten, je nachdem wo man beginnt, viele Kurven nötig sein."

„Das glaube ich nicht, denn das Wasser tritt ja relativ heiß raus – je mehr Umwege es nehmen müsste, desto kälter würde es sein."

Cristobál nickte. „Das leuchtet mir ein. Aber was ist mit dem Problem, dass der Berg abrutschen könnte, das hat ja die bisherigen Versuche verhindert."

„Das wird uns nicht betreffen", entgegnete Eliseo selbstbewusst, „denn wir werden eine solide Galerie bauen."

„Und wie geht das?"

„Ich habe früher in Asturien als Bergmann gearbeitet. Wir konstruieren einen kleinen Tunnel, dessen Dach mit Hölzern gestützt und stabilisiert wird, damit er nicht einstürzt. Allerdings wird es wohl beim Bohren an der Felsnase der Höhle Probleme geben, wir brauchen da Geduld, denn das Gestein dort ist sehr hart."

„Wie willst du vorgehen?"

„Wir werden uns noch zwei Arbeiter besorgen. Der Mann der Dienerin Pepa soll auf jeden Fall dabei sein. Denn Sigfredo hat nicht nur Bärenkräfte, sondern auch Erfahrung beim Ausbau der Wassergalerien. Er hat beim Kanalbau für Los Minaderos mitgearbeitet – das ist Wasser, das aus der Caldera kommt und für das sehr gute Wasseraktien zu kaufen sind."

„Wasseraktien?", echote Cristobál.

„Ja, wenn du nicht auf eine Zisterne, eine Sammelgrube für Regenwasser angewiesen sein willst, und das reicht in vielen Gegenden zur Versorgung nicht aus, dann musst du Wasseraktien kaufen oder Wasser mieten – und dazu noch die Durchlaufrechte durch die Kanäle und Rohrleitungen. Da verdienen sich hier einige Familien eine goldene Nase mit, nicht zuletzt dein Gastgeber."

Cristobál wurde nun klar, wie mühsam es in vielen Orten war, an Wasser zu gelangen. „Unsere Fuente Santa soll möglichst vielen zugutekommen! Und Sigfredo nehmen wir dann immer von Tazacorte aus mit."

„Ja, wir werden ganz normal mit Spitzhacken anfangen. Dann schieben wir Metallstangen in die Risse. Als letztes Mittel bleibt mit Schießpulver zu arbeiten, das haben sie in den Galerien und in Santa Cruz schon erfolgreich gemacht. Aber wenn es eine andere Lösung gibt, werden wir ohne zu sprengen vorgehen, denn das ist nicht ungefährlich."

Nach sechs Wochen waren sie keinen Deut weitergekommen. Das erzählten sie den Frauen wohlweislich nicht – auch Sigfredo wurde zu striktem Stillschweigen gegenüber seiner Pepa verdonnert, was ihm schwerfiel.

Henriette lebt sich in Tazacorte ein

Henriette tröstete sich über die Trennung von Cristobál ein wenig mit dem wunderbaren Klima hinweg, welches sie in vollen Zügen genoss. Der Winter war ungewöhnlich mild, es stürmte selten, so dass sie selbst jetzt noch dann und wann zum blanken Entsetzen der Einheimischen im Atlantik badete.

Das Meer schreckte sie weder wegen der kühleren Temperatur noch wegen der Wellen ab, das war sie von der Nordsee gewohnt. Aber mit seinem schwarzen, überwiegend mit Kieseln durchsetzten Strand reizte die Bucht von Puerto de Tazacorte sie nicht sehr zum Baden, zumal der Weg rauf und runter mit Maultieren recht beschwerlich war. So machte sie sich immer seltener zu einem Bad im Atlantik auf. Da hielt sie sich lieber in dem romantischen Badehaus auf, in welchem sie mit Cristobál, wenn er denn am Wochenende kam, doch immerhin einige glückliche Stunden verbrachte. Wenn diese sie auch keineswegs dafür entschädigten, dass sie die ganze Woche allein im Himmelbett liegen musste.

Am Wochenende kehrten die Männer meist heim. Bei ruhiger See brachte sie ein Boot vom Leuchtturm in Fuencaliente bis zum Puerto von Tazacorte. Bei schlechtem Wetter brachen sie mit dem ersten Morgenlicht mit Maultieren auf, um am späten Nachmittag verstaubt und müde auf der Hacienda anzukommen. Das Wiedersehen von Henriette und Cristobál im Badehaus fiel oft stürmisch aus.

Dies war von Pepa, als sie den Badeofen nachheizte, zufällig beobachtet worden. Der Anschauungsunterricht, den sie dort bekam, versetzte ihren Gatten Sigfredo nun in fassungsloses Entzücken. Wer hätte jemals gedacht, welche Wonnen es zum Beispiel bereitete, es so zu machen, wie es die Hunde trieben? Und noch dazu: Was für weitere Freuden konnte man sich schenken, wenn die Zunge mit zum Einsatz kam – ach, das Wettern von der Kanzel gegen die Unzucht und die Sünde hatte den einfachsten Schlussfolgerungen keinen Raum gelassen. Pepa und Sigfredo versprachen sich in die Hand, über diese neu entdeckten Hochgenüsse kein einziges Wort in der Beichte zu verlieren.

Sigfredo lächelte seine Frau glücklich an und meinte: „Warum auch, der Pope hört sich so viel an – wer weiß, was das so mit ihm macht, der ist ja schließlich auch ein Mann. Unser Eheleben jedenfalls geht ihn nichts an."

Und Pepa, die ihren Gatten geschickt zu dieser Einsicht gebracht hatte, stimmte zufrieden zu. „Ja, Sigfredo, da gebe ich dir völlig recht!"

Abends im Himmelbett äußerte Henriette das Gefühl, dass sie beobachtet worden seien. Cristobál lächelte nur und meinte, er habe auch den Verdacht – aber man könne von ihnen beiden ja nur lernen. Dann schlief er müde ein. Die Vorstellung, Zuschauer zu haben, gab künftig, ohne dass dies je ausgesprochen wurde, ihren freizügigen Liebespielen im Badehaus noch einen besonderen Reiz. Allerdings nahmen die Gelegenheiten dazu mehr und mehr ab, da die Männer immer öfter ein Wochenende ausließen, um der Quelle näher zu kommen …

Indessen machte Henriette in der Casa Principal der Hacienda de abajo ganz andere Entdeckungen. Denn dort hatten sich Antiquitäten aus drei Jahrhunderten angesammelt, die eine atemberaubende Mischung bildeten. Selbst kostbare Porzellanvasen von KPM hatte Henriette inzwischen auf einem Kaminsims entdeckt. Die zahlreichen Gobelins, die zum Teil noch aus dem 17. Jahrhundert stammten, schaute Henriette immer wieder gern an – es ließen sich stets neue Details entdecken. Ein großer Teppich, der die eine Stirnwand der Kapelle bedeckte, zeigte eine Szene von Davids Kampf gegen Goliath, die sich in mitten eines Waldes mit Eichen abspielte. Ach, mal wieder in einen schönen deutschen Wald spazieren gehen, das wäre schön! Das alles erinnerte Henriette auch an den Salon der Königin Marie in Gmunden, der die Fülle der Erinnerungsstücke aus dem Königreich Hannover kaum zu fassen vermochte. Bei diesem Gedanken stieg heftiges Heimweh in ihr auf. Ich möchte endlich mal wieder deutsch sprechen, dachte sie, meine Bekannten in Hannover sehen und Grünkohl essen! Nachdenklich blickte sie über die wogenden Bananenblätter. Weiter links hatte man eine neue Anpflanzung begonnen. Aus einigen der kahlen Stämmchen trieben erste zaghafte Blätter aus. Ich will hier keinesfalls miterleben, dass sie zu starken Pflanzen herangewachsen sind, dachte Henriette grimmig, es muss bald etwas geschehen.

Um in Form zu bleiben, ging sie oft, begleitet von Pepa, hoch zum Städtchen. Tazacorte gruppierte sich in sanft geschwungenem Halbkreis um die Promenade. Von dort aus bot sich ein beeindruckender Weitwinkelblick über die Bananen hinweg zum Meer. Es schien Henriette der Ort mit dem am südländischten Flair der Insel zu sein, dicht bebaut und mit einem schön gefliesten Platz mit Pergola und Bänken neben der Kirche. In den kleinen Läden im Ort, die in keiner Weise mit deutschen Lebensmittelgeschäften geschweige denn den Kolonialwaren-Läden zu vergleichen waren, gab es wenig zu kaufen. Hier versorgte man sich noch überwiegend selbst oder tauschte.

Pepa trug stets die Faena, die Alltagstracht von Tazacorte, einen fast knöchellangen dunkelblauen Rock aus leichter Merinowolle, darüber eine weiße, mit drei quer laufenden Biesen geschmückte Schürze, zur weißen Bluse mit weiten Keulenärmeln und bestickten Manschetten eine rote, geschnürte Weste. Das Haar, Hals und Nacken schützte ein voluminöses weißes Tuch, das mit einem Strohhut fixiert wurde, vor Sonne und Staub. Die Schuhe mit dem kleinen Blockabsatz und einer Schnürung hatte Cristobál sofort als „Estilo cubano" klassifiziert.

Henriette war froh, dass sie in ein lockeres Leinenkleid im Reformstil gewandet, ebenfalls mit den bequemen, auf La Palma hergestellten Schuhen und Strohhut ausstaffiert, ihre Wege machen konnte. Allein die Vorstellung, nach Tazacorte mit seinen über dreihundert Sonnentagen pro Jahr im enggeschnürten Korsett hochzugehen, trieb ihr schon die Schweißperlen auf die Stirn. Wobei sie erstaunt festgestellt hatte, wie elegant sich viele der wohlhabenderen Frauen hier kleideten. „Man hat Tazacorte auch schon Klein-Paris genannt", hatte Rosa ihr lächelnd erklärt. „Der Wohlstand durch Zuckerrohr und Handel hat auch hier seine Spuren hinterlassen."

Am Eingangstor zur Hacienda passierten sie immer einen sehr großen Ofen. „Mit dem Ungetüm hätte man ja Brot für die ganze Stadt backen können", sagte Henriette eines Tages ahnungslos zu Pepa.

Die lachte verschmitzt und meinte: „Hier trocknete man früher auf Blechen die Cochenille Läuse."

„Wieso Läuse? Und in solchen Mengen?"

„Die Cochenillen wurden auf Kakteen gezüchtet und ergaben ein wunderbares Rot zum Färben, übrigens auch für Lippenstifte."

Henriette schüttelte sich. „Igitt."

„Mit der Erfindung der Anilinfarben war es mit der Laus, die lange gute Erträge gebracht hatte, vor ungefähr zwanzig Jahren vorbei", erwiderte Pepa. „Das bedauerten alle sehr – gerade Frauen und Kinder konnten hier mitarbeiten und zogen, sorgfältig mit Lederkleidung geschützt, durch die Felder mit dem Feigenkaktus und streiften mit Zangen den weißen Belag mit den Larven von den Blättern."

„Frauen und Kinder?"

„Ach, Señora, man freute sich damals wie heute über jede Arbeit – das verhütete doch, dass noch mehr Männer auswandern mussten. Mit dem Zuckerrohr war es bereits lange vorbei, mit dem Wein dann auch – und das Karmesin färbte unvergleichlich schön. Unsere Seide aus El Paso färben wir nach wie vor damit." Pepa nickte stolz. „Die Seidenherstellung ist sehr kompliziert und aufwändig und wird zum größten Teil von Frauen ausgeführt. Und schauen Sie mal in die Kapelle. Die roten Tücher am Altar sind alle mit Cochenille gefärbt – so herrlich leuchten diese chemischen Farben nicht."

„Ja, nun verstehe ich das besser. Der rote Seidenstoff, den ich in Santa Cruz gekauft habe, ist längst nicht so schön. Gerade diese Stoffe in der Kapelle bewundere ich immer wieder wegen ihrer farblichen Intensität und Brillanz. Ich muss mir unbedingt die Seidenherstellung in El Paso ansehen."

„Ach, so ein Fabrikstoff würde mir völlig reichen, damit könnte ich mir für den Kirchgang und die Feste endlich eine Gala nähen", murmelte Pepa und unterdrückte einen Seufzer. Die Señora sollte ja nicht denken, dass sie neidisch sei – die meisten einfachen Leute konnten sich eine Tracht für die Feiertage eben nicht leisten.

Sie ging auch stolz in ihrem Alltagsrock, dessen Stoff, wie alles für die tägliche Bekleidung auf palmerischen Webstühlen hergestellt worden war, zur Messe. Aber die Gala, deren zweiter Rock aus roter Seide, der über den Kopf geschlagen und mit einem zylinderartigen Hut im Rücken befestigt wurde, hätte sie doch zu gern gehabt. Auch für ihren Mann wünschte sie sich einen schwarzen Rock, auch wenn der in seinen weißen wadenlangen Leinenhosen und dem weißen Hemd, dessen Manschetten reich mit Spitzen besetzt waren, und einer Weste eine gute Figur machte. Immerhin konnte er die Alltagsschürze aus Schafsleder mit einer aus festem Leinenstoff tauschen.

Henriette nahm sich vor, Pepa zum Abschied, wann immer der sein mochte, diesen Ballen rote Seide zu schenken. Die schlug indessen vor: „Wir könnten in den nächsten Tagen nach El Paso reiten. Rosa wird bestimmt gern mitkommen. Viele Stoffe bekommt man nur auf Bestellung, und das kann dauern."

Einige Tage später brachen die drei Frauen auf Maultieren nach El Paso auf. Henriette hatte eine wohlgefüllte Börse bei sich und dachte nicht zum ersten Mal, wie angenehm es war, ihren Gatten bei größeren Ausgaben nicht um Geld angehen oder gar um Erlaubnis fragen zu müssen.

Doch als ihr Rosa die Preise nannte, hatte selbst die verwöhnte Henriette tief Luft geholt. „Die Stoffe sind sehr teuer", wurde ihr erklärt, „aber wenn du erst mal siehst, welcher Aufwand es ist, von den gefräßigen Raupen, die in Kästen sitzen und die Maulbeerblätter fressen, zum fertigen Stoff zu kommen, dann wirst du es verstehen. Antonia Martin Pages ist außerdem eine Meisterin ihres Faches. Ihre Seidenstoffe sind die besten der Insel. Die Handwerkskunst der Seidenherstellung wird immer von Mutter zu Tochter weitergegeben."

In El Paso angekommen, betraten sie in der Nähe der Kirche ein großes zweistöckiges Haus mit hohen Fenstern und einer zentralen Lichtkuppel. Dort empfing sie Antonia, neben sich ihre fünfjährige Tochter Maria, genannt Maruca. Diese sah aufmerksam zu, wie die bereits in fünf Arbeitsgängen aufgesponnene, gehaspelte und gezwirnte Seide nun in einem heißen Seifenbad gekocht wurde.

„Dadurch wird die Seide entfettet und das Drüsensekret entfernt", erklärte Antonia der erstaunten Henriette und gab ihr zur Probe einen ungekochten harten Seidenfaden in die Hand und dann einen behandelten, der sich buchstäblich seidenweich anfasste.

„Rosa ließ mir ausrichten, dass Sie besonders das Färben interessiert", sagte Antonia.

„Das ist das Schönste", jubelte Maruca. Ihre Mutter fuhr ihr beruhigend über den Kopf und lächelte stolz über die Begeisterung ihrer kleinen Tochter.

„Ja, die Stoffe in der Kapelle der Hacienda fielen mir auf, die sind einmalig schön in den Farben."

„Die sind alle in unseren Werkstätten hergestellt. Hier ist die Cochenille." Antonia schüttete Henriette aus einem Apothekerglas einige kleine dunkle Krümel in die Hand. „Fangen Sie ruhig an, das zu zerbröseln, Señora, dann ahnen Sie schon etwas von dem Rot!"

Henriette nickte, als sich erste dunkelrote Schlieren auf ihrer Handfläche abzeichneten. „Und wie bekommen Sie die anderen Farben hin?"

Antonia deutete auf weitere Gläser und erwiderte: „Was soll ich es lange erklären. Ich zeige Ihnen am besten die Schatzkammer!" Sie öffnete eine schwere hohe Tür aus Teaholz und ging ins Nebenzimmer vor. Henriette konnte einen begeisterten kleinen Aufschrei nicht unterdrücken. Da hingen aufgereiht Seidenstränge in den schönsten Farbschattierungen.

„Das Rot der Cochenille können wir durch kleine Zugaben abwandeln – aber alles, was Sie hier sehen, sind Farben aus der Natur, das meiste haben wir hier auf der Insel. Einiges mischen wir natürlich auch. Dieses wunderbare Gelb zum Beispiel kommt von der Zwiebel, das kräftigere vom palmerischen Safran. Algen werden zu Grün; auch Lorbeer verwenden wir, außerdem Indigo für Blau, Nüsse, Mandeln, Eukalyptus für Braun, Orchidee für Lila."

Henriette schwirrte der Kopf, dann erfreute sie sich an dem Glanz der Farben, ohne sich alles merken zu wollen. Da kamen die chemischen Farben einfach nicht mit! Es war ein prachtvoller Anblick.

Danach führte sie die Hausherrin durch weitere Räume, in denen Frauen an Webstühlen saßen. Während sie in gebührendem Sicherheitsabstand ihren Kaffee schlürften, sagte Antonia: „Bis es so weit ist, hat die Seide vom Aufspinnen des Fadens bis zum Weben schon dreizehn Produktionsschritte durchlaufen. Nun kann sie zugeschnitten, verarbeitet, bestickt und gebügelt werden. Wir weben ganz überwiegend auf Bestellung, aber einige Meter könnte ich Ihnen gleich verkaufen. Auf die

Stoffe nach Ihren persönlichen Wünschen müssen Sie mindestens zwei Monate warten."

„Ich nehme alles gern, was Sie mir jetzt verkaufen können. Und auf die Bestellung warte ich. Mein Mann sucht die Fuente Santa – und ich fürchte, das kann noch dauern."

Antonia warf Henriette wie Rosa blitzschnell einen wissenden Blick zu und senkte dann sofort die Augenlider. „Ich wünsche den Herren viel Glück bei der Suche. Währenddessen werden wir uns hier an unsere Arbeit machen."

Eine Stunde später begaben sich Henriette, Rosa und Pepa auf steil abwärts führenden Pfaden auf den Heimweg.

In der Hacienda angekommen, meinte Henriette beschwingt: „Das war wunderbar, Rosa, ich danke dir. Was für eine besondere Erfahrung. Und ich bewundere Antonia sehr. Das ist eine schwierige Arbeit, für die es Geduld und Fingerspitzengefühl braucht. Wie schön, dass diese Kunst immer von der Mutter auf die Tochter weitergegeben wird."

„Ja, das finde ich auch. Aber besonders freut es mich, dass du mit den Einkäufen von heute und dem, was du großzügig bestellt hast, in deinem künftigen Hausstand, wo immer er auch sein wird, Ehre einlegen wirst. Und dann vielleicht auch an mich denkst." Rosa konnte die Tränen nicht unterdrücken, und die beiden Frauen lagen sich in vorweggenommenem Abschiedsschmerz in den Armen.

„An dich denken werde ich gewiss oft! Und nun lass uns cubanisch kochen, das lenkt uns ab und wird unsere Männer erfreuen, wenn sie heute Abend spät heimkommen."

Rosa krempelte die Ärmel hoch und meinte listig: „Gleichzeitig hast du einen hervorragenden Gesprächsaufhänger, damit dein Gatte von Cuba erzählt."

In dieser Nacht schlief Cristobál äußerst unruhig. Ob es an dem leckeren Reis mit schwarzen Bohnen und Paprikawürstchen, „moros y cristianos", lag? Er wälzte sich unruhig hin und her und vernahm im Halbschlaf das Läuten der Kirchenglocke, das vom Städtchen herunter wehte. Erneut mischte sich dieser Schall in seine Träume. Denn der Klang der Glocken, deren Gerüst zu jeder Plantage gehörte wie ein Turm zur Kirche, verband sich mit seinen frühesten Kindheitserinnerungen, einer Zeit, in der die Sklaverei noch geherrscht hatte.

Die Glocken unterteilten den Ablauf der endlosen Arbeit, die sechszehn, achtzehn oder zur Erntezeit auch zwanzig Stunden betragen konnte. Nach dem Abendgebet hörte man die Glocke zum letzten Mal. Punkt neun Uhr rief sie zum Schlafengehen oder, wie die Sklaven es nannten, zum Schweigen auf.

Als der Morgen graute, vermeinte er das kleine Gebimmel zu hören, welches ankündigte, dass ein Sklave zum Friedhof gebracht wurde.

Völlig nassgeschwitzt stand er leise auf, um seine Frau nicht zu wecken, und ging ins Badehaus, um sich gründlich zu waschen und zu erfrischen. Das Bimmeln des Totenglöckchens erschien ihm als weiteres schlechtes Zeichen – unwillkürlich umfasste er Kreuz und Talisman an seinem Hals. Es musste jetzt endlich vorangehen! Selbst die wenigen Wochenenden in Tazacorte kosteten zu viel Zeit; er wollte vor Ort bleiben und Fortschritte erzielen! Henriette würde schon noch stillhalten.

Die versuchte indessen, sich die Zeit mit nützlichen Dingen zu vertreiben. Nachdem sie die in der Bibliothek zahlreich vorhandenen Kochbücher ausgiebig studiert hatte, begab sie sich immer öfter zu der Köchin und Pepa in die Küche, um mit einheimischen Zutaten und Kräutern zu experimentieren. Häufig gesellte sich Rosa dazu, die sich zu Hause ohne ihren Eliseo auch oft einsam fühlte. Nach und nach entstand zwischen den gleichaltrigen Frauen eine gute Freundschaft, was besonders Henriette berührte, die ja nie eine Freundin gehabt hatte.

Henriette fand in der Zeit immer mehr Spaß am Kochen: Chayotagemüse mit glatter Petersilie zu Frikadellen, Kichererbsen Suppe mit Ingwer, Süßkartoffelbrei mit Spiegeleiern und Speck. Cristobál war von diesen Kochexperimenten nicht stets begeistert, zeigte das aber nicht, um die Verstimmung, die mittlerweile Woche für Woche scheinbar unaufhaltsam zwischen ihnen anstieg, nicht weiter zu schüren. Denn es schien mehr als zweifelhaft, ob sie die Quelle innerhalb absehbarer Zeit finden würden.

Problemas

Die beiden Männer waren irgendwann übereingekommen, ihren immer unzufriedener werdenden Frauen aus dem Wege zu gehen und nur noch sporadisch heimzukehren.

Cristobál wollte damit auch weitere Auseinandersetzungen mit Henriette vermeiden. Am letzten Wochenende hatte er sie endlich gefragt: „Du bist oft so anders in letzter Zeit, Liebste. Gefällt dir unser eheliches Zusammenleben nicht mehr?" Diese war zu seiner völligen Überraschung in eine heftige Tränenflut ausgebrochen. „Doch, es gefällt mir immer noch sehr! Und ich würde sehr gern wieder ein Kind erwarten. Aber ich habe große Angst, hier auf der Insel schwanger zu werden. Es gibt kaum Ärzte – erst kürzlich ist hier in Tazacorte eine junge Frau bei der Geburt gestorben."

Etwas hilflos umarmte Cristobál seine Frau. „Aber, liebe Henriette, es gibt doch ausgezeichnete Hebammen hier, und du bist eine gesunde junge Frau. Notfalls könnten wir dich auch in Santa Cruz einquartieren …"

Henriette hatte sich heftig von ihm losgerissen. „Wie lange soll es denn hier noch dauern mit dieser verdammten Suche nach der Quelle? Soll ich hier auf der Insel versauern? Diese Quelle ist ja scheinbar wichtiger als ich und unser Eheglück!" Sie begann zu schluchzen.

Cristobál fühlte Panik und Wut in sich aufsteigen. So hatte er seine Frau noch nie erlebt. Hatte er nicht genug Probleme? „Willst du mich erpressen oder unter Druck setzen? Das schlag dir aus dem Kopf!" Türenknallend war er hinausgestürmt und hatte oben im Städtchen gemeinsam mit Eliseo in der Bar vergeblich versucht, seine widersprüchlichen Gefühle mit einigen Gläsern Rotwein zu beruhigen.

Am folgenden Tag hatten sie zwar diese unschöne Szene, die erste Krise in ihrer Ehe, mit einer halbherzigen Versöhnung beigelegt. Aber beide wussten, dass es eine Kluft zwischen ihnen gab, solange sie auf der Insel weilten.

In Fuencaliente hatten die beiden Männer versucht, in den einfachen Bars für gute Stimmung zu sorgen, spendierten freizügig Wein und Aquadiente, um Anhänger zu gewinnen. Das war auch dringend nötig, denn auf so einer kleinen Insel bleibt nichts verborgen. Als sie eines sonntag abends in ihr Quartier in Fuencaliente zurückkamen, erwartete sie eine Notiz des Alcalde, der sie am nächsten Morgen zu sprechen wünschte. Eliseo schwante wenig Gutes. Er hatte unter der Hand schnelle Erfolge versprochen. Und die künftige Nutzung zum Wohle der Inselbewohner, die dem Bürgermeister dankbar sein würden, in glühenden Farben geschildert.

Der kürzlich wiedergewählte Alcalde thronte hinter einem großen Schreibtisch und wirkte reserviert. Herablassend bedeutete er den beiden Männern, Platz zu nehmen. „Ich habe euch in Vertrauen auf Eliseo zunächst mal anfangen lassen. Aber nun kommt ihr in keiner Weise vorwärts, ihr wäret ja nicht die Ersten, die sich an der Quelle die Zähne ausbeißen ..." Er merkte, dass Cristobál etwas sagen wollte und wedelte ärgerlich mit der Hand. „Auch ich habe mich intensiv mit der Quelle beschäftigt! Bevor hier irgendetwas weitergeht, brauche ich eine Regelung, die alle Rechte und Pflichten festlegt. Das bin ich schließlich meiner Gemeinde schuldig."

„Was haben Sie sich denn vorgestellt?", fragte Cristobál ernüchtert.

„Ich will einen Vertrag mit Übernahme der gesamten Kosten für die Erschließung der Quelle."

Cristobál nickte. „Dazu sind meine Partner in Deutschland und ich bereit. Wir wollen dann ja ein Thermalbad bauen und ein Kurhaus. Das ist eine einmalige Gelegenheit nicht nur für Fuencaliente, sondern für die ganze Insel."

Inzwischen hatte sich noch der pfiffige Sekretär des Rathauses eingefunden, der sofort einwarf: „Außer einem Vertrag, der auch von Ihren deutschen Partnern unterzeichnet sein muss, brauchen Sie eine offizielle Genehmigung des Gemeindeamtes für die weiteren Arbeiten. Und nicht alle Grundstücke, die eventuell in Betracht kommen, gehören der Gemeinde. Es gilt rechtzeitig mit den Besitzern zu reden, bevor der Spekulation Tür und Tor geöffnet wird."

Eliseo stöhnte innerlich auf – er kannte seine Palmeros! Und konnte unschwer voraussehen, was passieren würde, wenn die palmerischen Mühlen der Bedenken und unterschiedlichen Meinungen anfingen zu mahlen. Das Ganze würde sich unendlich in die Länge ziehen!

Prompt meinte der Alcalde: „Es ist auch erforderlich zu regeln, wem dann wie viele Anteile an der Quelle gehören. Darüber werde ich mit der Gemeinde beraten."

Eliseo, der seine Felle davonschwimmen sah, raffte sich auf. „Wenn die Gemeinde die Quelle kostenlos ausgegraben bekommt, müssen diejenigen, die das erledigen und finanzieren aber mindestens Zweidrittel der Rechte halten."

Dem Bürgermeister schwante nun, dass die Angelegenheit wesentlich komplizierter war, als er bisher geglaubt hatte. Er musste jetzt sein

Gesicht wahren – beruhigend nickte er seinem Sekretär mit wissender Miene zu. „Das habe ich natürlich bereits bedacht, und darüber müssen wir uns in der Gemeinde abstimmen."

„Es wäre gut, wenn Sie persönlich oder auch der Gemeinderat mit den Grundstückseigentümern reden würden", warf Cristobál rasch ein.

„Gut, wir werden alle miteinander beraten. Da es eine Weile dauern wird, bis Sie den Vertrag aus Deutschland vorlegen, können wir die Dinge in Ruhe besprechen. Bis dahin sind weitere Bauarbeiten selbstverständlich eingestellt", beendete der Bürgermeister das Gespräch.

Eliseo und Cristobál tauschten einen entsetzten Blick, denn das bedeutete nicht absehbare Verzögerungen.

Die Unterbrechung und ihre Folgen

Ernüchtert kehrten die Quellensucher nach Tazacorte zurück. Als sie am Montagabend mit langen Gesichtern erschienen, hatte Henriette für einen Moment die Hoffnung, dass das ganze wahnwitzige Projekt beendet wäre. Die Ernüchterung folgte auf dem Fuße, als die beiden Männer ihr die Situation erklärten.

In Henriette stieg pures Entsetzen auf. „Das ganze Procedere dauert mindestens bis Ende Januar. Und wer weiß, ob man sich in Fuencaliente einig ist, wie man die Dinge anpacken will …"

„Wir brauchen für das Aufsetzen der Verträge dringend deine Hilfe, Henriette!", sagte Cristobál.

Das war Henriette klar, denn sie traute bei aller Liebe weder Cristobál und schon gar nicht Eliseo zu, Vereinbarungen aufzusetzen, die Hand und Fuß hatten. Und da sie ja als Einzige perfekt Deutsch sprach und ihr Gatte sie wohl oder übel für die Übersetzungen um Hilfe bitten musste, bemerkte sie bald, wie berechtigt ihre Zweifel waren. Nach Deutschland Telegramme zu schicken, kam bei dem letztendlich langen Vertragstext nicht in Frage.

Als die Verträge endlich abgeschickt waren, zwang sie sich zu Geduld und versuchte sich abzulenken. Denn mit ihrem Mann, der zwar körperlich präsent war, aber häufig seinen Gedanken nachhing, war wenig anzufangen. Also kochte sie fast täglich und machte Fortschritte, die selbst Cristobál anerkannte.

Eines Tages brachte Henriette ein Kaninchen, welches sie nicht wie auf der Insel üblich in viele Teile zerhackt hatte, im Ganzen auf den Tisch. Eine spitze Bemerkung konnte sie sich allerdings nicht verkneifen. „Mit dem Braten hier ist es wie mit deiner Quelle", erklärte sie mit harmlosem Gesicht, während sie ihm mit einem Glas Rotwein von Fuencaliente zuprostete. „Wir sagen in Deutschland, dass man einem Hasen erst das Fell über die Ohren ziehen kann, wenn man ihn hat – das gilt auch für die Quelle, und genau da liegt der Hase im Pfeffer."

Zwar verstand Cristobál das Wortspiel nicht ganz, aber er wusste, was sie meinte, und gab ihr insgeheim recht. Dennoch genoss er weiter den zarten Braten, den seine Frau gespickt, gepfeffert und immer wieder mit Rotwein begossen, sanft im Ofen geschmort hatte.

Weitere Wochen und Monate vergingen. Inzwischen nahte die Semana Santa, die heilige Woche mit dem Osterfest, ohne dass sich irgendetwas tat. Da riss Henriette der Geduldsfaden. Was war aus dem Mann geworden, der frei von Ambitionen von einem Tag zum anderen gelebt und dessen folgenreichste Entscheidungen sich darum gedreht hatten, zu welchem Kurbad man nun aufbrechen wollte? Und der ihr nun auswich, zur Jagd ging, vergeblich in Fuencaliente vorsprach und immer unleidlicher wurde.

Sie baute sich vor ihm auf und rief: „Weißt du noch, was ich dir gesagt habe, als du mir einen Heiratsantrag gemacht hast? Dass ich einen Mann brauche, der mich und meine Wünsche achtet, der keine krausen Ideen im Kopf hat und Ruhm und Schimären hinterherjagt. Einen Mann, auf den ich mich verlassen kann, der mir in jeder Hinsicht treu ist. Und jetzt hast du mich unter Vorspiegelung falscher Tatsachen auf diese Insel gelockt. Denn es ging dir viel weniger darum, die Heimat deiner Vorfahren zu besuchen, als vielmehr diese ominöse Quelle wiederzufinden. Womit nur hat dir der Erbherzog diesen Spleen in den Kopf gesetzt?"

Cristobál schwieg, obwohl es ihm inzwischen klargeworden war: Es lag nicht nur an dem Pfingsttraum auf dem Schiff. Fritz hatte eben genau gewusst, dass in jedem Mann ein Entdecker steckt. Eine heiltätige Quelle auf der Insel seiner Vorfahren wieder zum Sprudeln zu bringen, was viele vor ihm vergeblich versucht hatten – welche Tat, zumal für einen Pharmazeuten. Das vermochte ein Stück Unsterblichkeit zu verheißen! Aber damit konnte er seiner Frau keineswegs kommen, das wusste er nur allzu gut.

„Findest du es denn nicht reizvoll, das bescheidene Fuencaliente, ja, diese schöne Insel, letztendlich das ganze kanarische Archipel, aus seinem Dornröschenschlaf zu wecken – was für ein Ziel! Von den Wohltaten, die die Kranken unter meiner fachlichen Leitung erfahren würden, mal gar nicht zu reden. Stell dir doch nur vor, was für ein blühendes Zentrum der Thermalbehandlung wir dort aufbauen könnten. Du selber hast mich buchstäblich zum glühenden Anhänger der Thermalkur gemacht! Und ein Hotel im klassischen Bäderstil, gemischt mit maurischen und Jugendstilelementen – eine Sensation. Zumal es hier ja sonst kein einziges Hotel gibt, welches den Namen auch nur im Entferntesten verdient. Ich sehe dich schon, wie du mit deiner weltgewandten Art in einem luxuriösen Kur-Hotel dankbare Gäste aus den höchsten Kreisen der europäischen Gesellschaft empfängst und diese, von deinem Charme hingerissen wie in St. Blasien, dir huldigen werden wie einer Königin."

Henriette durchschaute die Schmeicheleien sofort. Zum Nachdenken hatte sie mehr als genug Zeit gehabt – und sie war schließlich finanziell nicht auf Cristobál angewiesen.

„Ich gedenke nicht, noch ewig auf diesem Eiland zu bleiben. Überlege dir wohl, was du tust. Spätestens im Frühsommer will ich wieder nach Europa. Ich habe nicht die Absicht, dich mit einer Quelle zu teilen! – Corazones partidos, yo no los quiero. Yo, cuando doy el mio, yo doy entero*", warf sie ihm zum Schluss ein Sprichwort an den Kopf, welches sie von Pepa gelernt hatte.

Cristobál stand vor einem Problem, dessen ganze Tragweite ihm zum ersten Mal aufging. In dieser Nacht verfolgten ihn wieder wilde Träume. Am nächsten Morgen war ihm klar, dass er zu einer Entscheidung kommen musste.

Henriette wird ungeduldig

Nachdem Henriette sich hatte eingestehen müssen, dass Cristobál dem Virus männlicher Eroberungs- und Großmannssucht erlegen war, galt es eine wirksame Gegenstrategie zu entwickeln. Denn verlieren wollte sie ihn keinesfalls, waren doch nicht nur die zahlreichen gemeinsamen Inte-

---

* „Ein halbes Herz will ich nicht. Ich, wenn ich meines gebe, gebe ich es ganz!"

ressen verbindend, sondern auch die Freuden der Nächte, obwohl diese durch die vermaledeite Quelle leider stark nachgelassen hatten. Sie beschloss bei einem frischgepressten Apfelsinensaft im Garten der Hacienda mit Rosa darüber zu sprechen.

„Denn selbst, wenn unsere Männer die Quelle wirklich finden – es gibt doch keine Straßen! Sollen die Spitzen des europäischen Hochadels von Santa Cruz aus stundenlang auf Maultieren bis Fuencaliente und dann noch die kurvenreichen steinigen Pfade bis zum Meer reiten?"

„Das ist bestimmt zu beschwerlich für hohe Herrschaften", entgegnete Rosa. „Auf eine Verbindung mit Booten ist im Winter kein Verlass – der Atlantik ist schließlich nicht das Mittelmeer. Und sichere Buchten, um dort vor Reede zu gehen und verwöhnte europäische Gäste auszubooten, gibt es im Süden auch nicht."

„Das komplette La Palma-Vorhaben, wird wenn sich diese Quelle überhaupt finden lässt, ein Jahrhundertprojekt, welches uns lebenslang vollständig vereinnahmt."

„Und du kannst dir nicht vorstellen, hier zu leben? Es gefällt dir doch ganz gut."

„Ja, die Insel ist wunderschön, aber La Palma ist mir auf die Dauer zu klein. Ich möchte zurück und irgendwo sesshaft werden, wo es mehr kulturelle Veranstaltungen, gute Schulen und eine Universität gibt, und vor allem wünsche ich mir endlich ein eigenes Heim. Das ist mir hier klargeworden." Sie seufzte traurig. „Solange wie jetzt auf der Insel, habe ich mich wohl noch nie durchgehend an einem Ort aufgehalten."

Rosa seufzte mitleidig. „Das wäre für mich undenkbar."

„Durch mein Leben hier auf der Hacienda de Abajo beginne ich zum ersten Mal mir genauer auszumalen, wie es wäre, einen richtigen Hausstand zu haben. Eigenes Geschirr, Gläser, Wäsche, Tischdecken, eine gut bestückte Bibliothek, Gemälde, ausgewählte Möbel."

Sie dachte an all die Schätze, die Königin Marie in Gmunden pflegte, aber auch die verlorenen, denen diese nachtrauerte, und beschloss, die Bestückung ihres Haushaltes in kluger Bescheidenheit nicht ausufern zu lassen.

„Du könntest doch die ersten Kleinigkeiten für dein künftiges Hauswesen hier erwerben. Einige Ballen der kostbaren handgewebten Seidenstoffe aus El Paso hast du ja schon bestellt. Außerdem gibt es zum Beispiel die handgestickten Decken und gewebten Läufer, die dir so gut gefallen. Das können wir zusammen machen, wir werden eine Menge Spaß haben."

Ein fröhliches Lächeln glitt über Henriettes Gesicht. „Das ist eine hervorragende Idee."

„Aber wir sind vom Thema abgekommen. Ich glaube inzwischen, dass dein Gatte doch eine Aufgabe braucht."

„Ja, das befürchte ich auch. Da Cristobál, wie ich vermute, des Müßiggangs endgültig überdrüssig ist, muss ich mir Gedanken darüber machen, wie sich die Ambitionen meines Mannes in geordnete Bahnen lenken lassen. Und ihm das in glühenden Farben schildern."

Rosa nickte zustimmend.

„Vielleicht kann er einem aufstrebenden Bad, das bisher noch in den Anfängen steckt, zu Ruhm und Ehre verhelfen. Dort könnte er als thermalkundiger Apotheker glänzen, ich meine Fähigkeiten als Gastgeberin einbringen und wir eine Familie gründen. Und das in der Nähe Hannovers, wo ich mich heimisch fühle."

Bad Pyrmont oder Salzuflen gingen ihr durch den Sinn, Hauptsache in der Nähe zu Hannover. Da gab es das Königliche Schauspielhaus, mehrere Theater, Konzerte und jede Menge Abwechslung.

Rosa unterbrach ihre Gedanken. „Und was ist mit Cuba? Da hat dein Mann doch eine Aufgabe, er besitzt schließlich eine Hacienda. Da gibt es auch Theater, Museen und Kunstausstellungen. Und Cristobál hat gegenüber Eliseo angedeutet, dass seiner Rückkehr in die Heimat eigentlich nichts mehr entgegensteht."

Offenen Mundes starrte Henriette sie an. „Das ist ja nett, dass ich das auch mal erfahre! Beim Thema Cuba ist Cristobál verschlossen wie eine Auster."

„Ich glaube nicht wie du, dass ihn nur Heimweh davon abhält, ausführlicher von Cuba zu erzählen. Er möchte dich wohl eher über seine finanziellen Mittel im Unklaren lassen. Wer weiß, wie viel Kapital er in diese verdammte Quellensuche steckt."

„Das wird ja immer schöner!" Henriette rieb sich nervös die Hände.

„Genau – Cuba soll sehr schön sein", griff Rosa das Stichwort auf. „Verwandte von mir lebten auf Cuba und kamen mit ordentlichen Ersparnissen zurück. Sie erzählten, dass es zwar im Sommer heiß und feucht ist – die Luft dampft förmlich –, aber man kann auch ans Meer fahren. Der Strand ist weiß, das Wasser angenehm lau, es sieht anders aus als hier, es leuchtet hellgrün und türkis."

„Weißer Strand wie an der Nordsee", murmelte Henriette gedanken-verloren.

„Es gibt viele Kokospalmen und Königspalmen, Zuckerrohr und Ta-bakfelder und einige hübsche Städte. Die Insel ist wegen ihrer geogra-phischen Lage immer ein Zankapfel gewesen, den alle haben wollten, aber Cuba wurde zugleich reich durch das weiße Gold, den Zucker. Bei uns hat fast jeder zumindest entfernte Verwandte in Cuba – wir werden schon noch mehr herausbekommen über die Hacienda deines Gatten, über die er sich so hartnäckig ausschweigt."

Henriette fielen die Worte von Hilda wieder ein. Ein kompletter Neuanfang! Und geradezu begierig lauschte sie nun den Schilderungen von Rosa.

„Viele Kräuter, wie Zitronengras, Pfefferminze, Oregano, Salbei, Majoran, Frauenmantel wachsen dort wie auch hier."

Rosa erhob sich von der Gartenbank und begann einige Kräuter zu pflücken.

„Egal, ob dich dein Weg nach Deutschland oder nach Cuba führt, du wirst einem großen Hausstand vorstehen. Dazu brauchst du genügend Sachkenntnis, damit du alles unter Kontrolle hast und dir das Personal nicht auf der Nase herumtanzt. Kochen kannst du schon gut genug, um einer Köchin notfalls Anweisungen zu geben. Die besten Rezepte soll-test du dir notieren. Und was du sonst noch wissen musst, zum Beispiel wie du ein Haushaltsbuch führst und die Ausgaben kontrollierst, werde ich dir zeigen."

„Gute Idee, Rosa, da freue ich mich drauf. Und so wird die Zeit auch besser vergehen!"

Cristobál fasst einen Entschluss

Das Gespräch mit seiner Frau zwang indessen Cristobál, sich mit den Fakten, die seinen Wunschvorstellungen trotzten, ernsthaft zu befassen. Das Thema Straßenbau bildete in der Tat ein Problem, welches er bisher in seiner Gier, die Quelle sprudeln zu sehen, zu sehr auf die leichte Schulter genommen hatte. Denn wie sollten die Massen Baumaterial für ein luxuriöses Thermalbad, ein ebenso anspruchsvolles Hotel oder gar ein Kasino herangeschafft werden? Mit Booten ging das nur begrenzt bei ruhiger See, Maultierkolonnen schafften auch nur relativ geringe Mengen – vielleicht war es günstig, wie auf Fuerteventura, Kamele zu benutzen? Aber wenn die Quelle erst mal freigelegt war, würde nicht nur diese, so beruhigte er sich selber, sondern alles sprudeln: die Begeisterung der Palmeros ebenso wie die des Erbherzogs und seiner äußerst wohlhabenden Compagnons. Nicht zuletzt konnte er in Cuba Mittel realisieren, von denen er seiner Frau wohlweislich nie berichtet hatte.

Wahrscheinlich ging Post verloren, beschwichtigte er seine Zweifel, denn Fritz würde mich bestimmt nicht hängen lassen. Nun aber ist es höchste Zeit zu handeln, selbst Verantwortung zu übernehmen und alles auf eine Karte zu setzen. Außerdem muss ich zusehen, wie ich meine Ehe rette. Ich werde nicht länger auf Unterstützung aus Deutschland warten, sondern von den Bankbürgschaften in unterschiedlicher Höhe, die ich mit mir führe, einige verwenden. Er beschloss bis Pfingsten, Pentecostés, wie es auf der Insel heißt, alles Menschenmögliche zu veranlassen. Bis zum 22. Mai 1904 will ich die Quelle finden, koste es, was es wolle. Mein Traum soll sich endlich erfüllen!

Als er dies entschieden hatte, fühlte er sich besser. Zwar mochte er in der Konversation mit Henriette und überhaupt bei den Finessen des Umgangs miteinander in gehobenen Kreisen manchmal ein wenig unbeholfen gewirkt haben. Im Gespräch von Mann zu Mann jedoch wusste er seine Trümpfe durchaus auszuspielen. Seine Kommilitonen hatten ihn des Öfteren als Schlitzohr bezeichnet, wenn er etwas unbedingt erreichen wollte – und das setzte er jetzt in der Unterredung mit dem Alcalde und seinem Sekretär ein.

„Wir warten nicht länger darauf, dass die Verträge aus Deutschland kommen. Ich bin so fest überzeugt von den segensreichen Auswirkungen der Quelle, dass ich bereit bin, mit einem beträchtlichen Einsatz meines eigenen Vermögens weiterzumachen. Fuencaliente, die ganze Insel, ja das komplette Archipel, werden einen sagenhaften Aufschwung nehmen! Nicht zuletzt können Sie dadurch die Auswanderung stoppen. Die prekäre wirtschaftliche Lage der Insel, die durch die Herrschaft der Großgrundbesitzer und deren Klüngelei, vor allem mit dem Wasser verursacht wird, lässt doch die Mehrheit der Bevölkerung ohne vernünftige Perspektive!“

112

Ein unwillkürliches Nicken sowohl des Alcaldes als auch seines Sekretärs ließen ihn hoffen. Sein glühendes Plädoyer führte schließlich zu einem Teilerfolg. Denn obwohl noch lange nicht alle Einzelheiten zur künftigen Nutzung der Quelle, sowie zu den Besitzansprüchen der Grundstücke geklärt waren, kam nun endlich Bewegung in die Angelegenheit. Dazu mochte obendrein Cristobáls Hinweis beigetragen haben, dass man dem Hasen erst dann das Fell über die Ohren ziehen könne, wenn man ihn geschossen habe, was den begeisterten Karnickeljägern unmittelbar einleuchtete. Was für ein wunderbares Bild mir meine Frau da geliefert hat, dachte Cristobál und musste sich ein Grinsen verkneifen.

Er begab sich nach Santa Cruz und tätigte dort alle Bankgeschäfte, um über die nötigen Geldmittel verfügen zu können, was etliche Zeit in Anspruch nahm.

Und tatsächlich kam man daraufhin in Fuencaliente am Freitag, den 13. Mai, einen Tag nach Himmelfahrt, zu einem Entschluss. Man beauftragte nämlich den Sekretär des Rathauses von Fuencaliente, Don Luciano Hernández Armas, und die Ratsmitglieder Don Antonio Pérez y Pérez sowie Don Angel Díaz an der Küste nach der Quelle zu suchen.

„Wir werden jetzt selber prüfen", betonte Luciano, „ob die Gerüchte stimmen, die seit vielen Jahren in aller Munde sind, nämlich, dass immer noch Wasser aus der Fuente Santa ins Meer gelangt. Mitte des 19. Jahrhunderts verbreitete Don Alejandro de Medina die Geschichte des leprakranken Fremden, der sich geheilt hatte, in dem er in der Höhle von Malpique badete. Seitdem ging alle Welt davon aus, dass das kostbare Nass bei Ebbe nach wie vor fließt."

Die Männer waren beeindruckt von der Schönheit der Höhle, deren Untergrund mit rundgeschliffenen Kieseln bedeckt war. Eliseo zeigte den Riss im Basalt, der vom Boden bis zur Decke ging. „Von dort aus werden wir die Quelle aufspüren." Und er erklärte: „Wenn die richtige Höhe erreicht ist, tritt hier, ungefähr zehn Zentimeter über dem Meeresspiegel, ein dünnes Rinnsal mit Wasser aus." Er hatte extra einige Becher mitgenommen und ließ die Herren probieren.

„Es schmeckt zwar etwas salzig, aber auch sauer, und es ist sogar noch ein wenig warm", meinte Luciano.

„Ich schätze, dass die Fuente sich etwa zweihundert Meter von hier ihren Weg sucht. Und dabei kühlt sie natürlich ab", erwiderte Eliseo.

Die Besichtigung der drei Herren, die von Cristobál, Sigfredo, Eliseo und dessen Jagdhunden begleitet wurden, endete mit dem Entschluss, eine Galerie zu bohren, um bis zum ursprünglichen Austritt der Fuente durchzubrechen. „Einige der noch immer offenen Fragen klären wir dann endgültig, wenn die Quelle gefunden ist. Ihr könnt ohne Umschweife mit dem Werk beginnen", verkündete Luciano bedeutungsvoll und ließ, nachdem sie den Weg nach Fuencaliente hinauf wieder erklommen hatten, dies unverzüglich ins Registerbuch des Rates eintragen.

Sofort begann Eliseo, der ja bereits detailliert geplant hatte, auf Maultieren und Eseln weitere Werkzeuge und vor allem Sprengstoff heranzuschaffen. Für seine Notfallapotheke besorgte Cristobál Opium, welches gegen Ruhr, Cholera und Magen-Darm-Krankheiten half, Chinin, reichlich Verbandszeug und alles, was ihm für die medizinische Versorgung an der Baustelle wichtig erschien.

Noch mehr Männer, die mitarbeiten sollten, wurden angeheuert. Denn nun galt es, endlich vorwärtszukommen. Zu den Arbeitern zählten auch Arbeitskollegen von Sigfredo, deren beim Ausbau der Wassergalerien erworbene Erfahrungen willkommen waren.

Begeistert schrieb Cristobál seiner Frau, dass es nun richtig losgehe. Diese dachte, dass man hier fast ein halbes Jahr vergeblich vertan hatte. Dann sah sie auf das Datum der kurzen Nachricht und schauderte, weil ihr Freitag, der 13., wie ein schlechtes Vorzeichen erschien.

Einige Tage später kehrten Eliseo, Sigfredo und Cristobál zu ihren gespannt wartenden Frauen heim.

Sigfredo freute sich, als er seine Pepa endlich wieder in den Armen hielt. Leise sang er mit seinem wohltönenden Bariton eine Zeile aus einem beliebten Volkslied: „Dein Mund ist wie eine Nelke." Dabei sah er ihr so tief in die Augen, dass Pepa tatsächlich errötete. Als sie ihre größte Sehnsucht nacheinander gestillt hatten, berichtete er von den Arbeiten in der Höhle.

„Das Ganze entpuppt sich als ein vertracktes Unterfangen. Der Basalt ist so hart wie der Satan und lacht nur über unsere Hacken, Meißel und Brechstangen. Und auch mit Sprengstoff wird es schwierig, denn man könnte nur in kleinsten Etappen vorsichtig zu Werke gehen, da wir ja nicht wissen, in welchen Windungen das Wasser verläuft."

„Ich glaube, meine Señora kommt jetzt schon bald um vor Heimweh", meinte Pepa. „Was erwartest du, wie lange das dauern kann?"

„Ich vermute, dass Eliseo die Situation völlig falsch einschätzt, der Aufwand ist viel größer, als er glaubt. So es überhaupt gelingt, wird es noch Monate, wenn nicht Jahre brauchen. Aber nun lass uns keine Zeit verschwenden und wichtige Dinge machen!"

Und das taten sie ausgiebig.

Henriette handelt

Am folgenden Morgen gingen die Männer nach Tazacorte hinauf, um dort noch einige Materialien einzukaufen. Pepa berichtete ihrer Herrin ausführlich von Sigfredos Einschätzung, dass die Quellensuche noch lange dauern könne.

Henriette war fassungslos. Es musste endlich etwas geschehen.

Ich bin mir sicher, sinnierte sie, während sie aufs Meer starrte, ohne es wahrzunehmen, dass auch Rosa es sehr begrüßen wird, wenn Eliseo endlich vom Wahn nach der Fuente Santa befreit würde. Diese Quelle ist nicht santa, die ist satanica! Die arme Frau erträgt das ja schon seit Jahren. Wie gut wäre es, den beiden Infizierten den Teufel auszutreiben, sie zu heilen und zu trennen. Das wird Rosa unmittelbar einleuchten – ich brauche einen Plan! Und ich benötige Verbündete!

In diesem Moment klopfte es, und Pepa vermeldete die Ankunft von Eliseos Frau.

Das passte gut. Rosa sah verzagt und unglücklich aus, also packte Henriette den Stier bei den Hörnern. „Wie findest du es, dass unsere Männer, wie Sigfredo berichtet hat, immer noch kein Stück vorangekommen sind? Der meint sogar, es könne noch Monate oder Jahre dauern."

„Ich habe resigniert. Eliseo gehört zu den Verrückten, die es hier in den letzten zweihundert Jahren immer mal wieder gegeben hat. Diese Fuente verhext die Männer so vollständig, dass sie nur noch sie im Kopf haben."

Im Hintergrund des großen Salons wischte Pepa geschäftig und vorsichtig den Staub von den unzähligen Antiquitäten, ohne dass sie bemerkt wurde.

„Lange hegte ich den Verdacht, dass mein Gatte eine andere Frau hat, da er mich wie ein Möbelstück behandelte. Das ist keine Ehe mehr, wenn du weißt, was ich meine", fuhr Rosa fort.

Henriette nickte nachdenklich, denn sie konnte sich über deutliche Anzeichen in dieser Hinsicht auch bei Cristobál nicht länger hinwegtäuschen.

„Manche Männer hier sind verrückt auf Hahnenkampf, nicht nur angesichts des Blutes, das da fließt, und des Todeskampfes des unterlegenen Hahnes, sondern auch wegen der Wetten. Weshalb mein Mann bei der heiligen Quelle verrücktspielt, kann ich nicht wirklich nachvollziehen. Aber er ist ein Aficionado de la Fuente Santa, und das mit Haut und Haaren. Und dabei verdient er zurzeit gar nichts mehr, so dass wir obendrein an unsere Ersparnisse gehen müssen. Wer weiß, ob der sprudelnde Geldfluss, den er sich von der Quelle erträumt, jemals kommen wird."

Beim Stichwort Hahnenkampf wäre Pepa fast eine kostbare chinesische Vase aus der Hand geglitten – doch sie blieb immer noch unbemerkt. Sigfredo hatte ihr nach einem besonders gelungenen Liebesakt offenbart, dass er mit Wettschulden beim Hahnenkampf in der Kreide stand. Die Summe war mehr als besorgniserregend – und ihr schwante, dass er ihr nicht alles gestanden hatte. Wie sollten sie das jemals zurückzahlen? Sie konnten ja wohl kaum darauf hoffen, dass er endlich mal gewann.

Henriette indessen bebte vor Zorn und Ungeduld. „Wir müssen uns etwas einfallen lassen, denn ich habe mir fest vorgenommen, die Insel spätestens Pfingsten zu verlassen. Bist du meine Verbündete?"

Rosa hob zum Zeichen des Einverständnisses die rechte Hand, und Henriette ergriff sie, um nach deutscher Sitte das Bündnis per Handschlag zu besiegeln.

„Solange unsere Männer gemeinsam ihrer Leidenschaft frönen, sind sie vernünftigen Argumenten nicht zugänglich."

„Cristobál hat gegenüber Eliseo behauptet, er habe in Deutschland nicht nur einen schwerreichen Industriellen, einen erfahrenen Hotelier und einen Bankier hinter sich, sondern verfüge auch über Beziehungen zu allerhöchsten Kreisen, bis hin zu eurem Kaiser!"

Henriette wollte schon in höhnisches Gelächter ausbrechen – ein Cubaner mit Verbindungen zu Wilhelm II. –, da blieb ihr das Lachen in der Kehle stecken. Natürlich, wie hatte sie nur so blind sein können! Der Erbherzog war ja durch seinen Vater mit dem Kaiser in Kontakt. Und gewiss waren die dauernden Verabredungen ihres Gatten mit wichtigen

Herren im Rauchsalon des Kurhauses keineswegs nur der Reiseplanung wegen abgehalten worden. Wer weiß, vielleicht war auch einiges an den Gerüchten dran, dass der Kaiser aus strategischen Gründen ebenso wie Helgoland die ganze Insel La Palma kaufen wollte.

„Ich glaube, ich darf mir nicht länger etwas vormachen, Rosa. Cristobál ist vom Saulus zum Paulus geworden. Er ist verrückt nach der Heiligen Quelle."

„Dein Gatte scheint da enorme Dinge vorzuhaben. Was Eliseo mittlerweile beunruhigt. Und einige von den Arbeitern auch. Denn die wollen nur die Quelle finden und für uns Einheimische wieder nutzbar machen. Aber dein Mann will ja gleich die ganze Insel umkrempeln, Fremde hierherholen und riesige Geschäfte machen."

Dies schien der gebannt lauschenden Pepa endlich der richtige Zeitpunkt zu sein, um sich an dem Gespräch zu beteiligen. Ihren Staubwedel schwingend machte sie einen tiefen Knicks und sagte: „Ich mache mir ebenfalls Sorgen. Und Sigfredo auch."

Die beiden Frauen sahen Pepa erstaunt an. Aber Henriette war völlig klar, dass jetzt, wo die größenwahnsinnigen Pläne ihres Gatten kein Geheimnis mehr waren, die Stunde schlug, mehrere Verbündete auf ihre Seite zu ziehen.

„Das große Geschäft werden die Compagnons aus Deutschland machen", sagte sie daher im Brustton der Überzeugung. „Bis dahin muss Eliseo mit seinem Drittel an dem Wasser der Quelle, das ihm kaum was einbringen wird, sehen, wo er bleibt. Die lukrativen Gewinne aber kassieren der Erbherzog und seine Kumpane. So läuft das immer, wenn es um die Geschäfte mit der Gesundheit geht. Ich kenne das auch von Norderney, einer Insel bei uns in der Nordsee. Die Einheimischen machen meist die einfachen Arbeiten, und die Investoren sahnen in großem Stil ab."

„Du meinst tatsächlich, in absehbarer Zeit sei kaum Geld zu erwarten, wo Eliseo schon kein Gehalt bekommt?"

„Nein, und es ist fraglich, ob man deinen Mann nach dem Auffinden der Quelle an den folgenden Bauarbeiten beteiligt. Dafür ist er kein Spezialist, und auch die Verwaltung von Fuencaliente wird da ein Wörtchen mitreden wollen. Aber noch ist es ja nicht so weit."

Rosa seufzte abgrundtief, sah Henriette an und gestand: „Mir wäre es am liebsten, wenn sie die Quelle nie finden. Dann könnte Eliseo ein ordentliches kleines Baugeschäft aufbauen und wir in Ruhe leben."

Henriette ergriff ihre Hand, drückte sie fest und entgegnete: „Du weißt, ich möchte zurück."

Rosa nickte verständnisvoll, zuckte jedoch resigniert mit den Schultern. „Aber wir können nichts tun, nur hoffen und beten."

Henriette blickte sie fest an und entgegnete: „Das ist mir zu unsicher. Darauf will ich mich keinesfalls verlassen. Wir müssen selber eingreifen."

„Und wie soll das gehen?"

„Nun, es scheint ja klar zu sein, dass der Verlauf des Wassers nur mit Spitzhacke nicht zu verfolgen ist. Dein Mann hat ja schon Sprengstoff bestellt. Kennst du alle Arbeiter, die dort mit anpacken?"

„Ja, aber wozu die Frage?"

„Nun, entweder brauchen wir jemanden, dem es nicht passt, dass Fremde die Quelle ausbeuten wollen und den Löwenanteil der Gewinne einstreichen, oder einen, dem es finanziell ganz schlecht geht – dem könnte ich die Sorgen vor der Zukunft nehmen."

Pepa legte den Staubwedel endgültig weg. Sie baute sich vor den beiden Frauen auf und blickte sie ernst an.

„Ich weiß den in jeder Hinsicht richtigen Mann für Sie. Denn auf meinen Sigfredo treffen alle Punkte zu, die Sie genannt haben. Er ist nicht besessen von der Quelle wie eure Männer, aber leider vom Hahnenkampf und den Wetten." Pepa traten Tränen in die Augen. „Mein Sigfredo ist ein guter Kerl, aber er befindet sich in großen Geldschwierigkeiten. Er hat beim Hahnenkampf hohe Wettschulden angehäuft, von denen er nicht weiß, wie er sie bezahlen soll. Lange werden seine Gläubiger nicht mehr warten, und dann sind wir völlig ruiniert." Sie schlug die Hände vors Gesicht und schluchzte verzweifelt vor sich hin.

Rosa tauschte einen bedeutungsschweren Blick mit Henriette. „Heute Mittag wollen unsere Männer ja noch einen Imbiss nehmen, bevor sie wieder nach Fuencaliente aufbrechen. Beruhige dich, Pepa, wir drei schwören uns jetzt ewiges Stillschweigen. Und du sorgst dafür, dass dein Sigfredo in Ruhe unter vier Augen mit der Señora sprechen kann."

Und so geschah es. Nach dem langen, vertraulichen Gespräch, das Sigfredo mit Henriette geführt hatte, fühlte er sich unendlich erleichtert. Denn er hatte es nun im wahrsten Sinne des Wortes in seinen eigenen Händen, die enormen Wettschulden loszuwerden.

In der Höhle wird gesprengt

Am folgenden Tag hockten Cristobál und Eliseo in aller Herrgottsfrühe in der Cueva de Malpique und hielten Kriegsrat. Die Steinformationen aus härtestem Basalt hatten jedem Versuch, sie mit Meißeln oder Stangen zu bearbeiten, widerstanden.

„Vielleicht sind es die Seelen der im 16. Jahrhundert von Piraten ermordeten Priester, die hier noch herumgeistern", brummte Eliseo.

Cristobál erinnerte sich an die schauerliche Geschichte, die auf dem Gedenkstein in der kleinen Kirche im Barranco de las Angustias festgehalten war. „Man sagt, nur der Koch überlebte, und meine Frau fängt auch an zu kochen – hoffentlich ist das kein böses Omen."

Eliseo grinste schief und meinte: „Nun, es ist immer gut, wenn eine Frau das Essen zubereiten kann, außerdem wird ja nichts so heiß gegessen, wie es gekocht wird. Aber wir müssen dem verdammten Spalt im Basalt hier Feuer unter dem Hintern machen. Gemeinsam mit Sigfredo werde ich die erste Sprengung vorbereiten. Es muss endlich vorangehen."

Sigfredo bereite sorgfältig den Sprengversuch vor, für den er ein Viertel des im Fass aufbewahrten Schwarzpulvers verwendete und so tief wie möglich in den Felsspalt einführte. Eine lange Lunte führte dorthin. Als er jeden sicher in Deckung wusste, zündete er die Lunte an und warf sich neben Eliseo, der auf dem Bauch liegend seinen Hunden die Ohren zuhielt. Die Explosion knallte gewaltig, und als der Rauch sich verzogen hatte, liefen alle neugierig zur Höhle. Welche Enttäuschung erwartete sie! Zwar war ein Teil der Wände nun schwarz von Ruß, der Spalt im Basalt jedoch hatte sich nur geringfügig verbreitert.

An seinen Bartstoppeln kratzend, brummte Sigfredo: „Diese Höhle verdient ihren Namen Malpique aus ‚mal' wie schlecht und ‚pique' wie zu Grunde gehen, genau wie die armen ermordeten Priester damals. Jetzt jedoch werden wir zeigen, wer hier der Stärkere ist. Ich bereite die zweite Sprengung vor! Das wäre doch gelacht, wenn wir diesen verdammten Basalt nicht kleinkriegen. Aber achtet darauf, dass alle weit genug in Deckung gehen – dieses Mal wird es richtig ernst."

Cristobál fühlte ein mulmiges Gefühl im Magen.

Geschickt hantierte Sigfredo so, dass Eliseo nicht bemerkte, dass er in den vom Ruß schwarz verfärbten dunklen Riss im Basalt das gesamte übrige Pulver und noch einige Dynamitpatronen hineinstopfte.

„Sag den Leuten, sie sollen jetzt größeren Abstand halten!", wies er Eliseo an, der mit seinen von der ersten Explosion völlig verstörten Hunden neben ihm stand. „Nun geh schon, ich brauche dich hier nicht."

Dieses Mal war die Detonation so gewaltig, dass ihnen trotz der gewachsten Watte in den Ohren der Kopf dröhnte. Nach der Hauptexplosion erschütterten mehrere Erdstöße den Boden. Eine Felsspalte tat sich auf, in der die Hunde von Eliseo unter schrillem Jaulen verschwanden, was allen einen Schauer über den Rücken rieseln ließ. Cristobál umklammerte sein Amulett und litt Höllenqualen, bis sich der Rauch verzog – waren noch alle Männer am Leben? Als Erstes rief er sie mit Namen auf und schickte ein dankbares Stoßgebet zum Himmel, denn die staubverschmierten Gestalten waren vollzählig und blickten sich mit schreckgeweiteten Augen an.

Eliseo stampfte zu dem tiefen Felsspalt, um wie befürchtet festzustellen, dass dieser seine Hunde spurlos verschlungen hatte. Mit vor Schmerz erstarrtem Gesicht rang er die Hände und ging dann zur Höhle.

Hier erinnerte rein gar nichts mehr an den vorherigen Zustand. Das Gestein der Wände schimmerte nicht mehr in unterschiedlichen Farben, jetzt war alles schwarz vom Ruß. Auch die Form hatte sich verändert, was vor allem für das Dach galt. Große Steinbrocken lagen umher, die Detonation hatte einige Richtung Meer geschleudert. Eliseo setzte sich auf einen dieser Steine und sah sich um. An nicht wenigen Stellen rieselten von der Decke Geröll und Staub nach. Die Arbeiter umringten ihn und blickten einander erschrocken und ratlos an.

„Was sollen wir nun tun?", fragte einer von ihnen.

„Die Geister der erschlagenen Priester haben gesiegt.", rief Sigfredo.

Eliseo blickte ihn seltsam an, dann wanderte sein Blick zu Cristobál.

„Der Traum ist ausgeträumt. Die Höhle ist rissig und könnte einstürzen – es ist lebensgefährlich, dort weiter zu hantieren. Mit meiner Methode wird hier keiner mehr die Fuente Santa aufspüren können." Auffordernd wandte er sich wieder den Arbeitern zu: „Sammelt sämtliche Werkzeuge ein und packt zusammen. Der Herr aus Cuba wird euch auszahlen."

Cristobál starrte ihn völlig fassungslos an. „Willst du damit sagen, dass unsere Zusammenarbeit beendet ist?"

„Genau das. Es grenzt nahezu an ein Wunder, dass niemand getötet wurde außer meinen Jagdhunden, was schlimm genug ist. Wenn du klug bist, schickst du dein Konsortium in Deutschland zum Teufel, kümmerst dich um deine Frau und planst deine weitere Existenz. Haargenau dies gedenke ich jetzt auch zu tun. Wen Gott liebt, dem schenkt er Wasser und ein Leben auf La Palma, so heißt ein Sprichwort bei uns. Das gilt offenbar nicht für ausländische Spekulanten, da grübele ich schon seit Wochen drüber nach. Und es gilt auch nicht für dich und deine Frau, ihr gehört nicht hier her!"

Ein bitteres Lächeln huschte über Eliseos Gesicht. Ihm lagen viele harte Worte zu Geschäftemacherei und Ausbeutung auf der Zunge, aber er verkniff sie sich – es war sowieso alles vorbei.

Cristobál fühlte sich bis ins Mark getroffen. Seine Quelle war in unerreichbare Ferne gerückt, und sein Freund Eliseo hatte ihn soeben zur auf dieser Insel unerwünschten Person erklärt. Für ihn brach eine Welt zusammen. Und mit einer Wucht, die ebenfalls einer Detonation glich, spürte er den unbändigen Wunsch, diese Insel schleunigst zu verlassen. Nie wäre er darauf gekommen, dass dies genau dem Plan seiner Frau entsprach.

So kam es, dass ausgerechnet zu Pfingsten die Wiederherstellung der Fuente Santa in weite Ferne rückte. In Fuencaliente sprach man noch Tage über die Explosion. Luciano Hernandez Armas schrieb schweren Herzens ins Registerbuch des Ayuntamiento, dass die Cueva de Malpique durch die Detonation zu einem gefährlichen Ort geworden sei. Sowohl die Wände wie die Decke drohten einzustürzen, es gab die notwendige Stabilität nicht mehr, um die Arbeiten fortzusetzen. Gerade mal eine Woche, nachdem man hoffnungsfroh die Höhle besichtigt, das Wasser gekostet und sich in fabelhaften Zukunftsträumen gewogen hatte, war der Traum ausgeträumt. Denn gerade Luciano wusste, dass die Methode von Eliseo endgültig gescheitert war. Es sollte zwanzig Jahre dauern, bis Luciano neue Kräfte gesammelt hatte, um einen weiteren Versuch mit Spezialisten zu wagen.

Sigfredo und Pepa schickten in der Sankt-Michaels Kirche von Tazacorte Dankgebete zum Himmel. Kein Mensch war verletzt oder gar getötet worden. Und Sigfredo schwor, nie wieder beim Hahnenkampf zu wetten und für Eliseo die besten Jagdhunde zu suchen, die es auf der Insel gab.

„Wer weiß", meinte Pepa, „ob es jemals irgendwas mit dem balneario geworden wäre und sich die Quelle wirklich als so heilsam erwiesen hätte."

„Heilsam ist auf jeden Fall, dass wir in bescheidenem Wohlstand leben können. Ich werde das sehr vorsichtig in kleinen Schritten angehen, damit niemand etwas merkt und misstrauisch wird. Notfalls muss ich für ein Jahr auswandern und als gemachter Mann heimkehren."

„Auf keinen Fall will ich dich so lange entbehren", erwiderte Pepa. „Kannst du nicht so tun, als ob du beim illegalen Wetten gewonnen hättest? Und ich behaupte, dass die Deutsche mir zum Abschied auch eine stattliche Summe geschenkt hat. So werden wir die Schulden los."

„Es ist doch gut, eine kluge Frau zu haben", brummte Sigfredo und zog seine Pepa an sich. Diese beschloss, bald auch für ihren Mann die Festtagskleidung anzufertigen. In den schwarzen, kniebundähnlichen Hosen, längerer schwarzer Jacke mit Messingknöpfen, weißem Hemd und einem roten, seidenen Kummerbund würde er einen prachtvollen Anblick bieten, der so manches Frauenherz höherschlagen ließ.

Abschied von La Palma

Kein Fließen der Quelle passend zur Ausschüttung des Heiligen Geistes, diese Fuente, die mir eher satanica als santa zu sein scheint, bleibt weiter verborgen, dachte Henriette. Jedenfalls ist es mir gelungen, meine Prioritäten durchzusetzen. Der Abschied von meiner lieben Rosa und auch von der schlauen Pepa fällt mir schwer. Besonders Rosa, die meine erste Freundin und Vertraute geworden war, wird mir sehr fehlen. Aber sie wird jetzt mit ihrem Eliseo aufs Neue glücklich werden, und ich kann mit meinem nachdenklichen Cristobál neue Pläne schmieden.

Nicht zuletzt die Nachricht, dass Mary plötzlich in Gmunden verstorben war, brachte Henriette und Cristobál, der Mary sehr verehrt hatte, in gemeinsamer Trauer einander wieder näher. Henriette hatte damit eine wichtige Verbindung, die sie in Europa hielt, verloren, denn ihr Verhältnis zu Mary war doch von größerer Offenheit geprägt gewesen, als zu der inzwischen hochbetagten Marie.

Bei Cristobál verursachte das Ende seines Quellenabenteuers eine tiefe Nachdenklichkeit über sein weiteres Wollen und Können, zugleich war er wild entschlossen, die Insel schnellstmöglich zu verlassen. Zumal ihn nachträgliche Albträume quälten, dass die Entdeckung der Quelle Menschenopfer hätte fordern können. Manchmal fragte er sich, ob seine Begegnung mit dem Erbherzog Fritz wirklich ein Werk des Zufalls gewesen war. Jedenfalls hatte diese eine schicksalhafte Wende in seinem Dasein herbeigeführt, die er nach der Krise gedachte, zu einem glücklichen Abschluss zu bringen.

Nach einem tränenreichen Abschied von Rosa und Pepa hatte Henriette höchstpersönlich die Verladung des nicht sehr umfangreichen Reisegepäckes überwacht. Viele Kleidungsstücke waren bei Pepa geblieben, die dennoch untröstlich war, denn wahrscheinlich würde man sich ja nie wiedersehen. Henriette, gleichfalls traurig, aber eher an Abschiede gewöhnt, tröstete der Gedanke an einen Neuanfang und einen eigenen Hausstand.

In der Bibliothek der Hacienda de Abajo waren ihr zufällig beim Blättern in einem Gedichtband Zeilen von Hölderlin aufgefallen: „So komm! Dass wir das Offene schauen, das ein Eigenes wir suchen, soweit es auch ist."

Besser ließ sich ihre seelische Verfassung nicht ausdrücken, und daher sagte sie diesen verheißungsvollen Satz oft vor sich hin. So auch, als sie ihre zwei von Sigfredo gezimmerten Reisekisten am Kai von Santa Cruz besonders im Auge behielt. Stabil gebaut und abgepolstert enthielten diese die schönsten kunsthandwerklichen Produkte der Insel – neben etlichen Ballen der Seide aus El Paso, auch Körbe in unterschiedlichen Größen, gefertigt aus Lorbeer, Kastanie, Maulbeerbaum oder der Faser des Palmblattes. Dunkle Keramik, die den Schalen der Guanchen nachempfunden war, einige der typischen Strohhüte mit schwarzem Band und gewebte bunte Läufer, die sie an die Flickenteppiche aus dem Allgäu erinnert hatten.

Sie wusste bereits jetzt, dass sie sich an diesen Dingen nicht nur ihrer Schönheit und handwerklichen Qualität wegen erfreuen würde, sondern auch, weil diese Gegenstände sie getreulich begleiten und stets an den Beginn eines neuen Lebensabschnittes erinnern würden. Heimlich hatte sie noch ein schönes Aquarell des Malers Juan Bautista Fierro gekauft, welches eine Ansicht von Santa Cruz zeigte.

So haben wir doch, dachte sie zufrieden, sowohl von Norderney als von La Palma eine bildhafte Erinnerung. Für ihren Mann hatte sie noch hundert sorgfältig in Holzkisten gelegte Zigarren und vier Flaschen von dem guten acht Jahre gereiftem Rum eingelagert, den ihr ein Verwandter von Sigfredo aus Los Sauces besorgt hatte.

Als Cristobál im Hafen von Santa Cruz das Schiff bestieg, das sie nach Hamburg befördern sollte, gingen ihm ganz andere Dinge durch den Kopf. Und doch glichen sie im Resultat denen seiner Frau, denn auch er fühlte sich am Anfang eines neuen Kapitels. Auf dem Weg nach Tazacorte Hafen war ein Schwarm weißer Tauben vor ihnen aufgestiegen, was ihm passend zu Pfingsten als Symbol erschien, dass er nun seinen Frieden finden würde. Er wusste plötzlich, dass die Romanphase seines Lebens nun geendet hatte, um der Realität Platz zu machen. Das verrückte Kapitel mit der Fuente Santa war vorbei – welcher Teufel hatte ihn da nur geritten? Er wollte nie wieder ein Getriebener sein, sondern im vertrauten Hafen ankommen. Und seiner Frau, die immer noch nicht ahnte, dass ihm eine der größten Haciendas in Cuba gehörte, das künftige Leben auf seiner Heimatinsel in glühenden Farben schildern.

Plötzlich wusste er: Wenn ich Henriette erkläre, dass sie auf Cuba eine finanziell völlig sorgenfreie, aber wenn sie es möchte tätige Lebensweise erwartet, welche interessanter ist als ihr Traum von einer Prinzessin, wird sie mich mit Freuden begleiten und mit mir eine eigene Dynastie gründen, die sich sehen lassen kann. Den heißen Sommer könnten wir in Europa verbringen, wie es zum Beispiel die von mir wegen ihrer Weltläufigkeit bewunderte Familie Ferrer schon lange tut. Das Pfingstfest als Fest der Liebe soll mich stets daran erinnern, was im Leben wichtig ist. Seine Frau sah ihn das erste Mal seit Monaten glücklich lächeln und ergriff seine Hand.

„An was denkst du, Cristobál?"

„Ich bekam plötzlich ganz heftiges Heimweh nach meiner Insel", antwortete er.

„Von der du mir nie viel erzählen wolltest", erinnerte ihn Henriette in durchaus vorwurfsvollem Ton.

Alle Gedanken und Erinnerungen, die er so lange wohlweislich unterdrückt hatte, stürmten nun auf ihn ein. Eine große Sehnsucht ergriff ihn, seinen Bruder und seine Großmutter endlich wiederzusehen, auch Estéban, dessen Prophezeiungen sich als zutreffend erwiesen hatten. Er verspürte einen wahren Heißhunger auf picadillo habanero, geschmortes Rindergehacktes mit Tomaten und Oliven, und frittierte süße Gemüsebananen.

Und er dachte an das Gedicht Guantanamera von Martí, das ihn doch stets hatte leiten sollen: „Ich bin ein aufrichtiger Mann, von da, wo die Palme wächst ..."

Aber war er tatsächlich noch ein hombre sincero gewesen? Nein, eher ein Getriebener, ein Besessener ... so etwas durfte ihm nicht noch mal passieren! Zärtlich nahm er seine Frau in den Arm.

„Das wird sich ab sofort ändern, meine Liebste", entgegnete er und fasste sie liebevoll um die schlanke Taille.

Henriette wusste, dass nun alles gut werden würde, und fühlte Tränen aufsteigen.

Ihr Mann, dessen Blick in der Ferne weilte, bemerkte es nicht und fuhr fort: „Ich zeige dir das liebliche Yumurí-Tal mit majestätischen Königspalmen, die sanft wogenden Zuckerrohrfelder, die Stadt Matanzas, die schon unser verehrter Dichter Heredia liebte, hineingeschmiegt in eine große Bucht. Abgesehen von der Schönheit der Insel, denke ich inzwischen, nachdem ich schon das Säbelrasseln des deutschen Kaisers hörte, gegen das niemand aufmucken darf, dass nicht alles Gold ist, was in Deutschland glänzt. Kriegerische Auseinandersetzungen haben wir in Cuba mehr als genug erfahren. Mittlerweile sind wir eine Scheindemokratie, denn wir stehen unter der Fuchtel der Amerikaner. Aber ich hoffe, dass wir zumindest in nächster Zeit keinem großen Krieg mehr ausgesetzt sein werden und einigermaßen in Frieden mit unseren Kindern dort würden leben können. Wenn du dir das auch vorstellen könntest, wäre ich überglücklich."

Nachdenklich blickte Henriette auf die Stadt Santa Cruz, die allmählich am Horizont verschwand.

„So verlassen wir also die Heimatinsel deiner Vorfahren, wo wir fast unser Glück verloren hätten, und du steuerst, so scheint es mir, in Gedanken bereits die Karibik an."

„Ja, ich würde dir die Hacienda los Molinos gern zu Füßen legen, wenn es dir dort gefällt."

Henriette zuckte innerlich zusammen. Das war doch eine der größten Haciendas Cubas! Hatte Rosa etwa recht gehabt mit ihrer Vermutung, dass ihr Ehegatte ein steinreicher Großgrundbesitzer war? Sie beschloss, sich noch etwas bitten zu lassen, aber auf jeden Fall seinem Wunsch zu entsprechen und sich dieses ferne Eiland anzusehen. Aller guten Dinge sind drei, schoss es ihr durch den Kopf. Auf Norderney haben wir uns kennengelernt, die ungewöhnliche Insel La Palma hat uns auf die Probe gestellt. Vielleicht finden wir ja tatsächlich unser Glück in der Karibik, wo es kaum eine Rolle spielt, dass zur Hälfte das Blut der Welfen in meinen Adern fließt. Denn auf Cuba hatten sich, wie Rosa mir erzählte, viele Rassen und Kulturen so gemischt, dass daraus ein ganz anderes Lebensgefühl entstanden ist.

Inzwischen hatte ihr Gatte ihre Hand ergriffen. Ihm waren die Worte und Warnungen von Estéban und der Kommentar seines Bruders Juan wieder eingefallen.

„Und ich hoffe, dass du mir meine Verrücktheiten mit der Fuente Santa vergeben und vor allem vergessen wirst. Ich werde keinen Kokolores mehr machen – nichts darf uns jemals wieder trennen. Und jedes Jahr zu Pfingsten werde ich dir als Symbol meiner Liebe einen kleinen Quell der Freude, einen schönen Diamanten schenken."

„Und ich werde dir einen schönen deutschen Brauch zu Pfingsten schenken – irgendein Baum auf Cuba wird sich schon verwenden lassen, denn Birken als Maienbäume gibt es dort gewiss nicht."

Cristobal sah sie verständnislos an. Und Henriette zitierte ihm ein Pfingstgedicht, das sie früher als Kind ohne ein festes Heim immer eher wehmütig gestimmt hatte:

„Am Pfingstmorgen.
Stell Maienbäume vor dein Haus,
Dann geht nichts Böses ein und aus,
Dann wird nur Frieden drinnen sein
Und stillen Glückes Sonnenschein."

„Das ist eine schöne Sitte, die sehr gut nach Cuba passt. Und die Quelle hier auf La Palma soll doch finden, wer will."

„Daran könnten sich noch viele für lange Zeit die Zähne ausbeißen", meinte seine Frau und schmiegte sich in seinen Arm – nicht ahnend, dass sie damit mal eben nebenbei prophetische Worte für gut weitere hundert Jahre gelassen ausgesprochen hatte.

Wenn der Kaiser kommt, ist Feiertag!

Hannover und Linden im Sommer 1889

Prolog

Der Mann tupfte der Frau auf dem Krankenlager den Schweiß von der Stirn, streichelte dann sanft über ihre dichten Locken. Die Zartheit seiner Bewegungen hätte man der vierschrötigen Gestalt kaum zugetraut, aber in ihm steckte eine besonders mitfühlende Seele.

In den Blicken der beiden lag eine tiefe Liebe füreinander. Die Frau ergriff die Hand des Mannes und bedeckte sie mit Küssen. Der erschrak, da er erneut spürte, wie hoch ihr Fieber gestiegen sein musste.

„Du darfst nicht sterben", flüsterte er. „Du hast mich zum glücklichsten Mann gemacht." Und es war, als sie einander in die Augen blickten, als erinnerten sie sich gleichzeitig an die gemeinsamen Nächte, in denen sie in seliger Verschmelzung alle Schwierigkeiten vergessen hatten.

Erneut küsste die Frau die Hand des Mannes, dann sank sie auf das Kissen zurück. Ihre Hand drückte mit erstaunlicher Kraft die seine, dann fiel ihr Kopf zur Seite.

Fassungslos starrte er auf die tote Geliebte, wollte nicht glauben, dass er sie verloren hatte. Sein Gesicht verzerrte sich vor Schmerz, während gleichzeitig Tränen über seine Wangen liefen. Er ballte die Fäuste, kniete vor der Verstorbenen und spürte, wie unbändiger Zorn über diesen sinnlosen Tod ihn so heftig ergriff, dass es seinen Körper durchschüttelte wie von einem elektrischen Schlag. Lange verharrte er zitternd am Bett. Als er sich soweit beruhigt hatte, dass seine Hände ihm wieder gehorchten, schloss er der Toten sanft die Augen und warf ihr einen letzten Blick zu, bevor er das Laken über ihren Kopf zog.

Er stand auf, räusperte sich und hob die rechte Hand zum Schwur. „Ich werde dich rächen, Auge um Auge, Zahn um Zahn. Diese marode Gesellschaft, deren Spitzen, allen voran der Adel, im Luxus schwelgen und sich für etwas Besseres halten, muss zerstört werden. Dass der Mensch vom Affen abstammt, halten diese Ignoranten nur bei den wilden Völkern für zutreffend und vielleicht insgeheim für den Proletarier, so sind der menschenunwürdigen Ausbeutung kaum Grenzen gesetzt. Dieser Augiasstall, in dem so schnöde mit dem Leben der Armen und Hilflosen umgegangen wird, muss ausgemistet werden."

Dieser Gedanke beherrschte ihn seitdem und ließ ihn den Verlust besser ertragen. Denn es galt, zu einem Schlag auszuholen, der so groß war wie sein Schmerz.

Gaststätte Rackebrandt, Brauhofstraße in Linden

„Verdammt noch mal, diese hochnäsigen Hannoveraner lassen uns wie so oft hängen. Nicht nur, dass sie uns mit ihrem größenwahnsinnigen Budget von 84.000 Mark haushoch überlegen sind, halten sie uns außerdem noch völlig im Ungewissen, ob und wann Kaiser Wilhelm II. in Linden auftauchen, pardon, uns mit seiner Anwesenheit beehren wird." Der Volksschullehrer Hannes Breuer, wegen seiner langjährigen aktiven Mitgliedschaft bei den Sozialdemokraten allgemein als der rote Breuer bekannt, schlug mit der flachen Hand so heftig auf die blankgescheuerte Tischplatte, dass die Gläser mit dem frischgezapften Bier der Lindener Aktien-Brauerei ins Wackeln gerieten.

Georg Lichtenberg, promovierter Jurist, seit sechs Jahren Bürgermeister der jüngsten Stadt des Reiches, hatte Breuer als Vertreter der Lindener Volksschullehrer kennen- und schätzen gelernt. Daraus war eine Freundschaft entstanden, die die engen Standesgrenzen überwunden hatte. So klopfte Lichtenberg dem Lehrer beruhigend auf die Schulter, während er gleichzeitig mit der linken Hand sein Lindener Spezial, ein untergäriges, goldgelbes Vollbier mit einer betonten Hopfennote, in Sicherheit brachte.

„Wir werden ihnen trotzdem zeigen, was ne Harke ist. Habe schon mit einigen wichtigen Leuten aus Wirtschaft und Politik gesprochen. Vorsorglich hat bereits am 10. August der Kreistag von Linden Beschlüsse für den Fall gefasst, dass Seine Majestät unseren Landkreis berührt und Höchstderselbe einen Empfang nicht ablehnen sollte. Man gedenkt, den Empfang in möglichst großartigem Maßstabe zu gestalten."

Hannes Breuer schnaubte und trank einen großen Schluck Bier.

„Es wurde ein Komitee gebildet aus dem Landrat des Kreises, Gustav von Heimburg, dem Baron von Alten, dem Freiherrn Knigge, meiner

Wenigkeit und auf meinen Wunsch hin mit Hannes Breuer in beratender Funktion."

Der blickte ihn völlig überrascht an. „Die wollen mit einem Sozialdemokraten zusammenarbeiten?"

„Wieso nicht? Ihr seid ja schließlich auch im Reichstag vertreten. Wir bilden ein kleines Festkomitee – und du wirst dabei sein. Wir müssen frühzeitig planen, sonst haben wir keine Chance, was halbwegs Präsentables zustande zu bringen. Und gerade Linden als Arbeiterstadt muss den Kaiser so empfangen, dass er mit guten Eindrücken von dannen zieht."

„Ja, nicht zuletzt deshalb, weil noch nicht klar ist, ob die unsäglichen Gesetze gegen die gemeingefährlichen Bestrebungen der Sozialdemokratie von 1878 nun wirklich abgeschafft werden."

Der rote Breuer holte tief Luft.

Georg Lichtenberg, der dem national-liberalen Lager angehörte, nickte. Beide Männer waren sich bei allen Differenzen in ihren politischen Anschauungen einig, dass die sozialen Verhältnisse der Arbeiterschaft dringend verbessert werden mussten. Und die Sozialistengesetze hatten den Zulauf zu den Sozialdemokraten keineswegs verringert, im Gegenteil, sie gewannen immer mehr Mandate.

Lichtenberg nahm den Gesprächsfaden wieder auf. „Wir lassen uns von den Hannoveranern nicht ins Bockshorn jagen. Sicher ist, der Kaiser will nach den Besuchstagen ins Manöver nach Springe ziehen. Da muss er den Weg über Linden nehmen. Also brauchen wir auf jeden Fall eine Ehrenpforte. Mit dem Entwurf können wir schon mal einen tüchtigen Architekten beauftragen. Natürlich muss das Wappen von Linden groß herauskommen."

„Und ansonsten das übliche Kaisergedöns", murmelte Hannes, was ihm einen leichten Rippenstoß eintrug.

Dazu mahnte Georg: „Sei nicht so leichtsinnig. Auch hier können Spitzel sein. Willst du, dass man dich wegen Majestätsbeleidigung drankriegt?"

Hannes zuckte zusammen und sah sich vorsichtig um. Aber in der gut besetzten Gaststube konnte er kein verdächtiges Gesicht entdecken. Was nichts bedeuten musste, denn vor Agenten konnte man nie sicher sein. Der für Linden zuständige Polizei-Kommissarius Adam Nikuto-

wsky setzte mit Vorliebe Spione ein, die sich in die Reihen der Sozialdemokraten einschlichen.

„Was hältst du davon, wenn wir Maximilian von Elßtorff beauftragen? Der ist nicht nur ein guter Architekt, sondern hat auch vernünftige
politische Ansichten. Dein Sohn Cord hilft ja in seinem Büro aus und
hält große Stücke auf ihn.“

„Das ist wohl war“, knurrte Hannes, dem es peinlich war, dass sein
Sohn nebenbei Geld verdiente. Aber das Salär eines Volksschullehrers
reichte nicht für große Sprünge, zumal es immer wieder Anlässe gab,
Not in der Nachbarschaft zu lindern, was zusätzliche Löcher in die
Haushaltskasse riss. Aber dazu stand auch seine Frau Luise, eine Pfar-
rerstochter, für die tätige Nächstenliebe und Arbeit in der Kirchenge-
meinde selbstverständlich waren.

„Na gut, also fragen wir den von Elßtorff, der ist ja sowieso als einer
der Vorstände für die hannoverschen Feststraße mitten in den Planungen.“

Georg Lichtenberg nickte. „Da hätten wir zugleich doch einen direk-
ten Draht zu den Konzeptionen in Hannover, nicht zuletzt auch durch
deinen pfiffigen Sohn. Für eine weitere Ehrenpforte werde ich natürlich
einen hiesigen Architekten wählen, damit es kein böses Blut gibt. Die
Fabriken werden gewiss auch noch einiges beisteuern.“

Hannes Breuer blickte den Freund an und musste fast wider Willen
lächeln. „Seit du dich in der Politik tummelst, bist du ein listiger Fuchs
geworden.“ Und dabei musste er an die roten Füchse denken, eine
Gruppe von sozialdemokratisch gesinnten jungen Burschen, die seit
nunmehr zehn Jahren aufpassten, dass die allgegenwärtigen Spitzel nicht
Genossen denunzierten oder verbotene Versammlungen verrieten. Aber
von diesen Füchsen, die sein Neffe Johann gegründet hatte und leitete,
wusste Georg Lichtenberg nichts.

„Was darf die Ehrenpforte denn kosten?“

„Mehr als die besagten 600 Mark können wir bisher nicht zur Verfügung stellen.“

„Dass die Armut eine geizige Freundin sei, hat schon der von unserem hochverehrten Kaiser so geschätzte Karl May gesagt. Über das lite-
rarische Niveau von Karl May wie des Kaisers will ich mich nicht weiter verbreiten. Aber für 600 Mark muss ein Arbeiter ein halbes Jahr
schuften. Unvorstellbar, wie die in Hannover für diesen Kaiserbesuch

das Geld zum Fenster hinausblasen. Allein 84.000 Mark für die Feststraße. Das wäre für wohltätige Zwecke besser angelegt! Schließlich
gibt es auch in Hannover, vor allem in der Altstadt, viel Not."

„Hannes, nicht so laut! Du willst doch nicht die Zukunft deines Sohnes riskieren, der ja mal studieren soll."

„Wenn man vom Teufel spricht", entgegnete Hannes, denn in diesem
Moment traten durch die Schwingtür sein Sohn Cord und zwei Genossen ein, der Oberwärter des Zoos Oskar Pohlenz und der Elefantenpfle-
ger Fritz Hoffmann. Ihnen folgte Cords alter Schulfreund Werner
Marcks, der im Zoo als Helfer arbeitete, um Tierwärter zu werden.

Georg Lichtenberg, der die Männer nur flüchtig kannte, erhob sich.
„Du bekommst Gesellschaft, und ich habe noch reichlich zu tun. Du
hörst von mir Hannes, grüß deine Frau." Er nickte den Neuankömmlin-
gen zu, schlug Cord freundschaftlich auf die Schulter und verschwand –
nicht ohne die Zeche für die bereits konsumierten Bierchen zu bezahlen.

„Für die Lindener Butjer ne Fassbrause und für jeden Mann ein Rezept", bestellte Oskar Pohlenz. „Der Bürgermeister Lichtenberg ist wohl
zu fein für unsereins. Der ist ja ein richtig feiner Pinkel", ließ er sich
vernehmen, während er auf einen Stuhl plumpste. „Ich drückte ja die
Schulbank hinter dir Hannes, während du mit Nachname B ja ganz vorn
gesessen hast. Du bist auch ne Respektsperson geworden, und unsereins
ist was Einfaches geblieben und hat mit vierzehn notgedrungen angefangen, ein paar Mark für die Familienkasse zu verdienen. So wie unser
Werner hier auch. Aber immerhin machen wir ja in unseren schmucken
Uniformen auch was her und vor allem", er stieß den neben ihm sitzenden Fritz an, „haben wir keine Angst vor großen Tieren!"

Er selber lachte über sein Wortspiel am lautesten. Werner, der beobachtet hatte, wie Oskar sich die mittägliche Rotweinration für die Schimpansen
zu deren Leidwesen mit diesen brüderlich teilte, befürchtete, dass es wieder
mühsam sein würde, seinen Lehrherrn nach Hause zu bugsieren.

Mittlerweile standen die Rezepte, Bier und Korn, auf dem Tisch.
Fritz Hoffmann hob den gutgefüllten Stamper mit dem Korn: „Als der
Älteste von euch Genossen, und als der mit den größten Tieren sag ich
dann mal Prost."

Die Gläser waren schnell geleert, und Fritz meinte: „Wenn ich erst
auf Yecko reite, haben wir neben den Elefanten und den Affen wieder
was für die Hannoveraner zum Schauen."

„Wer oder was ist Yecko?", fragte Hannes irritiert.

„Ein großes Flusspferd", erwiderte Werner.

„Das muss ich sehen! Es ist schon erstaunlich, was ihr den Elefanten, Affen und anderen Tieren so alles beibringt. Interessant fand ich bei euch auch immer die Völkerschauen", kommentierte Cord. „Schade, dass es die nicht mehr gibt."

„Nun, mein Junge, da kann man sehr geteilter Meinung drüber sein. Das kannst du vielleicht noch nicht beurteilen. Die ersten Völkerschauen, die Carl Hagenbeck organisiert hat, das war wirklich noch zur Erbauung und Belehrung über die fremden Kulturen. Aber dann geriet das Ganze immer mehr zur billigen Volksbelustigung."

Oskar hatte inzwischen sein großes Bier hinuntergestürzt und gab Zeichen, ihm ein weiteres zu bringen.

„Los ging es durch Wilhelm I., der Hagenbecks Eskimo-Ausstellung im Berliner Zoo 1878 höchste Anerkennung zollte. Dadurch öffneten sich auch die übrigen deutschen Tiergärten für diese exotischen Veranstaltungen."

Fritz Hoffmann beugte sich vor und fuhr fort: „Und sein Enkel, Wilhelm Zwo, der hat vor den sogenannten Wilden gar keinen Respekt, der mit seinen Kolonien. Da werden wir noch ein blaues Wunder erleben. Von seiner maßlosen Abknallerei, wo ihm die Tiere in Massen vors Gewehr getrieben werden, mal gar nicht zu reden. Der knallt in einer halben Stunde vierzig Sauen ab, die ihm vor die Flinte gehetzt werden. Und diesen hohen Herren müssen wir untertan sein. Armes Deutschland!"

Cord blickte sich entsetzt um, doch niemand schien die Gruppe weiter zu beachten. Aber da griff schon sein Vater ein, dem ja auch leicht das Temperament durchging. Aber das hier ging ganz entschieden zu weit! Er zog Hoffmann am Ärmel zu sich heran. „Bist du wahnsinnig? Es sind schon Genossen in die Festung gekommen, weil sie die Jagdleidenschaft des Kaisers kritisiert haben. Wenn du so weitermachst, wird man dich noch für einen Anarchisten halten."

Er warf seinem Sohn einen scharfen Blick zu und zupfte sich am linken Ohr. Der zupfte sich am rechten Ohr, stieß unterm Tisch Werner an und murmelte: „Wir gehen mal austreten!"

Während die beiden jungen Männer langsam die Gaststube Richtung Hinterausgang zu den Latrinen durchquerten, fuhr Hannes fort: „Du kannst uns alle in Teufels Küche bringen. Halt solche Reden nicht hier!"

Oskar leerte inzwischen das nächste Glas und nuschelte leise: „Alles was Recht ist, aber was Fritz sagt, kann ich glatt unterschreiben. Jedes Tier empfindet Schmerzen, jedes Wesen will überleben. Daher sollten wir alle Lebewesen mitfühlend als uns verwandt ansehen."

„Ja wohl nicht die Hühner, die Lämmer, Kühe oder Schweine? Ein kerniger deutscher Mensch braucht wie die Germanen Fleisch und Bier." Fritz Hoffmann starrte seinen Freund und Kollegen entsetzt an. „Wirst du jetzt Zwiebacknase und Kohlrabi-Apostel?"

„Wieso bringt der Mensch, der schließlich die Krone der Schöpfung ist, andere Menschen um? Vernichtet sich gegenseitig in Kriegen? Weil der Mensch Tiere tötet und deren Leichen isst, damit verroht er, kennt kein Erbarmen mit dem Leiden von Kreaturen, stumpft ab."

Hannes wollte dem Gespräch eine andere Richtung geben und warf ein: „Von großem Fleischkonsum kann ja bei der Lindener Arbeiterschaft kaum die Rede sein, weil sich das keiner leisten kann." Inzwischen schlenderten die beiden jungen Männer wieder heran, und Cord nickte seinem Vater beruhigend zu.

„Kein Erbarmen", wiederholte Oskar etwas lallend. „So war es auch bei den letzten Völkerschauen, wo sich die Hannoveraner den sogenannten Wilden gegenüber als was Besseres fühlten. Besonders prächtige Exemplare seien dabei, so schrieb man in der Zeitung, und sie wurden bestaunt wie exotische Tiere. Aber wie es diesen Menschen ging, dass sie in unserem Klima auch teilweise besondere Pflege und Ausrüstung brauchten, um nicht krank zu werden, das kümmerte die weißen Herrenmenschen einen Dreck. Gut, dass Direktor Kuckuck das nicht mehr mitmacht."

Erneut versuchte Hannes einen Themenwechsel. „Das nächste große Spektakel wird jedenfalls keine Völkerschau sein, sondern der Besuch des Kaiserpaares in Hannover. Da können wir uns auf ein prächtiges Kaiserpaar und prachtvollste Dekorationen in der Stadt gefasst machen."

„Jedem Tierchen sein Pläsierchen! Mir kann der Kaiser gestohlen bleiben", meinte Fritz Hoffmann.

„Mir auch, lasst uns nach Hause gehen", stimmte Oskar zu und erhob sich schwankend. Cord atmete erleichtert auf.

„Ich geh dann mal auch", sagte Werner und verabschiedete sich artig von Hannes.

„Wir sehen uns morgen Nachmittag", brummte dieser. „Sei pünktlich!"

Werner nickte, und Hannes begab sich mit seinem Sohn ebenfalls nach Hause.

Bei Breuers in der Falkenstraße

In der blitzsauberen, schmucken Wohnküche saßen Luise Breuer und ihr Neffe Johann, Kellner im vornehmen Kastens Hotel in Hannover, am Küchentisch. Hannes und Cord begrüßten Johann herzlich, denn sie verstanden sich sehr gut.

Luise, die einen beträchtlichen Berg an zu flickenden Sachen neben sich liegen hatte, hantierte mit Nadel, Faden und dem Stopfpilz, um ein Loch in einer Wollsocke möglichst perfekt zu schließen. „Frauenarbeit ist behände, doch ohne Anfang und ohne Ende", wiederholte sie dabei den Satz, den bereits ihre Mutter im heimischen, kinderreichen Pfarrershaushalt oft seufzend ausgesprochen hatte. Während die Nadel flink hin- und herwanderte, sah sie ihren Sohn an. „Du hast mal wieder die Zehennägel zu spät geschnitten!"

Der brummelte etwas Unverständliches vor sich hin.

Sein Vater, der in dieser Hinsicht auch kein reines Gewissen hatte, wechselte das Thema. „Habe Georg Lichtenberg getroffen, soll dich grüßen, wir sprachen über die bevorstehenden Kaisertage."

„Gewiss bei Rackebrandt", meinte Luise, der die Bierfahne ihres Mannes keineswegs entgangen war. „Uns hier in Linden lässt man mit Informationen zum Kaiserbesuch nun schon seit Wochen im Ungewissen. Im Gegensatz zu den Hannoveranern – die sind nicht nur völlig aus dem Häuschen, sondern wissen, wo sie dran sind mit der neuen Majestät Wilhelm Zwo. Die bauen schon eifrig an ihren dreißig Meter hohen Triumphbögen und weiterem imposanten Gedöns."

„Eine Ehrenpforte werden wir trotz der ungewissen Lage bauen lassen. Georg will Maximilian von Elßtorff damit beauftragen."

„Na, das wird ihm bestimmt eine Ehre und ein Vergnügen sein!", rief Cord freudig überrascht. „Allerdings versinkt er jetzt schon in Arbeit. Denn er gehört als Vertreter der Künstlerschaft zur städtischen Empfangskommission, die aus zwölf Vertretern unterschiedlicher städtischer Gremien besteht. Außerdem ist er einer der Leiter der sechs

Abschnitte, in die man die Route aufgeteilt hat, die der Kaiser vom Bahnhof aus Richtung Schloss nehmen wird. Von Elßtorff ist für das Reich der Industrie, das auf dem Aegidienthorplatz präsentiert wird, verantwortlich."

„Das passt gut zu ihm, denn er ist ja immer an allen technischen Fortschritten interessiert. Er war ja einer der Ersten, der sich ein Telefon angeschafft hat", meinte Hannes Breuer.

„Jedenfalls gibt es einen Tag schulfrei, und das ist schon mal ein Grund zur Freude", erklärte Cord, was ihm einen strafenden Blick seines Vaters eintrug.

Seine stets gut informierte Mutter bemerkte: „Die Hannoveraner sind ja keineswegs alle hellauf begeistert. Obwohl schon Wilhelm I., nachdem die Preußen 1866 das Hannoversche Königreich abgeschafft haben und uns zur Provinz machten, hier mit Zuckerbrot und Peitsche versuchte, gut Wetter zu machen."

„Was ihm nur teilweise gelungen ist", entgegnete ihr Mann. „Die Welfen haben immer noch eine große Anhängerschaft hier."

Cord, an derartige Gespräche von klein auf gewöhnt, interessierte sich mehr für das Naheliegende. „Jedenfalls bekommen wir schulfrei. Und das finden eigentlich alle Schülerinnen und Schüler gut. Es sei denn, wir müssen wieder schreckliche Gedichte aufsagen."

„Na, Cord, kannst du noch das Gedicht über den Kaiser aus dem wunderbaren dritten Kapitel des neuen Lesebuches, betitelt ‚Unser Kaiser und sein Haus'?" Die Ironie in der Stimme des roten Breuers war nicht zu überhören.

Cord verdrehte die Augen, aber er tat seinen Eltern den Gefallen, warf sich in die Brust und deklamierte:

„Der Kaiser ist ein lieber Mann,
Er wohnt in Berlin,
Und wär es nicht so weit von hier,
So ging ich heut noch hin."

„Du kannst ja nun beruhigt hierbleiben, Cord", sagte Johann grinsend. „Der Kaiser kommt höchstpersönlich zum ersten Mal zu uns, wahrscheinlich wird er sogar das rote Linden durchqueren. Jedenfalls bekommen wir von der Hotellerie auch alle Hände voll zu tun. Mein Chef Hermann Kasten sagt, so viele hochgestellte Persönlichkeiten aus Adel, Politik und Industrie hätten sich noch nie in Hannover aufgehalten. Wir sind völlig ausgebucht, und in ganz Hannover wird kaum noch ein gutes Bett zu haben sein. Wahrscheinlich werden wir auch für eines der Gala-Dinner kochen."

Hannes Breuer rieb sich nachdenklich das Kinn. „Der junge Kaiser scheint ein anderes Kaliber zu sein als sein Großvater Wilhelm I. Der Enkel ist von seinem Gottesgnadentum so durchdrungen wie kein Zweiter."

„Darum auch Wilhelm II.", kalauerte Cord, was sein Vater mit hochgezogener Augenbraue ausnahmsweise unkommentiert ließ.

„Immerhin hat der junge Kaiser in einer Proklamation an sein Volk die Devise ‚Je veux être un roi des gueux' verkündet." Hannes unterbrach seine Frau: „Übersetzen, Cord!"

„Ich will ein König der Bettler sein."

Luise nickte ihrem Sohn anerkennend zu und fuhr fort: „Außerdem hat er gefordert, die Sonntagsarbeit, die Nachtarbeit für Frauen und Kinder und die Frauenarbeit während der letzten Schwangerschaftswochen zu verbieten, sowie die Arbeit von Kindern unter vierzehn Jahren einzuschränken."

„Fordern kann man viel, aber solange Bismarck die Industrie unterstützt, wird das schwierig", erklärte Johann. „Immerhin hat er wegen der Verlängerung des Sozialistengesetzes verlangt, dass die Landesbehörde politisch Verurteilten nicht mehr den Aufenthalt in bestimmten Orten, wie Berlin, Hamburg, Leipzig und Frankfurt verbieten darf."

„Wir haben durch das Gesetz gegen die gemeingefährlichen Bestrebungen der Sozialdemokratie seit 1878 zahlreiche gute Köpfe verloren", seufzte Hannes. „Es mussten so viele von uns ganz auswandern, einige sind nach England gegangen, andere haben völlig resigniert und sind ab nach Amerika. Bismarck soll diese kaiserlichen Forderungen denn auch prompt als Humanitätsduselei bezeichnet haben."

„Hoffentlich sind die Vorschläge des jungen Kaisers nicht auf falsche Annahmen gegründet. Die Verbote von sozialistischer Parteien, Organisationen und Druckschriften sowie politischer Versammlungen haben ja auch zur Solidarisierung großer Teile der Arbeiterschaft geführt. Wilhelm II. will den Märtyrerbonus beseitigen und damit die Sozialdemokratie zurückdrängen. Ich glaube nicht, dass dies so gelingen wird." Energisch schnitt Luise den Stopffaden ab.

„Seine Berufung scheint er sehr ernst zu nehmen. Er hat doch tatsächlich", fuhr Hannes fort, „seinem Hofprediger das Predigtthema für den Gottesdienst im kleinen Kreis vor der feierlichen Eröffnung des Reichstages im vergangenen Juni vorgegeben." Da Frau und Sohn ihn verständnislos ansahen, ergänzte er: „Es lautete: Von Gottes Gnaden bin ich, was ich bin."

„Nun, er ist ja erst dreißig Jahre alt", meinte Luise begütigend. „Und es ist ein offenes Geheimnis, dass er mit seiner verkrüppelten Hand und dem schlechten Verhältnis zu seiner Mutter, der hochverehrten Kaiserin Viktoria, die sich für uns Frauen sehr eingesetzt hat, so manches braucht, um sich als ganzer Kerl zu fühlen."

„Klug gedacht, meine Liebe, wie immer. Und genau deshalb muss ja jetzt der Geburtstag des Kaisers am 27. Januar großartig und mit Pomp gefeiert werden, wozu das gesamte Diplomatische Korps im Berliner Schloss antreten darf."

„Vielleicht bekommen wir dann zu des Kaisers Geburtstag noch einen Feiertag", meinte der unverbesserliche Cord und zwinkerte seinem Vater zu. Der jedoch ging auf die Ablenkung von ernsten Themen nicht ein.

„Es ist mir jedenfalls eine Ehre, dass mich Georg Lichtenberg im Lindener Festkomitee dabei haben will. Das hilft uns auch, rein prophylaktische Vorsichtsmaßnahmen zu treffen. Polizeipräsident von Brandt hat Unterstützung von der Politischen Polizei in Berlin angefordert. Die Hannoveraner haben schon wieder Angst, dass im roten Linden seine Majestät nicht sicher ist. Dass die Leute immer noch die Sozialdemokraten mit Kommunisten oder gar mit Anarchisten, Spionen, Attentätern und Terroristen in einen Topf schmeißen müssen! Das haben wir vor allem Bismarck zu verdanken, der Sozialisten und Anarchisten für Parteigänger ein und derselben revolutionären internationalen Umsturzbewegung hält, die die monarchische Ordnung Europas bedroht. Sei es drum – Johann und Cord, ihr versetzt die roten Füchse in leichte Alarmbereitschaft. Alles, was in irgendeiner Form auf Störungsversuche oder gar einen Attentatsversuch auf den Kaiser hindeuten könnte, ist sofort an euch zu melden. Dies gilt auch für verdächtige Elemente von außen."

Die beiden jungen Männer nickten. Das ausgeklügelte System der roten Füchse, die sich mit Zeichen, Pfiff und Griff verständigten und sich zugleich nicht alle untereinander kannten, hatte bisher vorzüglich funktioniert. Die jungen Burschen, die in Hannover und Linden an unterschiedlichsten Stellen arbeiteten, schnappten viele nützliche Informationen auf – was nicht zuletzt für Johann galt, der in Kastens Hotel eine Menge mitbekam.

Dieser erhob sich. „Ich muss los. Wird alles so gemacht, Onkel Hannes. Bis bald und ein schönes Wochenende!"

Cord dachte an die viele Arbeit, die im Büro des Architekten von Elßtorff in den nächsten Wochen anstand. Er arbeitete dort gern. Nicht nur, weil er neben den Botengängen außerdem bei der Ausführung von technischen Zeichnungen half, sondern auch, weil ihn mit Elsa Martin, der eigenwilligen Ziehtochter der von Elßtorffs, eine ungewöhnliche Freundschaft verband. Derzeit weilte sie allerdings mit Sophie von Elßtorff und dem Sohn Heinrich zur Sommerfrische auf Norderney.

Luise schob ihren Flickkorb beiseite. „Da stehen uns ja aufregende Wochen bevor." Alle nickten nachdenklich, nicht ahnend, dass diese Einschätzung sich als stark untertrieben herausstellen sollte …

Sommerfrische auf Norderney

Sophie von Elßtorff verbrachte wie so oft in den vergangenen Jahren die ausgedehnte Sommerfrische mit ihrem achtzehnjährigen Sohn Heinrich und ihrer Ziehtochter, der ein Jahr jüngeren Waise Elsa, im immer mondäner werdenden Norderney. Wie stets waren sie in den Bremer Logierhäusern untergebracht, einem der besten Hotels der Insel. Den großzügigen Räumlichkeiten im Parterre war die Terrasse vorgelagert, die einen wunderbaren Blick aufs Meer bot. Und wie immer wollte der vielbeschäftigte Baumeister und Architekt Maximilian von Elßtorff nachkommen, da er sich nicht wochenlang aus seinem Architekturbüro verabsentieren konnte.

Hier auf der Insel konnte Heinrich seine schwachen Lungen stärken, die in Hannover häufig gereizt wurden, vor allem wenn der Westwind den geballten Dreck des benachbarten Industrieortes Linden herüberpustete.

Sophie las das Telegramm ihres Gatten zum zweiten Mal.

„Liebe Sophie, Kommen unmöglich, bin als Vertreter der Künstlerschaft im Festkomitee zur Vorbereitung der Kaisertage 12. bis 16. September, enorme Arbeitsbelastung."

Heinrich und Elsa, die mit ihr auf der Veranda saßen, betrachteten sie voller Unruhe. Heinrich trommelte auf die Tischplatte. „Nun sag schon, Mamam, ist etwa was passiert?"

Auch Elsa wippte völlig undamenhaft auf ihrem Stuhl hin und her, was Sophies linke Augenbraue missbilligend in die Höhe schnellen ließ, aber sie war zu sehr mit ihren Gedanken beschäftigt, um dies zu bemängeln.

„Maximilian wird uns nicht in die Sommerfrische folgen können. Man hat ihm wichtige Aufgaben für die Vorbereitung des ersten Besuches von Kaiser Wilhelm II. und seiner Gemahlin in Hannover übertragen. Er ist unabkömmlich."

Wie so oft erfasste Elsa sofort die Situation. „Werden wir abreisen, Tante Sophie?"

Sophie zögerte – denn sie dachte an die Gesundheit ihres Sohnes, für den ein längerer Aufenthalt gewiss wichtig war.

Der sah alle Felle davonschwimmen und fühlte sich hin- und hergerissen zwischen dem Wunsch, in Hannover die aufwendigen Vorbereitungen für den Besuch des Kaiserpaares mitzuerleben, andererseits endlich gegen Ende der Sommerfrische im Meer baden zu dürfen. Der Badearzt hatte ihn zur Geduld gemahnt.

„Seeluft und Seebäder können wie Champagner wirken, junger Mann. Wer im freudigen Rausch des Genusses zu viel nimmt, muss mit einem ordentlichen Kater rechnen. Für ihre Gesundheit ist momentan der Reiz noch zu groß, Wannenbäder im Kurmittelhaus und ausgedehnte Spaziergänge werden Ihre Lungen weiter kräftigen."

„Wenigstens ein Bad wird mir doch nicht schaden. Ich muss mich ja nicht gleich mehrfach in die Fluten stürzen."

„Davon kann gar keine Rede sein! Um Ihre Atmungsorgane grundlegend zu stärken, bedarf es vorsichtiger Dosierung. Auskühlung und Schwächung beim Baden wären absolut kontraproduktiv, ebenso stundenlange Strandwanderungen mit nackten Füßen. Also, genießen Sie alle reichlich vorhandenen Annehmlichkeiten unseres Seebades, promenieren Sie bei den Kurkonzerten, lustwandeln Sie am Seesteg, und inhalieren Sie tüchtig die salzhaltige Luft. In vier Wochen sehen wir weiter. Vielleicht können Sie zum Ende des Aufenthaltes ein kurzes Bad im Meer wagen, aber das wollen wir abwarten."

Mit einem tiefen Seufzer hatte sich Heinrich damit abgefunden. Es war ja nicht einfach für seine männliche Ehre, dass es über seine jüngere Ziehschwester hieß, sie schwimme wie ein Fisch im Wasser. Ansehen konnte er das nicht, denn selbstverständlich geschah das am Damenstrand, und der Moralwimpel zeigte den Herren an, wo die Grenze war, die sie nicht übertreten durften.

Sophie legte das Papier beiseite und rang die Hände. „Auf der einen Seite möchte ich euch die Sommerfrische nicht verderben, gerade wo doch Heinrichs sehnlicher Wunsch im Meer zu baden endlich näher rückt. Aber wenn so viel zu tun ist, möchte ich meinen Gatten unterstützen, schließlich hört er ja in vielen Dingen gern meine Meinung. Und selbstverständlich müssen wir unser Haus in der Königstraße schmücken und auch von Anfang an mitbekommen, wie sich die Kaisertage gestalten werden."

Auch Elsa war aufgeregt. „So schade, wie es um die Sommerfrische ist, aber der kaiserliche Besuch soll ja etwas nie Dagewesenes sein. Es kommen zahlreiche deutsche und ausländische Mitglieder des Hochadels und bedeutende Persönlichkeiten aus Industrie und Handel. Norderney hingegen läuft uns nicht weg, so gerne ich auch noch bleiben würde. Und Onkel Maximilian möchte dich mit deinem weithin bekannten, exzellenten Geschmack gewiss gern an seiner Seite haben, damit du die unterschiedlichen Entwürfe mit begutachten kannst."

Heinrich gab sich einen Ruck, denn er merkte, dass der besorgte Blick seiner Mutter auf ihm ruhte. „Also gut, dann werde ich erst 1890 im Meer baden. Aber dann muss Papa versprechen, dabei zu sein. Meinetwegen können wir nach Hannover zurückkehren."

„Gut, ich bitte den Portier, dass er sich nach Rückreisemöglichkeiten erkundigt. Jetzt in der Hochsaison werden die Fähre und die Eisenbahn sicherlich voll sein. Ich werde meine Kammerzofe schon mal informieren, dass sie bald packen muss. Die verbleibende Zeit wollen wir noch in vollen Zügen genießen."

Elsa freute sich auch darauf, dass sie nun die vielen Vorbereitungen direkt miterleben konnte. Und dies aus nächster Nähe, denn mit ihrem kameradschaftlichen Freund Cord Breuer teilte sie ein Geheimnis. Sie hatte sich Freiräume verschafft, die sonst für eine höhere Tochter, die meistens nur in Begleitung das Haus verlassen konnte, undenkbar waren.

Privatissimum in Biologie

1879 hatte zum Entsetzen von Hannes Breuer die preußische Regierung bestimmt, dass Theorien und Hypothesen, wie sie in den Schriften von Darwin, Haeckel, Sterne und anderen zum Ausdruck kamen, nicht vor Schüler preußischer Lehranstalten gebracht werden sollten. Drei Jahre später wurde gar das Fach Biologie in der Oberstufe der höheren Schulen Preußens abgeschafft. Außerdem wurden die Bücher von Darwin und Haeckel in den Lehrerseminaren verboten. Hannes, schon damals von sozialdemokratischem Gedankengut erfüllt, fand dieses Verbot letztendlich nicht überraschend. Schließlich stellten diese Forscher die bisher geglaubte Weltordnung radikal infrage. Wenn alle Arten von Lebewesen durch einen langen Evolutionsprozess entstanden waren, der Mensch mit dem Affen gemeinsame Vorfahren teilte, dann war das alles nicht von Gott in sechs Tagen geschaffen worden.

Darwin galt daher als Ketzer. Kirche und Staat befürchteten, dass sich durch dessen Evolutionstheorie eine naturwissenschaftliche Weltanschauung verbreiten und der Glaube an eine von Gott gegebene Weltordnung zerfallen würde. Das warf natürlich auch die Frage auf, wie es zum Beispiel mit dem Gottesgnadentum eines Kaisers bestellt sei. Diese Überlegung sollte nicht nur Hannes beschäftigen, sondern führte in Europa dazu, dass politische Gruppierungen Machtstrukturen nicht mehr anerkennen oder gar abschaffen wollten – notfalls mit Gewalt. Ein solcher Anarchismus ging Hannes zu weit. Aber die Verdummung der heranwachsenden Generation wollte er nicht so ohne Weiteres hinnehmen. Im Unterricht an der Volksschule musste er da vorsichtig agieren, aber sein Neffe, sein Sohn und einige vertrauenswürdige junge Männer von den roten Füchsen sollten nicht auf dem Stand einer Schulbiologie stehen bleiben, die immer weiter hinter die wissenschaftliche Entwicklung zurückfiel.

So führte er ein, dass sich die Jungen samstagnachmittags für zwei Stunden bei Breuers in der guten Stube einfanden und er ihnen die neuesten Erkenntnisse der Biologie so vermittelte, dass es interessant war und Spaß machte. Ein von Luise Breuer gebackener Kuchen und Malzkaffee trugen ebenfalls zur guten Stimmung bei.

Außer Johann und Cord nahmen Werner Marcks, der Tiergärtner in spe und Theodor Goslar, der ehrgeizige Gärtnergehilfe auf dem Lindener Bergfriedhof, an den Biologiestunden teil. Einen besonderen Höhepunkt bildete, wenn die kleine Gruppe, um am lebenden Exemplar zu lernen, sich gezielt im Zoo oder Tiergarten umtat. Sie besuchten auch den Großen Garten in Herrenhausen, wo sich Theo gut auskannte, da er dort eine dreijährige Lehre absolviert hatte.

Wie immer eröffnete Hannes mit einem Zitat des von ihm überaus geschätzten Wilhelm Busch seinen Unterricht. „Also kommt man zu dem Schluss, dass der Mensch was lernen muss."

Es war nicht der einzige Ausspruch des Zeichners und Dichters, der im Unterricht Verwendung fand. „Wir wiederholen und vertiefen heute. Das Thema könnt ihr unschwer erraten – mal sehen, wer es als Erster rausbekommt." Und er begann:

„Also jetzt kommt die Geschichte
Von dem Bitterbösewichte,
Schlau, possierlich und behend ..."

Hier wurde er bereits von seinem Sohn Cord unterbrochen:

„Der sich Fipps der Affe nennt.
Er besitzt nicht nur wie wir
Zween Hände, sondern vier
Vorne zwei und hinten zwei
Und nen langen Schweif dabei."

„Welche unterschiedlichen Arten haben wir im Affenhaus gesehen?", fragte Hannes Breuer.

Werner meldete sich sofort. „Außer Schimpansen, Gorillas und Orang-Utans haben wir in dem neuen Affenhaus, wo wir durch die Wasserverdunstungsanlage ein feuchtes Innenklima haben, auch Kattas, Makiaarten, Mantelpaviane und unterschiedliche Makaken."

„Sehr gut! Und Fipps ist von seinem Verhalten her auch ein Makak, wobei er äußerlich in den Skizzen von Wilhelm Busch zu keiner bestimmten Affenart gehört."

Johann meinte: „Jedenfalls hat der Künstler und Dichter nicht nur viele Skizzen gemacht, sondern auch erkundet, was die Affen zu fressen bekommen:

Ferner seine Leibgerichte,
Kuchen, Wein und süße Früchte."

„Stimmt", fiel Werner lebhaft ein, „vieles bekommen die Tiere vom Feinsten. Die Schimpansen mittags ein Glas starken Rotwein mit Zucker versetzt, vorbeugend gegen Erkältung, dazu Weißbrot und Kringel; abends Weißbrot und Früchte, Weinsuppe, kondensierte Milch und feines Backwerk."

Theo leckte sich die Lippen. „Das kann sich keine Arbeiterfamilie leisten!"

„Es kommt noch verrückter", verkündete Werner, der sich freute, endlich mal etwas beitragen zu können. „Neulich bekamen wir einen Nasenbären geschenkt. Der Spender schrieb dazu, dass der Bär alle Spirituosen gern trinke, auch Sekt. Unser Direktor Kuckuck hat ihm schreiben lassen, dass der Nasenbär diese Gewohnheit ablegen müsse, denn Sekt werde den Tieren grundsätzlich nicht gereicht. Wir freuen uns nämlich, wenn wir selber mal welchen trinken können."

Alle grinsten, auch Hannes Breuer. „Ja, Heinrich Kuckuck ist ein guter Tierarzt und ein erfahrener Tierpfleger. Dennoch bringt die Ernährung wie die Gesunderhaltung der Tiere manche Probleme mit sich."

Werner nickte traurig. „Bei den Affen besteht immer die Gefahr, dass sie Tuberkulose bekommen und sterben. Auch Seehunde und Flamingos überleben die Gefangenschaft leider nur kurze Zeit."

„Häufig verweigern die Tiere die Nahrung, oder man hat nicht das richtige Futter für sie", erklärte Hannes.

„Ja, unser Direktor bedauert das oft. Er hat übrigens einen prima Zooführer verfasst, der die Zootiere beschreibt, angeordnet nach Tierhäusern und Gehegen. Das ist auch für mich sehr lehrreich. Ich will ja nicht nur Käfige saubermachen und an die Löwen Pferdefleisch verfüttern. An einigen Gehegen und Käfigen sind jetzt auch kolorierte Abbildungen der Tiere angebracht, damit die Besucher diese besser bestimmen können."

„Das ist auch bitter nötig", meinte Hannes. „Denn die meisten verfügen nicht zuletzt durch den rückständigen Schulunterricht über sehr geringe naturkundliche Kenntnisse. Kein Wunder, dass der Zoo immer mehr zum Vergnügungslokal verkommt, zur Bierkneipe mit ein paar Bären. Die Besucher strömen hauptsächlich zum Konzertplatz und ergötzen sich an extra Illumination und bengalischer Beleuchtung. Erholung und naturkundliche Bildung spielen kaum noch eine Rolle."

Seine Schüler nickten nachdenklich.

„Dann wollen wir wieder mit der Naturkunde weitermachen", führte der Lehrer Breuer zum Thema zurück. „Gibt es denn Gemeinsamkeiten zwischen den Menschen und den großen Affenarten?"

„Sie meinen diesen Darwin, der gesagt hat, dass der Mensch vom Affen abstammt?" Theo riss die Augen weit auf. „Das kann ja wohl nicht sein!"

„Darwin und andere Wissenschaftler, so zum Beispiel der Zoologe Haeckel, vertreten die Meinung, dass der Mensch mit dem Affen verwandt ist, mit ihm gemeinsame Vorfahren teilt. Man hat die Entstehung der Arten streng naturwissenschaftlich erklärt und auf den Entwicklungsprozess von über Millionen Jahren hingewiesen." Für Cord und Johann war diese Aussage des Lehrers nichts grundlegend Neues, für Theo und Werner in dieser Ernsthaftigkeit schon.

Werners Stirn verzog sich in tiefe Denkerfalten. „Millionen Jahre – wie passt das dazu, dass Gott die Welt in sechs Tagen erschaffen hat?"

Ernst blickte Hannes Breuer die jungen Männer an. „Was meint ihr denn selber?"

„Das passt nicht zusammen", bemerkte Johann kurz und knapp. „Und darum wird es in der Schule auch nicht unterrichtet."

„Und deshalb sprechen wir hier darüber. Darwin führt auch die geistigen Eigenschaften des Menschen, die Entwicklung seiner Intelligenz auf evolutionäre Vorgänge zurück. Außerdem betont er, dass die Menschen eine einzige Art sind und spricht sich folglich dagegen aus, die Rassen des Menschen als unterschiedliche Spezies aufzufassen."

Hinter Werners Stirn arbeitete es sichtbar. „Soll das heißen, die Hottentotten, Kaffern und Buschmänner, die vor drei Jahren hier in der Völkerschau im Zoo waren, sind genauso viel wert wie wir?"

„Sie sind Menschen wie wir auch, nur sehen sie eben anders aus und leben anders."

In der guten Stube herrschte Stille. Auch Theo klopfte perplex mit dem Zeigefinger auf den Tisch und starrte dabei auf die wohlgefüllten Bücherregale hinter dem Klavier, ohne sie richtig wahrzunehmen.

Das ist der richtige Moment, um noch einen draufzusetzen, fand Hannes Breuer. „Darwin vermutet übrigens, dass sich die ersten Menschen in Afrika entwickelt haben, dort sozusagen unser aller Wiege stand!"

Werner sprang erregt auf. „Das hieße ja, uns mit den Kaffern, Hottentotten und Buschmännern in einen Topf zu schmeißen! Dabei sehen die schon völlig unterschiedlich aus!"

„Das sind aber seit 1884 Mitbürger unseres Schutzgebietes in Südwestafrika", grinste Cord. „Und du kennst gewiss auch den höchsten Berg Deutschlands?"

Der starrte ihn triumphierend an. „Zugspitze!"

„Denkste, Kilimandscharo!"

Werner zog ihm eine Fratze. „Oller Streber!", versetzte ihm aber grinsend einen freundlichen Knuff.

„Wir kommen vom Thema ab, nämlich Darwin und die Evolutionsbiologie. Das ist auf seine Art genauso revolutionär wie die sozialistische Bewegung. Aber alles, was neu und fremd ist, ruft meist widersprüchliche Reaktionen hervor. Bei den Völkerschauen gab es Faszination und Staunen, es schlich sich aber auch eine gewisse Wertung ein. Doch überlegt selber. Hier ist ein Zeitungsartikel aus dem Hannoverschen Tageblatt vom Sommer 1886 über die südafrikanische Karawane. Theo, lies mal vor."

Der nahm den bereits angegilbten Artikel zur Hand, räusperte sich und begann etwas stockend:

„Es kommen fünfzehn Personen, Männer, Frauen und Kinder. Wie die Hamburger Blätter mitteilen, sollen die Leute in ihrem Leben und Treiben sehr interessant sein, namentlich soll sich ein Buschmann als ein so gewandter Clown erweisen, dass er kaum von den Begabtesten des Circus Renz übertroffen wird. Die Karawane wird, nachdem der Bau ihrer Hütten in einem Parke neben dem Kamelgehege ausgeführt ist, insgesamt fünfmal am Tag zu sehen sein. Hochinteressante Volkstypen werden uns hier vorgeführt und bieten durch ihre Spiele, Tänze, Gefechte und so weiter reiche Abwechslung und Amüsement. Da sehen wir den Stamm der Basuto-Kaffern, ein großer Menschenschlag mit prächtigem Gliederbau und kräftiger Muskulatur; als Gegenstück ist eine Buschmannfamilie vorhanden mit kleinem, zierlichem, wenn auch muskulärem Körperbau. Die lederartige Haut des Buschmannes ist viel heller als die des Kaffern, fast gelblich und im Gesicht faltig! Die Stirn ist sehr niedrig, die Nase flach, die Nasenwurzel fast verschwindend, die Nasenflügel breit, so dass der Typus etwas Affenartiges erhält. Interessant ist eine

junge Hottentottin, dieselbe ist gut, ja graziös gewachsen und trägt das Merkmal ihres Stammes."

Hier unterbrach Cord. „Was für ein Merkmal?"

Theo sprang auf. „Ich habe sie damals gesehen! Von der Seite sah sie ungefähr so aus!" Seine rechte Hand beschrieb in Brusthöhe eine leichte Kurve, die linke deutete dann weiter unterhalb nach hinten eine große Halbkugel an. Er holte tief Luft und fügte hinzu: „Viele der männlichen Besucher fanden das faszinierend, nicht wenige haben regelrecht von ihr geschwärmt."

Die Gedanken des Volksschullehrers überschlugen sich, denn er merkte, dass es bei diesem Thema Aspekte gab, die er zuvor nicht ausreichend bedacht hatte. Das exotische, naturbelassene und wenig verhüllte Auftreten einiger weiblicher Teilnehmer der Völkerschau führte bei nicht wenigen Betrachtern zu erotischen Gedanken. Als Erstes fiel ihm die bedauernswerte „Hottentotten-Venus" Sarah Baartman ein, die im frühen 19. Jahrhundert in Europa auf Jahrmärkten und bei Völkerschauen ausgestellt worden war. Bei den Hottentotten und anderen afrikanischen Stämmen war jedoch nicht nur der „Fettsteiß" Objekt des Staunens und männlicher Phantasien, sondern vielmehr die „Hottentottenschürze". Damit war gemeint, dass die Schamlippen bei einigen afrikanischen Rassen wesentlich größer waren, als bei den Weißen. Dies führten europäische Mediziner auf häufige Masturbation zurück, was Hannes absolut unsinnig fand. Zu viele „Stubenethnologen" arbeiteten ohne eigene Feldforschungserfahrung mit Beschreibungen aus zweiter oder dritter Hand, um Völker und ihre Eigentümlichkeiten zu beschreiben. Das vermischte sich dann oft mit der eigenen Weltsicht und Verklemmtheit. Die „Hottentottenschürze" war indessen auch zur gängigen Metapher für das angeblich wollüstige, nymphomane und laszive Wesen der Afrikanerin geworden. Hier allerdings, so merkte Hannes Breuer, gelangte sein aufklärerischer Impetus an seine Grenze. Das ausgeprägte Hinterteil musste als Merkmal genügen!

Werner riss ihn aus seinen Gedanken. „Die afrikanische Karawane war damals Stadtgespräch. Und an die junge Hottentottin erinnern sich gewiss viele, die sie gesehen haben. Auch Oskar und Heinrich reden ab und zu über sie."

„Woran wir sehen, dass das exotische, arglose und weniger verhüllte Weib bei nicht wenigen Betrachtern zu ganz bestimmten Gedanken führt." Während er die jungen Männer streng der Reihe nach anschaute, war Hannes Breuer froh, dass er das Wort erotisch in letzter Sekunde vermieden hatte. Dass sie alle heimlich gewisse einschlägige Postkarten mit wenig bekleideten Frauen tauschten, wusste er sowieso. Nach einer Weile betretenen Schweigens sah er zu Theo. „Bitte noch den Rest des Zeitungsberichtes."

„Eben wegen der typischen Reinheit der uns vorgeführten Individuen ist der Besuch dieser Karawane sehr zu empfehlen und hauptsächlich für diejenigen beachtenswert, welche sich für anthropologische Fragen interessieren. Wir werden wohl kaum jemals wieder Gelegenheit haben, die Völkerstämme Südafrikas in so prächtigen Exemplaren, wenn man so sagen darf, bewundern zu können."

Da er das Thema nun beenden wollte, verzichtete Hannes auf pädagogisches Frage- und Antwortspiel und fasste nach eigenem Gusto zusammen. „Ihr merkt gewiss: Die anthropologischen Fragestellungen sind das eine, aber es mischt sich in die Betrachtungsweise auch der überhebliche Blick des weißen Kulturvolkes, welches sich den dunklen Naturvölkern haushoch überlegen fühlt. Das führt in den Kolonien auch dazu, dass den eingeborenen Völkern unser Lebensstil und die Religion aufgezwungen wird."

„Das werden wir Deutschen bestimmt besser machen als die Engländer, Franzosen, Buren und Belgier!", rief Werner.

Das bezweifelte Hannes sehr, aber er wollte für heute zum Schluss kommen. „Das wollen wir hoffen", entgegnete er deshalb. „Ihr habt heute gesehen, dass wissenschaftliche Erkenntnisse wie die von Darwin ein jahrhundertealtes Weltbild erschüttern können und damit auch für Unruhe sorgen."

„So wie damals, als Galilei beim Verlassen des Inquisitionsgerichts ‚Und sie bewegt sich doch' gemurmelt hat", meinte Cord nachdenklich.

Werners und Theos Gesichter zeigten blankes Unverständnis. Daher ergänzte Cord: „Er musste seinem und dem Weltbild von Kopernikus öffentlich abschwören. Er war davon überzeugt, dass die Erde weder eine Scheibe noch der Mittelpunkt der Welt ist, sondern sich mit anderen Planeten um die Sonne bewegt."

„Sehr gut, mein Sohn. Und damit wollen wir es für heute gut sein lassen. Das waren ja schon sehr anspruchsvolle Themen. Das nächste Mal widmen wir uns Fragen aus der Pflanzenwelt, die Theo auch für seine Vorbereitung auf die Gartenbauschule gebrauchen kann. Wir wollen uns ja nicht nur unserem künftigen Tiergärtner widmen. Und damit wünsche ich euch ein schönes Wochenende!"

Theo und Werner, die beiden künftigen Gärtner für unterschiedliche Arten, verabschiedeten sich eilig, denn sie hatten noch einiges vor.

Sonntagsfrühstück in der Königstraße

Maximilian von Elßtorff genoss es sehr, wieder ein gemütliches Sonntagsfrühstück im Kreise seiner Familie einzunehmen. Das war doch etwas anderes, als sich einen frugalen, morgendlichen Imbiss, bestehend aus zwei belegten Brötchen und Kaffee ins Bureau kommen zu lassen, da er sich allein im großen Speisezimmer zu verloren fühlte.

Wie ihr Mann, legte auch Sophie von Elßtorff großen Wert auf ein gepflegtes Ambiente – die geschmackvoll eingerichtete Wohnung in der Belle Etage in der Königstraße trug ihre individuelle Handschrift. Den schweren, überladenen Gründerstil schätzte sie gar nicht. So war auch das Speisezimmer mit einem für bis zu 24 Personen ausziehbaren englischen Esstisch, bequemen Armlehnstühlen, einer französischen Anrichte und fein ziselierten Silberleuchtern ihre ureigene Komposition. Gedeckt war mit Fürstenberg Greque in Weiß, einem Kaffee- und Teeservice in einer vieleckigen Form, die in der Biedermeierzeit kreiert worden war.

Die Damen erschienen sonntags in bequemen Morgengewändern, das ausgedehnte Frühstück bot Gelegenheit, die neuesten Begebenheiten auszutauschen. Da war es nett, ungestört zu sein. Wenn das Personal Konfitüre, Honig, feinen Aufschnitt, Schinken, Käse, Räucherlachs, Zunge, Sahnemeerrettich und weitere Leckereien, sowie selbstgebackenen Stuten, Gusszwieback und Gersterbrot von Bäcker Borchers, außerdem Spiegel- und Rühreier und Speck in Rechauds bereitgestellt hatte, übernahm es Elsa, Kaffee und Tee nachzuschenken. Auf Wärmestövchen standen die Porzellankannen mit den plastischen Gesichtern an der Ausgießtülle, die Elsa schon als Kind entzückt hatten. Nach dem ausgiebigen Gabelfrühstück kam man sonntags meist erst wieder zum Abendessen zusammen.

„Nun erzähl schon, Papa, was musst du alles machen für die Kaisertage?", fragte Heinrich ungeduldig. „Und wie soll es denn überhaupt aussehen? Wird es einen historischen Festzug geben? Und welches sind genau deine Aufgaben?"

„Eines nach dem anderen mein Sohn! Alles kann ich heute gar nicht erklären. Denn nach dem Frühstück muss ich wieder hinuntergehen ins Büro, um weiterzuarbeiten. Die Zeit drängt – umso froher bin ich, dass ihr wieder hier seid, und ich das eine oder andere, auch in Geschmacks-fragen, mit euch bereden kann." Dabei blickte er besonders zu Sophie, aber auch zu Elsa, die in dieser Hinsicht ebenfalls Talent zeigte, wäh-rend sie sich sonst zu Sophies großem Kummer für so undamenhafte Dinge wie Naturwissenschaften und Detektivgeschichten interessierte.

Bedächtig belegte sich Maximilian ein Gersterbrot mit Schinken, ließ sich von Elsa Kaffee nachschenken, seufzte behaglich und erklärte dann: „Einen historischen Festzug gibt es nicht, das wurde relativ schnell ver-worfen. Man könne ja dem Kaiser nicht zumuten, die welfische Vergan-genheit des Königreiches Hannover zu betrachten, dass die Preußen ja 1866 einfach einkassiert und zur Provinz gemacht haben."

Sophie blickte ihren Mann, der in der Schlacht von Langensalza ge-kämpft hatte und durchaus noch Sympathien für die Welfen hegte, ver-ständnisvoll an. Nicht ganz zufällig waren die Farben Gelb und Weiß, mit denen sie so viele Räume gestaltet hatte, auch die Hausfarben der Welfen.

Ungeduldig fragte Elsa: „Was wird es dann?"

„Wir werden vom Bahnhof aus über die Bahnhofstraße, die Georg-straße, den Aegidienthorplatz, zum Platz an der Marktkirche und schließlich zum Schloss eine malerische Feststraße bauen, die wir mit zahlreichen Ehrenpforten, allegorischen Gestalten, Standbildern und Fi-gurengruppen versehen werden."

Heinrich grinste. „Nun, es haben ja bereits im Mai die hervorra-gendsten Künstler und Architekten, allen voran Conrad Wilhelm Hase, der Gründer der hannoverschen Schule der Neogotik, einen Aufruf zur kunstvollen Ausschmückung der Stadt unterschrieben."

„Und wir haben Gehör gefunden! Wir werden dem Kaiser einen im wahrsten Sinne des Wortes monumentalen Empfang bereiten, der Seine Majestät gewiss beeindrucken wird. Er soll ja auch die Errungenschaften würdigen, die wir in Hannover vorzuweisen haben. Die Gelder, 84.000 Mark, sind bewilligt."

„Da werden ja unsere rührigen Maler, Bildhauer und Architekten ihr Können weit mehr unter Beweis stellen können, als bei einem historischen Umzug", bemerkte Sophie mit einem feinen Lächeln, das von allen verstanden wurde.

„Die Feststraße ist in sechs Abteilungen eingeteilt, deren Vorstände die Arbeit von circa fünf Architekten, drei Bildhauern und drei Malern koordinieren." Maximilian von Elßtorff holte tief Luft. „Mir wurde die Ehre zuteil, die Arbeiten für den Aegidienthorplatz zu leiten, auf dem wir vor allem die Produkte unserer aufstrebenden Industrie präsentieren werden."

Er wandte sich an seine Frau: „Du hast schon Recht, meine Liebe, es herrscht rege Geschäftigkeit! Geld wird auch verdient, aber keiner dürfte den Bogen überspannen. Was ich auch niemandem raten würde, da die Verantwortlichen für die einzelnen Festabschnitte für die Innehaltung der Kostenanschläge persönlich verantwortlich sind und dafür haftbar gemacht werden. Wenn man bedenkt, dass letztes Jahr in Hamburg für den Besuch des Kaisers, anlässlich der Einweihung des Freihafens, 200.000 Mark ausgegeben wurden, bewegen wir uns noch auf soliden Pfaden. Und da ich ja, wie ich bereits telegraphierte, auch Vertreter der Künstlerschaft in der Empfangskommission bin, die aus zwölf Vertretern unterschiedlicher städtischer Gremien besteht, gibt es überreichlich zu tun. Deshalb werden wir auch meist am Samstag- und am Sonntagnachmittag arbeiten, denn es sind nur noch sechs Wochen bis zu den Kaisertagen."

„Klingt verdammt knapp. Das wird alle Kräfte voll in Anspruch nehmen", meinte Heinrich.

Maximilian nickte, auf seiner Stirn bildeten sich einige Sorgenfalten.

Sophie indessen strahlte. „Ihr werdet das schaffen! Gratuliere, lieber Maximilian, ich bin sehr stolz auf dich!", was von Elsa und Heinrich eifrig bekräftigt wurde.

„Nun, ihr werdet auch davon profitieren, dass ihr die Sommerfrische abgebrochen habt und mich außerdem in nächster Zeit wohl wenig zu Gesicht bekommen werdet. Und wenn wir beisammen sind, dann bindet die Fachsimpelei über einige Entwürfe gewiss die meiste Zeit. Cord Breuer wird auch in jeder freien Minute hier sein. Der junge Mann hat einen guten Blick für Konstruktionen. Sophie und Elsa, ihr werdet Plätze auf der Ehrentribüne an der Marktkirche haben! Und vielleicht wird auch noch die eine oder andere weitere Auszeichnung auf uns zukommen."

„Gut zu wissen", sagte Sophie. „Ich werde meine guten Beziehungen zu der hervorragenden Damenschneiderin Minna Oppermann auf der Georgstraße spielen lassen, damit es für Elsa und mich nicht an repräsentativer Kleidung mangelt. Und notfalls kann noch unsere Haushälterin Marga einiges nähen."

Maximilian tauschte einen vielsagenden Blick mit seinem Sohn Heinrich, aber beide enthielten sich eines Kommentars.

„Zum Glück bieten die meisten Straßen viel Platz, damit die jubelnde Bevölkerung Spalier stehen kann", nahm Maximilian den Faden wieder auf. „Entlang der etwa drei Kilometer langen Einzugsstraße können ungefähr 30.000 Menschen, zumeist mit Fahnen und Emblemen versehen, dichtgedrängt Spalier stehen. Alle Bevölkerungsschichten, alle Schulen, alle größeren Vereine, die Innungen und Gewerke, die Fabriken und die Brauereien werden sich an der Spalierbildung beteiligen."

„Die Kaiserin wird bestimmt mit Blumensträußen förmlich überschüttet werden", meinte Elsa.

„Keinesfalls", erklärte Maximilian mit einiger Ironie in der Stimme, „gejubelt wird mit Disziplin – der Kaiser mag es nicht zu ungestüm. Außerdem ist es verboten, Blumenbouquets, Bittschriften und dergleichen in den Wagen Seiner Majestät oder in die Wagen des Gefolges zu werfen. Zuwiderhandlungen werden mit einer Geldstrafe von bis zu dreißig Mark, eventuell mit verhältnismäßiger Haft bestraft."

Für einen Moment herrschte betretenes Schweigen.

„Die Angst vor Attentaten ist ja noch allgegenwärtig", vermutete Elsa schließlich. „Vielleicht wird das aus Sicherheitsgründen so gehandhabt."

„Stimmt, Elsa, daran könnte es liegen." Maximilian nickte seiner Ziehtochter zu, deren schneller analytischer Verstand seiner Frau und ihm nicht nur zur Freude Anlass gab – denn welcher Mann wollte schon eine so kluge Frau heiraten? Doch das war eine ganz andere Angelegenheit. Er erhob sich. „Aber nun ruft mich die Pflicht. Die Pläne für den Aegidienthorplatz müssen vorangetrieben werden."

„Was wird dort alles zu sehen sein?", fragte Heinrich

„Dort, wo auch die Arbeiter der großen Fabriken den Kaiser begrüßen, soll alles von dem Geiste und den Mitteln der modernen Großindustrie Zeugnis ablegen. Auf einem mächtigen, 25 Meter hohen Turm im Mittelpunkt des Platzes wird die blendende Gestalt der Industrie thronen, deren linker Arm sich auf ein Rad stützt, während in der rechten, hochgereckten Hand eine prächtige flammende Fackel mit rötlichgelbem Gasfeuer lodert. Sie soll mit ihrem Schein ins Land leuchten gleich dem Morgenrot einer neu erwachenden Zeit."

Wie so oft begeisterte sich Maximilian derartig über die technischen Fortschritte, dass er geradezu poetisch wurde.

„Das klingt ja so ähnlich wie die Freiheitsstatue in New York, die vor ein paar Jahren eingeweiht wurde", stellte Elsa fest.

„Nun, unsere ist etwas kleiner", grinste Maximilian. „Ansonsten hast du recht."

„Dann wollen wir hoffen, dass die Libertas, die römische Göttin der Freiheit, uns hier auch mehr Rechte für die Frauen und überhaupt mehr soziale Gerechtigkeit bringt", meinte Elsa.

Das war das Stichwort für Maximilian, sich zu erheben, denn diese Thematik würde erfahrungsgemäß Zeit in Anspruch nehmen, die er jetzt nicht hatte.

„Macht es euch noch gemütlich, ich werde unten im Büro bereits erwartet."

Und damit begab er sich ins Parterre des von ihm entworfenen, repräsentativen Mehrfamilienhauses, mit dem er vor vielen Jahren als Baumeister ein Muster seines Könnens errichtet hatte.

Der Lindener Bergfriedhof

Theo und Werner schlenderten nach der ungewöhnlichen Biologiestunde bei Hannes Breuer die Falkenstraße hinauf, an der Martinskirche vorbei zur Badenstedterstraße. Dort lag der Haupteingang des Lindener Bergfriedhofes. Eine Allee führte zu einem kleinen Platz mit einer neugotischen einschiffigen Backsteinkapelle.

„Wurde nach Plänen von Conrad Wilhelm Hase, unserem großen Baumeister errichtet", erklärte Theo mit wichtiger Miene. „Daneben befindet sich das Leichenhaus, wohin wir jetzt gehen. Es enthält die Gerätekammer, die Leichenkammer sowie zwei getrennte Aborte für Männer und Frauen."

Werner lief es unbehaglich den Rücken runter. „Müssen wir etwa durch die Leichenkammer gehen?"

„Nein, natürlich nicht, das ist getrennt, du Bangbüchse!"

Theo zog einen Schlüssel aus der Hosentasche und öffnete eine Holztür. Hacken, Schaufeln, Eimer, Seile, Holzbohlen, kleinere Gartengeräte, Blumentöpfe, Gießkannen – alles befand sich ordentlich gesäubert und wohlsortiert an der Wand oder lag in grobgezimmerten Regalen. Hinter einem Stapel Sackleinen zog Theo eine Scheibe von ungefähr einem Meter Durchmesser hervor und ergriff eine lange, schmale Blechröhre. Dann schnappte er sich einen Beutel und grinste Werner an, der ihn mit fragendem Gesicht beobachtete. „Du wirst schon sehen, wir bekommen heute noch Spaß! Brauchen wir auch nach der Lernerei. Wir erwarten noch Oskar und Fritz. Die werden jeden Moment kommen."

Da erklangen bereits die Rufe der beiden Tierwärter.

„Hallo, ihr Burschen. Theo, mach mal den Abort auf, ich muss mal. Und dann gehen wir zum gemütlichen Teil über."

Theo klopfte dem verblüfften Werner auf die Schulter. „Es gibt heute Völkerschau-Getriebe und nachher noch Wein – du wirst staunen."

Mit etlichem Sack und Pack beladen passierte die Gruppe in der Mitte des Friedhofs den Schmuckbrunnen mit dem Friedensengel aus Sandstein, den Oskar spöttisch grüßte.

Zielstrebig ging Theo weiter voran Richtung Lindener Berg, wo sich im spitzwinkelig auslaufenden Gelände keine Gräber mehr befanden, dafür aber einige alte Kastanien und ein kleiner Geräteschuppen.

„Du hattest recht, Theo, das ist ein feines Plätzchen für uns. Hier sind wir ungestört", meinte Oskar zufrieden.

Die Tierwärter legten am Fuße eines Baumes farbige Decken aus, außerdem kleine bunte Bastmatten, ausklappbare Hocker und allerlei exotisch aussehende Gefäße, die Werner staunend in die Hand nahm.

„Heinrich und ich, wir haben bei den Völkerschauen viel gesehen und auch was gelernt. Wir hatten ja mehr Kontakte mit denen als die Besucher. Und so haben uns die unterschiedlichen Rassen auch einiges geschenkt oder Beschädigtes hiergelassen, was wir wieder repariert haben. Das sind auch schöne Andenken. Wir sind ja nicht so hochnäsige Schnösel wie viele andere, die gerade in den letzten Jahren auf die sogenannten Wilden herabsehen."

„Anfangs war das auch nicht so", meinte Fritz. „Hagenbeck wollte ja Menschen und Tiere als ein Ergebnis der sie umgehenden Natur, der Landschaft und des Klimas zeigen. Er entwickelte immer prächtigere und aufwendiger ausgestattete Schauspiele, ließ Dörfer nachbauen und Landschaftskulissen aufstellen. 1878 kam erstmals eine Völkerschau mit vierzehn Hindus zu uns, deren Vorführungen, Gesänge und exotische Pracht faszinierten. Die Kinder durften auf Dromedaren und Kamelen reiten. Es gab eine wahre Völkerwanderung in unseren Zoo!" Er grinste breit. „15.000 Besucher an einem Tag, mehr konnte das Zoogelände nicht fassen, und man musste noch Hunderte abweisen."

„Damals hatten wir nie wieder erreichte Rekordeinnahmen", erklärte Oskar. „Die folgenden Völkerschauen mit den Lappen, die mit Rentieren, Schlitten und Waffen kamen, die nubische Karawane mit Flusspferden, die Irokesen, die Australier und die Kalmücken zogen auch viele Besucher an. Aber es gab zu viele billige Nachahmer. Von der wissenschaftlichen Völkerschau verkam das Ganze immer mehr zur Klamotte. Manche Männer kamen, um wenig bekleidete exotischen Frauen zu beglotzen, oder es wurden zum Beispiel in der Reichshauptstadt schwarz angemalte Berliner als Zulu-Kaffer ausgestellt. Da hat unser Direktor, der sich auch für das Wohlbefinden und die Gesundheit der Karawanenmitglieder verantwortlich fühlte, beschlossen, keine Völkerschauen mehr anzubieten, was andere Tiergärten durchaus noch getan haben."

„Dann war also die südwestafrikanische Karawane 1886 die letzte", folgerte Werner. „Gut, dass ich die wenigstens noch gesehen habe."

Theo, mit der unnachahmlichen Überlegenheit des sechs Jahre Älteren, meinte: „Ja, an die hübsche Hottentottin, für die wir alle geschwärmt haben, erinnerst du dich gewiss noch."

Werner bekam rote Ohren, da wurden sie unterbrochen. „Quatsch keine Opern!", sagte Fritz, der plötzlich genauso verkniffen dreinschaute wie Oskar.

Theo zuckte zusammen, und Werner erschien es, als ob dieser in einen Fettnapf getreten wäre, denn die drei Männer tauschten mit gerunzelter Stirn bedeutungsvolle Blicke aus. Scheinbar hatten sie mal wieder Geheimnisse vor dem Jüngsten in der Runde. Er hasste es, so ausgeschlossen zu werden. Er war ja mit sechzehn schließlich kein Kind mehr!

Oskar bemerkte seine missmutige Miene und erklärte: „Wir machen heute Affen-Picknick", und holte drei Flaschen Rotwein und Gebäck aus einem Tornister. „Unsere behaarten Brüder müssen sich heute mal mit Wasser und Möhren begnügen, und wir lassen es uns gut gehen."

„Aber vorher wollen wir unserem neuen Schießsport huldigen, ganz ohne Schützenverein und ganz unter uns", ergänzte Fritz. „Und dabei können wir wenigstens reden, wie uns der Schnabel gewachsen ist, ohne Spitzel fürchten zu müssen. Das dauernde Gefasel über die Kaisertage ist ja schier unerträglich. Dann leg mal los, Theo!"

Der nickte eifrig. „Hier können wir wunderbar üben. Werner hilf mir mal!" Er packte die Scheibe, ging zum Schuppen und hängte sie, während Werner mit festhielt, an einen Haken, den er offensichtlich schon vorher angebracht hatte.

Oskar nickte zufrieden. „Aber nun erst mal ran an den Feind! Theo, gib die Gewehre aus!"

Werner verstand gar nichts mehr. Da trat Theo an ihn heran, öffnete mit großer Geste theatralisch die Blechrolle und überreichte ihm ein etwa 150 Zentimeter langes, dünnes Bambusrohr.

„Man kann es mit Pfeilen oder Tonkugeln benutzen. Wir nehmen zum Üben natürlich Pfeile, damit wir genau sehen, wie wir die Zielscheibe getroffen haben", erklärte Theo wichtigtuerisch.

„Wieso wollt ihr denn um Himmels willen mit Blasrohren schießen?", stammelte Werner verblüfft.

Fritz haute ihm kräftig auf die Schulter. „Erstens zum Spaß. Mal was anderes als Pistole und Gewehr – was mich eh an den Krieg erinnert und laut und aufwendig ist. Und zweitens hatte Oskar, während wir über die Jagdgepflogenheiten der uns besuchenden Völker sprachen, eine blendende Idee."

„Ja, schon lange überlegte ich, wie wir Tiere, die verletzt sind oder eine medizinische Behandlung brauchen, betäuben können, ohne dass diese große Aufregung erleiden müssen. Ihnen etwas in das Futter zu mischen, klappt auch nicht immer, von den Risiken bei der Dosierung mal ganz abgesehen. Als wir zum Beispiel dachten, dass die Menge den stärksten Elefanten umhaut, hat der sich nur geschüttelt. Also kam ich bei meinen Beobachtungen auf die Idee, die Tiere mittels Pfeil aus dem Blasrohr zu betäuben. Die Wucht des Pfeils, wenn man geübt hat, ist nicht so durchschlagend wie bei Pfeil und Bogen. Blasrohre werden in einigen Kulturen, zum Beispiel bei nordamerikanischen Indianern, in Südamerika, auf Borneo und in Südafrika genutzt – natürlich mit unterschiedlichen Giften."

„Es gilt also, zielgenau treffen zu können. Und dann müssen wir ausprobieren, welche Dosierung wir von welchem Mittel brauchen, um ein Tier zu betäuben. Fangen wir erst mal mit Üben an. Ich zeige euch, wie es geht. Die Hottentotten haben es mir beigebracht."

Fritz legte in ein Ende des Rohres einen Pfeil ein, den er aus einem kunstvoll geflochtenen Köcher zog, setzte das Ende an den Mund und blies kräftig.

Alle staunten, denn der Pfeil saß ziemlich genau im Zentrum der Scheibe. Oskar reichte Theo ein Rohr, doch der bekam trotz kräftigem Blasen und hochrotem Kopf nur einen nach kurzem Flug harmlos herabsinkenden Schuss zustande.

„Um kräftigen Druck aufzubauen, kann man das Rohr vor dem Schuss entweder mit den Lippen oder mit der Zunge verschließen", erklärte Oskar. „Beim Zielen sind beide Augen geöffnet, wodurch beim Anvisieren das Blasrohr doppelt gesehen wird. Das Ziel muss sich genau in deren Mitte befinden. Aber ihr wisst ja, grau, lieber Freund, ist alle Theorie. Und da vor dem Vergnügen die Arbeit steht, stellen wir uns jetzt in einer Reihe auf und üben."

Die drei Neulinge fluchten lauthals, denn die meisten Pfeile erreichten die etwa fünfzehn Meter entfernte Zielscheibe nicht. Nachdem alle verschossenen Pfeile wieder aufgesammelt waren, gab es in der zweiten Übungsrunde immerhin kleine Erfolgserlebnisse. Werner traf mehrfach die Scheibe und war stolz, dass er es am besten machte. „Kann man für nähere Ziele auch ein kürzeres Rohr nehmen?", fragte er Oskar.

„Ja, das geht. Aber wir kommen ja meist nicht so nah an die Tiere heran, also üben wir erst mal den schwierigsten Fall."

Nachdem auch die zweite Runde Pfeile verschossen war, ging man zum gemütlichen Teil des späten Nachmittags über. Sie lagerten auf den Decken, naschten Gebäck, und die Rotweinflasche kreiste. Werner schüttelte den Kopf. „Verzichte dankend zu Gunsten armer Waisenkinder", meinte er großspurig. Er kannte seinen Chef, der seinen Anteil am Wein locker mit wegputzen würde. Der trank denn auch in raschen, durstigen Zügen, wobei es ihm Fritz eifrig nachtat. Es war unschwer vorauszusehen, dass die Herren beim Rückweg Unterstützung der beiden jüngeren Männer brauchen würden.

„Wenn man das Zielen mit dem Blasrohr beherrscht, womit kann man dann die Tiere betäuben?", fragte Theo.

„So weit sind wir noch nicht. Wir müssen natürlich auch die Dosierung ausprobieren. Es gibt hier vieles nicht, wie etwa Schlangengift, das die Eingeborenen verwenden. Einiges haben sie uns dagelassen und erklärt, damit wir es in geringer Menge zum Betäuben ausprobieren können. Aber Aconitum gibt es auch hier reichlich. Gute Frage für unseren angehenden Gärtner! Was ist das, Theo?"

„Eine Pflanzenart der Gattung Eisenhut in der Familie der Hahnenfußgewächse. Bei uns kommt meist der Blaue Eisenhut vor, auch bekannt als Mönchs- und Reiterkappe, Gift- und Sturmhut, Würgling und Ziegentod. Es ist eine seit Langem bekannte Zier- und Arzneipflanze. Alle Teile der Pflanze sind sehr giftig. Bereits zwei Gramm der Wurzel wirken tödlich."

„Sehr gut, Theo! Der Tod tritt bei oraler Einnahme durch Herzrhythmusstörungen und Atemlähmung ein. Doch für heute wollten wir ja keinen weiteren Unterricht mehr halten." Oskar nahm noch einen kräftigen Schluck Wein. „Ich habe gehört, dass der Kaiser auch durch Linden ziehen wird, und dass man ihm hier einen hochherrschaftlichen Empfang bereiten will. Das kotzt mich an – wir sind eine Arbeiterstadt mit sozialdemokratischer Gesinnung und huldigen diesem Kerl, der sich auch noch von Gottes Gnaden berufen fühlt."

„Aber er soll sich doch gerade für die Arbeiter einsetzen", wandte Werner leise ein.

„Wer es glaubt, wird selig. Die herrschende Klasse wird sich nie ändern. Pomp und Gloria für den Adel, und der kleine Mann kriegt die Kartoffeln samt Schale. Wartet mal ab, wie die hohen Herrschaften bei den Diners wieder leben werden wie die Made im Speck! Man müsste denen die Suppe gründlich versalzen. Nun haben wir mehr Sozialdemokraten im Reichstag, aber von einer gerechteren Welt sind wir noch weit entfernt. Selbst wenn sie das Sozialistengesetz nächstes Jahr aufheben, wird sich nichts Wesentliches ändern. Die Herren sind menschenverachtend – der Arbeiter kommt noch gerade vor dem Hottentotten."

„Das kann man, glaube ich, nicht vergleichen", wandte Werner nun doch ein. „Die Neger, diese ganzen Kanaken sind eben blöde und dumm. Wenn so einer sich zum ersten Mal im Spiegel sieht, kapiert er nicht, dass er selber das ist, selbst seinen Nasenring erkennt er nicht. Außerdem sind die Neger ein faules Pack. Für den Segen der Zivilisation und des Glaubens, den wir ihnen bringen, müssen die genau wie wir hart arbeiten und etwas im Gegenzug leisten. Wenn die Wilden überhaupt eine Seele haben, so können sie nur durch den christlichen Glauben gerettet werden."

„Du hast die ganzen Ausflüchte und Mäntelchen der Ausbeuter ja fein gefressen!" Fritz blickte den Jungen verächtlich an. Zwei Rotweinflaschen hatten sie in kurzer Zeit geleert, und Oskar schien etwas geistesabwesend zu sein.

„Das sagen die meisten Leute, meine Eltern auch", trat Werner den Rückzug an und ärgerte sich über sich selbst. Wusste er doch aus Erfahrung, dass mit fortgeschrittenem Alkoholkonsum der Ton schärfer und die Standpunkte extremer wurden. In letzter Zeit schloss sich auch Theo immer mehr den radikalen Ansichten der beiden Tierwärter an.

„Alles Ausbeuter, die hohen Herrschaften, einer wie der andere", fügte nun Oskar mit etwas schwerer Zunge hinzu. „Unsere sogenannten Mitbürger in den Kolonien können sich auf einiges gefasst machen. Die ahnen noch nicht, was ihnen blüht. Die Völkerschauen, die ja in anderen Städten noch stattfinden, sollen dem deutschen Volk jetzt klarmachen, dass wir mit unseren neuen Kolonien nun mitspielen im Kampf um Einfluss und Handelsstützpunkte. Egal, ob in Afrika oder bei den Völkerschauen, der olle Bismarck soll ja nicht umsonst gesagt haben, dass es auf einen Neger mehr oder weniger nicht ankomme."

„Solange diese menschenverachtenden Blutsauger an der Macht sind, haben die einfachen Leute, gleich welcher Hautfarbe, nichts zu lachen. Dass denen nun auch noch hofiert und applaudiert wird, statt sie zumindest zu ignorieren, davon sind wir leider weit entfernt." Theo blies ins gleiche Horn.

„Es ist alles zum Heulen", lallte Oskar und erhob sich schwerfällig. „Ich will nach Hause." Während er am Stamm der Kastanie lehnte, stützte ihn Fritz freundschaftlich ab. „Wir haben eben zu viel Unrecht hautnah erlebt", flüsterte er dem Freund zu. „Die anderen lassen sich immer wieder blenden und verführen." Laut sagte er zu Theo und Werner, die alles wieder einsammelten und zusammenpackten: „Von jetzt an üben wir jedes Wochenende. Und nächsten Samstag stechen wir auch einige Rasenstücke dort ab, wo im Frühjahr immer so schön die Scilla blühen. Also, Theo, was ist das?"

„Blaustern, Scilla siberica, blüht ab Ende März, gedeiht besonders an schattigen und halbschattigen Standorten. Manchmal verwildert er und kann dann einen hübschen Teppich aus leuchtendblauen Glöckchen bilden."

„Sehr gut, wird schon noch ein ordentlicher Gärtner aus dir werden! Wäre zu schön, wenn wir die Scilla auf einigen Wiesen im Zoo ansiedeln könnten. Aber nun lasst uns heimwärts ziehen. Wir sehen uns ja bald wieder, auf jeden Fall samstags nach eurer Biologiestunde immer hier."

Werners Vorfreude auf solche Treffen hielt sich nach diesem Gespräch in Grenzen.

Montag, 9. September 1889

Ein Abend bei Breuers in Linden

Luise Breuer deckte für das Abendbrot den Tisch in der Wohnküche. Eine Freundin hatte ihr aus deren Schrebergarten viele unterschiedliche Kräuter geschenkt, die sie feingehackt zu einem köstlichen Kräuterquark verarbeitete. Bereits am Vormittag hatte sie fünf Liter abgerahmte saure, dicke Milch mit einem Liter heißem Wasser vermischt. Dabei achtete sie sorgfältig darauf, dass die Temperatur eines in die Masse gehaltenen Thermometers nicht mehr als 28 Réaumur anzeigte, sonst wäre das Ganze hart und bröckelig geworden. Die abgeschiedene Käsemasse packte sie dann auf einem nassen Tuch in ein Sieb, beschwerte das Ganze und ließ es gut abtropfen.

Dazu gab es in mit Kümmel und groben Salz gewürztem Wasser gekochte Pellkartoffeln. Sie wusste, dass ihr Neffe Johann dieses gesunde und preiswerte Mahl ebenfalls schätzte.

Gegen sieben Uhr versammelte sich die Familie. Während sie auf Johann warteten, berichtete Hannes: „Wie ich bisher gehört habe, wird die Feststraße ein verwirrendes Durcheinander der historischen Bezüge und künstlerischen Stile."

„Das sehe ich genauso wie du, Vater. Da wollen sich, glaube ich, einige der Maler, Bildhauer und Architekten besonders hervortun. Insgesamt wird es einfach bombastisch. Aber der Aegidienthorplatz, den von Elßtorff zum Thema Industrie gestaltet, der wird ganz besonders imposant."

„Imposant ist auch ein Huldigungsgedicht, dass Felix Dahn, unser bekannter Dichter patriotischer Gesänge, schon mal im Vorfeld verfasst hat. Ich habe bereits eine Kostprobe für euch!" Er holte eine Druckfahne des Hannoverschen Kuriers für den folgenden Tag heraus und las vor:

„Heil dir, Wilhelm, unser Kaiser!/Ahnvererbte Lorbeerreiser/Kränzen Schlachtschwert dir und Thron!/Doch nicht nach dem Ruhm der Schlachten,/Nach dem Ölzweig willst du trachten: Frieden ist dein Ziel und Lohn. Aber Deutschlands Recht und Ehre/Wahrest du mit scharfer Wehre:/Dieses Auges Aufschlag blitzt! Weh dem Kecken Übermüth'gen,/Welcher diesem feuerblüt'gen/ Adler das Gefieder ritzt!"

„Du liebe Güte, hör auf, das reicht als Kostprobe völlig!", rief Luise dazwischen. „Typisch Dahn, reim dich oder ich fress dich, vermischt mit schwülem Pathos. Ich weiß wirklich nicht, was die Leute an seinen Werken finden."

Da trat Johann mit etwas Verspätung herein und entschuldigte sich mit hochrotem Gesicht. „In Kastens Hotel ist die Hölle los – bin froh, dass ich überhaupt abhauen konnte. Des Kaisers persönliches Gefolge besteht schon aus 150 Personen, dazu kommen ausländische Gäste aus dem europäischen Adel und bedeutende Industrielle. Da nicht alle im Schloss untergebracht werden können, mussten Belegpläne für die Hotels erstellt werden. Hab auch eine Überraschung für euch."

Er pustete langsam Luft aus und legte einen großen Papierumschlag, den er zuvor triumphierend geschwenkt hatte, auf den Küchentisch. Schnell wusch er sich am Spülstein mit Kernseife gründlich die Hände, trocknete sie in einem blau-weiß-karierten Tuch ab und setzte sich. „Guten Abend allerseits, vielen Dank, dass ich kommen durfte."

Die linke Augenbraue von Hannes, die sich schon in nichts Gutes verheißende Höhe geschoben hatte, denn höfliche Umgangsformen hielt er für unerlässlich, sank wieder herab. „Na dann, willkommen, mein Junge. Was hast du denn mitgebracht?"

„Die Speisekarte für das Festessen am Samstag im Ständehaus, bei dem du ja auch als Mitglied des Lindener Festkomitees die Ehre hast, dabei zu sein, lieber Onkel!"

„Das wird sicherlich etwas opulenter als unser Abendessen", meinte Hannes. „Ich habe Hunger, lasst uns erst mal anfangen."

Luise sprach ein kurzes Tischgebet, schenkte ihrem Mann ein Glas Bier aus der Kanne ein, die Cord von einer Kneipe aus der Nähe für seinen Vater geholt hatte.

„Hervorragend, Tante Luise", lobte Johann. „Eine Frankfurter Grüne Soße könnte nicht besser sein."

„Aber teurer", entgegnete diese trocken, „denn da gehören noch jede Menge Sahne und gekochte Eier rein."

Noch kauend zog Johann aus dem Umschlag eine prächtige Karte. Man sah schon auf den ersten Blick, dass diese mit viel künstlerischem Geschick und in besonders reicher und farbenprächtiger Ausführung gestaltet war.

Alle blickten neugierig darauf, aber Hannes bestimmte: „Erst wird fertig gegessen."

Als abgeräumt war, bot Luise allen ein Glas Bier an und nahm die Karte zur Hand.

„Erstellt von der Druckerei Jänecke", erklärte Johann.

Luise las vom Deckblatt vor: „Festmahl zu Ehren Seiner Majestät des Kaisers und Königs Wilhelm II. und Ihrer Majestät Kaiserin und Königin Auguste Viktoria. Dargebracht von dem Provinziallandtage der Provinz Hannover am 15. September 1889."

Über diesen Zeilen schwebte der Deutsche Reichsadler, am Fuß der Karte befand sich die Ansicht des Ständehauses, an der Seite ein mit Eichenlaub umwundener Flammenträger mit den Wappen der sieben Landschaften der Provinz, während das Wappen der Provinz, das weiße Pferd im roten Schilde, am Sockel prangte.

„Das ist ja schon mal bomfortionös", witzelte Hannes, bei dem die Karte inzwischen gelandet war. „Dann wollen wir doch mal sehen, womit ich mir am Samstag den Bauch füllen darf."

„Nur vom Feinsten, lieber Onkel – das Gedeck beläuft sich auf siebzig Mark pro Person."

Luise erstarrte. „Das ist ja eine ungeheuerliche Verschwendung. Ein Arbeiter verdient gerade um die hundert Mark im Monat, und da müssen die Frauen noch dazu verdienen, damit die Familie über die Runden kommt."

„Um die Verteilung der Güter ist es sehr ungerecht bestellt auf dieser Welt. Wir erleben hoffentlich noch, dass sich daran einiges ändert." Hannes runzelte die Stirn. „Na, da können wir gespannt sein, mit welcher Prasserei solche enormen Kosten für eine Mahlzeit entstehen!"

Er klappte die Karte auf und begann die Speiseordnung vorzulesen:

„Vortisch: Austern, Hochheimer Schaumwein von Burgeff. Austern hab ich ja noch nie gegessen!"

„Aber probieren solltest du alles", forderte seine Frau.

Hannes stutzte und brummte dann zustimmend: „Ja, wer weiß, ob ich jemals wieder eine solche Gelegenheit habe – also wird alles zumindest gekostet. Johann, kannst du mir zeigen, wie ich die Austern zu mir nehme?"

„Schlürfen, Onkel! Ich erkläre es dir nachher."

Dabei blickte Johann seltsam unergründlich, was Hannes wohl bemerkte. Er ahnte nicht, dass sich die Reaktion seines Neffen auf die Ankündigung, alles probieren zu wollen, bezog.

Hannes Breuer las weiter:

„Suppen: Geflügelsuppe, klare Fleischbrühe, Weißer Portwein.

Anfangsgang: Blätterteigrollen, mit Straßburger Gänseleber gefüllt. Krebsschwänze in Muscheln, Tischweine: 77er Chateau La Rose, 84er Cantzemer.

Hauptfleischgericht: Heidschnucken-Rücken auf Feinschmecker Art, 75er Leoville Las Cases."

Seine Frau unterbrach ihn: „Abgesehen davon, dass mir das Wasser im Munde zusammenläuft, denke ich, dass ich hier bereits satt und angeheitert wäre."

Johann grinste breit. „So geht es Gästen häufig auch. Die Damen sind wohlberaten, wenn sie sich nicht in die Korsetts auf 48 Zentimeter schnüren lassen, sondern sich etwas mehr Platz gönnen. Diejenigen, die den Versuchungen nicht widerstehen können, machen dann notfalls mit Kotztropfen Platz für weitere Gänge."

„Du willst uns wohl verulken", sagte Cord, aber Johann verneinte.

„Das gibt es wirklich."

„Unglaublich, und hier werden viele Familien kaum satt!", schimpfte Luise. „Da kann einem der Appetit vergehen, auch wenn man gar nicht eingeladen ist."

„Es kommt noch besser." Johann senkte die Stimme geheimnisvoll. „Lies erst mal weiter, Onkel."

„Fisch: Harzer Forellen mit römischer Tunke und frischer Butter, 84er Piesporter Goldtröpfchen.

Mittelgang: Rebhuhnbrüstchen nach Medicis. Hummeraufbau. Heidsieck & Cie, 68er Steinberger Cabinet.

Braten: Elsässer Masthühner mit Ortolanen, 75er Haut Brion."

Nun unterbrach Cord ihn: „Was sind denn Ortolanen?"

Johann schnaufte. „Nun, wir haben ja zum Glück schon gegessen. Ortolanen galten bereits in der Antike als Delikatesse. Es handelt sich um einen etwa sperlingsgroßen Singvogel, der gefangen wird. Im Dunkeln oder nach Entfernen seiner Augen mästet man ihn etwa zwei Wochen lang."

Luise starrte ihren Neffen entsetzt an, der fuhr nach einem bestätigenden Blick von Hannes fort: „Die Dunkelheit bringt den Tag- und Nachtrhythmus des Vogels durcheinander, daher frisst er beständig und erreicht ungefähr das Dreifache seines ursprünglichen Gewichts. Dann ertränkt man ihn in Armagnac und gart ihn in einem speziellen kleinen Topf in Fett."

Inzwischen sah Luise ziemlich blass aus. Cord schüttelte sich, und Hannes guckte äußerst grimmig.

„Möchtest du noch wissen, Onkel, wie man einen gemästeten Ortolan, auch Fettammer genannt, stilgerecht verspeist?"

Hannes Breuer blickte ziemlich erschüttert, was bei ihm selten vorkam. „Gehe ich recht in der Annahme, dass ich darauf vielleicht vorbereitet sein sollte? Noch viel scheußlicher als bei den rohen Austern kann es ja eigentlich nicht kommen."

„Wie man es nimmt, die Austern sind dagegen absolut harmlos", entgegnete Johann. „Zum Essen wird der Vogel komplett in den Mund genommen und zerkaut. Dabei stülpt sich der Esser eine Serviette über den Kopf. Zum einen soll die Serviette den Duft nah an Mund und Nase halten, zum anderen gilt es als manierlicher, die Tischnachbarn nicht mit dem Anblick und den entstehenden Geräuschen zu belästigen."

Luise stand abrupt auf, ging zum Vertiko, öffnete die rechte Tür und holte eine Tonflasche mit Doppelwacholder heraus. Im Aufrichten fiel ihr Blick auf die abschließende geschnitzte Zierleiste des Möbels, und sie stellte fest, dass hier mal wieder dringend mit Pinsel und Bürstchen der Staub bekämpft werden musste. Hausfrauen sind schon manchmal etwas abstrus, dachte sie, holte vier Stamper aus dem Küchenschrank und goss großzügig ein.

„Ein ordentlicher Doppelwacholder war schon das probate Allheilmittel meiner Großmutter, wenn einem etwas auf den Magen geschlagen ist."

Alle nahmen einen ordentlichen Schluck und schüttelten sich, was nicht nur dem Alkohol, sondern auch dem eben Gehörten geschuldet war.

„Das ist ja noch dekadenter als früher bei den Fürstbischöfen, die Unmengen von Forellen erschlagen ließen, um dann die Bäckchen zu essen", bemerkte Hannes nach dem ersten Schluck. „Aber ich danke dir für die Vorwarnung. Ich weiß nun, wann ich mal dringend den Saal verlassen muss."

„Wahrscheinlich werden immer mehrere Gänge gemeinsam aufgetragen – iss dich am besten vorher satt", empfahl Johann. „Es gibt übrigens noch Grünen Salat und eingemachte Früchte, gefüllte Riesenchampignons und Trüffeln in Champagner gekocht und als Süßspeise Eis, dazu Tokajer Ausbruch, drei buttig, außerdem natürlich noch Käse und Früchte."

Misstrauisch sah Cord in die Runde. „Ist drei buttig wieder so eine Schweinerei wie bei den Ortolanen?"

„Nein, obwohl, er wird so ähnlich wie Eiswein aus eingetrockneten und auch edelschimmeligen Trauben hergestellt. Es handelt sich um einen besonders edlen Tropfen aus Ungarn."

„Wein aus vergammelten Trauben?" Das Gesicht von Hannes war ein einziges Fragezeichen.

„Sie sind nicht vergammelt. Es handelt sich um eine Edelfäule, die im Herbst von einem Pilz verursacht wird, der die Trauben aufplatzen lässt, Saft tritt aus, die Beeren schrumpfen, aber nicht alle gleichzeitig. Daher braucht die Lese von Hand viel Zeit, die Rebstöcke müssen mehrmals abgesucht werden, die Trauben sammelt man in Butten von 25 Kilo."

„Was sind nun wieder Butten?", fragte Luise.

„Spezielle Holzbehälter, in denen die Trauben aufbewahrt werden. Je nach Qualitätsstufe kommen drei bis sechs Butten edelfaule Trauben auf ein Fass Most. Ungefähr zwei Tage liegt der Wein auf der Maische, so entsteht viel Zucker und Aroma, aber auch eine schöne Säure. Danach wird ausgepresst, sehr lange im Fass vergoren. Tief unter der Erde reift der Wein in Eichenfässern. Die Hügel in der Gegend sind durchlöchert wie Schweizer Käse – man hat in dieser jahrhundertealten Weinregion immer wieder Keller ausgehöhlt. Die Reifezeit richtet sich nach der Buttenzahl plus ein bis zwei Jahre."

„Das heißt, der Tokajer beim Festessen ist mindestens vier bis fünf Jahre gereift", schlussfolgerte Hannes.

„Ja, wobei dieser Wein unglaublich langlebig ist. In Flaschen kann er nicht nur Jahrzehnte, sondern sogar Jahrhunderte aufbewahrt werden. Den Tokajer solltest du unbedingt kosten. Ludwig der XIV. war so begeistert von diesem edlen Tropfen, dass er ihn den ‚Wein der Könige und den König der Weine' nannte. Der Tokajer begann, Europa zu erobern und wurde von Peter dem Großen, Katarina der Großen, Friedrich II., Voltaire, Goethe und Schubert geschätzt. Der Tokajer wurde ähnlich beliebt wie der Malvasia-Wein von den kanarischen Inseln."

„Gut, ich werde ihn probieren. Und ich finde, dass du viel gelernt hast, Johann. Bin stolz auf dich!"

Das bedeutete höchstes Lob von Hannes Breuer, und Johann bekam rote Wangen. „Mal sehen, ich möchte Weinkellner werden, das finde ich äußerst interessant."

„So kommt die weite Welt durch die Kaisertage und Johann nach Linden in unsere Wohnküche – na dann prost!", sagte Luise und trank den letzten Schluck Doppelwacholder.

Werner macht sich Sorgen

Die Samstagnachmittage mit den Übungen im Blasrohrschießen zeigten Erfolg. Inzwischen trafen alle recht gut ins Zentrum der Scheibe.

Heute brachte Fritz zum Treffen kürzere Rohre mit. „Oskar und ich haben uns überlegt, dass es auch Situationen im Zoo gibt, wo wir ein Tier auf kleinere Entfernung betäuben müssen. Außerdem sind wir mit dem langen Rohr inzwischen alle so gut, dass es ja fast schon langweilig wird."

Theo war Feuer und Flamme. „Gute Idee. Welche Entfernung schwebt euch vor?"

„Wenn wir zum Beispiel zwischen Käfigstäben hindurch zielen müssen, können es ungefähr acht Meter sein", meinte Oskar.

Theo eilte zur Zielscheibe, vermaß zehn Meter in großen Schritten und zog mit der Fußspitze eine Linie. „Dann mal los!"

Oskar drückte Werner ein kurzes Blasrohr in die Hand und bestimmte: „Der Jüngste fängt an!"

Werner stellt sich auf die Linie, ergriff mit beiden Händen das Rohr, zielte und schoss weit daneben. Alle lachten.

„Na, da müssen wir uns wohl erst mal umgewöhnen", meinte Theo.

Nach und nach verbesserten sich die Ergebnisse der eifrigen Schützen, und schließlich erklärte Oskar: „Nun kommen wir zum gemütlichen Teil!"

Der „Affenwein" und das Gebäck gehörten inzwischen zum festen Bestandteil des Treffens. Werners Beteuerungen, dass ihm der Rotwein absolut nicht schmecke, wurden widerspruchslos hingenommen, da es den Anteil der anderen erhöhte.

„Die Kaisertage und das Gewese um die anderen hohen Herrschaften, die hierherkommen, um auf Kosten des armen Mannes zu fressen und zu saufen und sich auch noch bejubeln zu lassen, hängen mir immer mehr zum Halse raus", verkündete Oskar, als er dem Wein wieder ordentlich zugesprochen hatte.

„Wir sollten ein Flugblatt schreiben und dazu aufrufen, die Kaisertage zu boykottieren!", rief Theo. „Da würden doch viele nachdenklich, wenn keine Massen Spalier stehen und hurra schreien."

Fritz schüttelte nur mitleidig den Kopf. „Willst du uns für nichts und wieder nichts die Kriminaler aus Berlin auf den Hals hetzen? Die Massen sind so verblendet, dass sie doch alle im Jubeltaumel sind. Mit Flugblättern ist da nichts zu machen. Augenblicklich bringen uns nur einzelne Nadelstiche voran, die den Blutsaugern Angst einjagen."

„So sehe ich das auch", entgegnete Oskar. „Wir brauchen unvorhersehbare Attacken mit Bomben oder Messern auf alle Orte der dekadenten bourgeoisen Lebensweise wie Theater und Cafés, so dass sie sich nirgendwo mehr sicher fühlen und ihnen das Lachen so vergeht, dass sie sich wie Ratten in ihre Löcher zurückziehen."

„Und da ja die Bestrebungen des Proletariats eine internationale Bewegung sind", setzte Fritz noch eines oben drauf, „müssen vor allem auch Anschläge auf Mitglieder der europäischen Herrscherhäuser verübt werden. So wie damals auf Wilhelm I., König Alfons XII. von Spanien, den italienischen König Umberto I. oder 1881 auf den russischen Kaiser Alexander II., den eine Bombe zerriss. Da trifft man immer die richtigen, denn die sind eh fast alle miteinander verwandt und verschwägert."

„Aber man kann doch nicht einfach Menschen umbringen!", rief Werner, dem diese Anschläge gar nicht so klar gewesen waren, völlig entsetzt. „Egal ob sie rein zufällig sterben, weil sie gerade mit anderen das Leben genießen, oder ob man sie gezielt umbringt, weil sie einem Herrscherhaus angehören. Es gibt doch auch Adelige, die sich für mehr Gerechtigkeit einsetzen."

„Mit Ausnahmen kann man sich nicht befassen", sagte Oskar belehrend. „Die Blutsauger haben hunderttausende Leibeigene, Soldaten und Arbeiter auf dem Gewissen. Darauf kommt es ihnen genauso wenig an, wie auf einen Wilden mehr oder weniger. Das kümmert die doch einen feuchten Kehricht, was diese Kreaturen in den Kolonien oder bei den Völkerschauen leiden. Keine Befreiung wird ohne Opfer errungen!"

„Nadelstiche halte ich für eine gute Idee", lallte Fritz, und Werner lief es kalt den Rücken herunter. Wenig später löste sich die Runde auf, und Werner ging so tief in Gedanken versunken an der Martinskirche vorbei, dass er beinah in Cord hineingelaufen wäre, der sich auf dem Heimweg befand.

„Was ist denn mit dir los? Du siehst ja ganz miesepetrig aus, und das bei dem schönen Wetter! Ist dir eine Laus über die Leber gelaufen?"

„Über meine Leber nicht", murmelte Werner leise, aber Cord hatte ihn trotzdem verstanden.

Prüfend blickte er seinen alten Schulfreund an. „Bedrückt dich etwas? Willst du es mir vielleicht anvertrauen?", fragte er vorsichtig.

Werner hob unschlüssig die Schultern.

„Komm, wir setzen uns auf dem Friedhof auf eine Bank, und dann legst du mal los", forderte Cord ihn auf. Kaum saßen sie dort, mit Blick auf alte Gräber und die Kirche, schien Werner nicht so richtig zu wissen, wo er anfangen sollte.

„Also, wir treffen uns seit etlichen Wochen in einer einsamen Ecke auf dem Lindener Bergfriedhof und üben Blasrohr schießen."

Cords Gesicht verzog sich in bassem Erstaunen. „Blasrohr? Und wer ist wir?", fragte er sofort. Nach und nach konnte er sich aus Werners gestammeltem Bericht ein Bild machen.

„Jedenfalls haben sie immer reichlich Affenwein dabei …"

„Was ist das denn?", unterbrach Cord.

„Na, der Rotwein, den die großen Affen normalerweise mittags mit Zucker bekommen – den verkasematuckeln sie nach dem Üben, und dann schwingen sie immer wildere Reden gegen den Adel und die Burscho…" Er kam ins Stocken.

„Bourgeoisie, das Bürgertum", half Cord aus.

„Ja, genau, wobei der Theo inzwischen immer mehr ins gleiche Horn bläst, wie die älteren Männer. Es geht auch gegen die Obrigkeit und den Kaiser, da kann einem angst und bange werden. Die steigern sich gegenseitig regelrecht in ihren Hass rein. Nicht, dass einer von denen noch Dummheiten macht."

„Wie meinst du das?", fragte Cord, obwohl ihn bereits eine böse Ahnung beschlich.

Werner blickte ihn ängstlich an. „Bei den Kaisertagen sind ja reichlich hochgestellte Persönlichkeiten, einschließlich des russischen Thronfolgers hier anwesend, da könnte man leicht Unheil anrichten. Und Oskar hat in seiner Kammer beim Affenhaus auch allerhand Fläschchen stehen. So viel habe ich schon gelernt, dass manches, was in geringer Dosierung hilft, in größerer Menge auch tödlich sein kann."

Cord hatte genug gehört. Ihm schwirrte der Kopf. „Gut, dass du es mir erzählt hast, Werner. Mach dir nicht zu viele Gedanken", fuhr er wider besseres Wissen fort, „Männer räsonieren gern, politisieren und schwingen große Reden, vor allem wenn sie ordentlich einen intus haben. Lass dir nichts anmerken und rede mit keiner Menschenseele darüber! Ich werde mit meinem Vater sprechen, wenn es dir recht ist?"

Werner nickte erleichtert, denn zu Hannes Breuer hatte er Vertrauen. Die beiden klopften sich gegenseitig auf die Schulter und machten sich auf den Heimweg.

Cord war froh, dass er zu Hause nicht nur seine Eltern, sondern auch seinen Vetter vorfand. Schnell trank er ein großes Glas Wasser und sagte dann: „Setzt euch bitte an unseren Küchentisch. Ich muss euch was erzählen!"

Nach seinem Bericht blickten sich alle ebenso entsetzt wie zunächst ratlos an.

„Zur Polizei?", fragte Luise.

Hannes schüttelte energisch den Kopf. „Nein, besser nicht, da wecken wir nur schlafende Hunde. Die Kriminalpolizei würde alle drei sofort festnehmen. Die landen für Jahre in der Festung. Und wenn die uns erst mal auf dem Kieker haben mit all ihren Spitzeln, wer weiß, ob sie dann nicht noch die roten Füchse enttarnen und uns ins Visier nehmen. Außerdem wissen wir doch gar nicht, ob da nur mit vernebelten Köpfen große Reden geschwungen werden – was schlimm genug ist und für ihre Verhaftung völlig reichen würde – oder ob einer von ihnen ernsthaft Schaden anrichten will. Und schließlich ist Oskar ja auch noch ein alter Freund von mir."

„Aber wir können doch nicht einfach gar nichts tun", sagte Cord.

Johann holte tief Luft. „Ich werde die Besten der roten Füchse instruieren, alle drei während der Kaisertage lückenlos im Auge zu behalten."

„Das wird nicht einfach werden", meinte Hannes. „Zumal Theo ja selber zu den roten Füchsen gehört hat, das musst du berücksichtigen."

Johann nickte, und Luise ging zum Vertiko und holte die Tonflasche raus. „Dagegen waren ja die Ortolane noch harmlos", meinte sie, während die Stamper mit dem Doppelwacholder gefüllt wurden.

„Wenn das so weitergeht, geraten wir wegen der Kaisertage auch noch an den Suff", versuchte Cord mit einem Scherz die gedrückte Stimmung zu heben, was ihm nicht gelang.

Nachdem er sein von der Mutter nur halb gefülltes Glas geleert hatte, beschloss er das Problem, ohne Namen zu nennen, mit Elsa zu besprechen, mit der er glücklicherweise sowieso für morgen zu einem geheimen Spaziergang die Feststraße entlang verabredet war. Mal sehen, wie deren analytischer Verstand das Ganze einschätzen würde.

Ein geheimer Sonntagsspaziergang

Am Sonntag um zwei Uhr schlüpfte Elsa durch die Toreinfahrt zum Kutscherhaus und zog sich in einem Verschlag mit geübten Griffen blitzschnell um. Dort befand sich gut versteckt ihre Tarnkappe, wie sie ihre Verkleidung gern nannte. Nach einer Theatervorführung für wohltätige Zwecke hatte sie die Idee gehabt, das Dienstmädchenkostüm samt Perücke zu nutzen, um sozusagen inkognito durch die Stadt zu spazieren. Denn für junge Damen aus gutem Hause schickte es sich nicht, unbegleitet zu flanieren.

Selbst Cord hatte sie kaum erkannt, als er sie das erste Mal mit der schwarzen Perücke, die gut zu ihren dunklen Brauen über aquamarinblauen Augen passte, und der schwarzen Dienstmädchentracht mit weißer Bluse gesehen hatte.

Hochgewachsen, mit mittelblondem Haar und einer aristokratischen Nase entsprach Elsa nicht dem üppigeren Schönheitsideal, war aber, wie Cord fand, eine sehr elegante Erscheinung. Da Elsa nicht nur einen messerscharfen Verstand, sondern auch ein mitfühlendes Herz besaß, sich auch um die Sorgen und Probleme der zahlreichen armen Familien Gedanken machte, war zwischen den beiden eine ungewöhnliche Freundschaft entstanden. Elsa, obwohl ein Jahr älter, hatte ihn stets als gleichwertigen Gesprächspartner behandelt. Vielleicht lag es daran, dass sie als Waise zwar in einer adeligen Familie aufgewachsen war, aber eben doch nicht richtig dazugehörte. Cord jedenfalls freute sich auf das Wiedersehen, denn sie hatten wegen der vielen Arbeit für die Kaisertage kaum Gelegenheit gehabt, in Ruhe miteinander zu reden.

Wie stets stand er gegenüber der Toreinfahrt auf der anderen Straßenseite der Königstraße und gab ihr Zeichen, dass die Luft rein war. Elsa huschte schnell zu ihm, und sie gingen im vertrauten Gleichschritt zum Bahnhofsplatz. Dort wurde wie überall in der Stadt eifrig gezimmert und gearbeitet – auf Sonntagsruhe konnte man keine große Rücksicht mehr nehmen, denn schließlich musste alles rechtzeitig fertig werden.

Sie kamen am linken Flügel des Bahnhofs an, in dem sich im südlichen Eckpavillon mit Loggia und Freitreppe das Fürstenzimmer für den Empfang der höchsten und allerhöchsten Gäste befand.

„Auf diese Dekoration haben Tante Sophie und ich einigen Einfluss gehabt", berichtete Elsa stolz. „Das sollte ursprünglich ein völlig überladenes Gemisch von Formen und Farben werden, was wir zu verhindern wussten – nun wird das Ganze sehr edel aussehen. Um die Säulen der Rampe wird roter Samt gewickelt, gehalten von vergoldeten Reifen. Der Eingang wird mit roten und blauen, goldgefassten Stoffen drapiert, der Baldachin über dem Mittelbau trägt eine Kaiserkrone, unter der sich ein von Fahnen umrahmter Schild mit dem Reichsadler befindet."

„Das wird bestimmt nicht so pompös sein wie manch andere Dekoration", meinte Cord. „Mein Vater findet diesen Mischmasch von Stilen ziemlich schrecklich, aber die Geschmäcker sind ja bekanntlich verschieden!"

Die beiden lächelten sich an.

„Vom Fürstenzimmer im Bahnhof aus wird Seine Majestät, nachdem er von den ranghöchsten Repräsentanten begrüßt worden ist und mit sämtlichen Generälen die Front der Ehrenkompagnie abgeschritten hat, dann auf die Treppe treten und den Parademarsch abnehmen", erklärte Cord. „Danach beginnt das Kaiserpaar in einer vierspännigen Hofequipage die Feststraße abzufahren."

Sie betrachteten die Hotels und das Postamt, die den Bahnhofsplatz im Halbrund umgaben und bereits mit Girlanden, Fahnen und Wappen geschmückt waren. Flaggenbäume fassten den Platz ein und führten den Blick zu der dreifach gegliederten Ehrenpforte, die so hoch wie die anliegenden Häuser war. Die höhere Mittelwölbung, durch die der Kaiser seinen Einzug halten würde, trug auf einem kühn geschwungenen Aufbau eine Kaiserkrone, die zum abendlichen Empfang des Kaisers am Donnerstag mit elektrischem Licht durch farbige Glasscheiben funkeln sollte. Über dem rechten Seitenbogen stand in riesigen Buchstaben „Salve Imperator", über dem linken „Salve Domina".

„Dieser Gruß an den Kaiser und seine Gemahlin wird wohl nicht von allen mit Begeisterung geteilt", schnitt Cord vorsichtig das Thema an, welches ihm auf dem Herzen lag.

Elsa, die fasziniert die Viktorien-Figuren betrachtete, die dem Kaiser Kränze entgegenwarfen, meinte nur: „Meinst du die Anhänger der Welfen, die immer noch dem hannoverschen Königshaus hinterhertrauern?"

„Auch, aber es könnte genauso sein, dass radikalisierte Sozialisten oder gar Anarchisten dieser ganze Pomp zu spektakulären Aktionen reizt."

Abrupt drehte sich Elsa zu ihm. „Cord, da steckt doch wohl mehr dahinter, als eine reine Vermutung!"

„Ja, aber ich muss in Ruhe mit dir reden. Lass uns im Café Kröpcke einen ruhigen Tisch suchen und etwas trinken."

Sie schlenderten an den bereits reich geschmückten Häusern vorbei bis zum Ende der Bahnhofsstraße, wo sich die zwanzig Meter hohe Friedenssäule erhob, an deren Fuße sich zwei Inschriften befanden:

„Wer auf das Ganze hält den Blick gerichtet,
dem ist der Streit in seiner Brust geschlichtet."

„Holder Friede, süße Eintracht! Weilet.
Weilet freundlich über dieser Stadt."

Cord stieß einen abgrundtiefen Seufzer aus. „Ach Elsa, mögen sich diese frommen Wünsche nach Frieden bei den Kaisertagen bewahrheiten."

„Nun bin ich aber wirklich gespannt. Ich will jetzt endlich wissen, was los ist."

Sie fanden einen der wenigen freien Tische im Gartenbereich mit Blick auf das königliche Schauspielhaus, und Elsa blinzelte in die Sonne, während sie auf die Fassbrause warteten. Und dann berichtete Cord, während Elsa ihm, ohne ihn zu unterbrechen, konzentriert zuhörte.

„Es wird schwierig sein, herauszubekommen, ob einer von ihnen tatsächlich einen tätlichen oder gar tödlichen Angriff plant. Wenn einer sich im stillen Kämmerlein immer mehr in seinen Hass hineinsteigert und allein beschließt zu handeln, ist es schwieriger ihn zu enttarnen, als wenn es eine Gruppe wäre", meinte sie schließlich. „Aber ihr habt ja die drei während der Kaisertage sozusagen unter strikter Beobachtung." Sie überlegte längere Zeit und sagte dann: „Was hältst du davon, wenn wir jetzt die ganze Feststraße ablaufen und dabei überlegen, wo überhaupt ein Angriff machbar wäre?"

Cord starrte sie an. „Wie meinst du das?"

„Wenn jemand tatsächlich das kurze Blasrohr benutzen will, also weder eine Pistole noch eine Bombe, geht das nur, wenn der Kaiser steht oder der Wagen hält. Wenn wir diese Stellen kennen und dann noch die Programmpunkte für die folgenden Tage durchgehen, dabei berücksichtigen, dass alle drei ja arbeiten müssen, dann können wir die Gefahrenpunkte zumindest eingrenzen."

Voller Bewunderung sah Cord sie an. „Deine Vorliebe für Detektivgeschichten erweist sich gerade als sehr hilfreich." Und zum ersten Mal stahl sich ein kleines Lächeln in sein Gesicht.

Elsa versuchte, sich die Freude über dieses Lob nicht allzu sehr anmerken zu lassen, trank einen großen Schluck Brause und beglückwünschte sich zu dem Entschluss, die soliden Schnürstiefelchen angezogen zu haben, die zwar keineswegs elegant, aber dafür zum Laufen geeignet waren. Sie machten sich auf den Weg.

„Also", erklärte Cord, der die Planungen ja bestens kannte, „der Kaiser und sein Gefolge kutschieren durch das Ehrentor am Beginn der

Bahnhofstraße, das wir vorhin durchschritten haben, und fahren beim Symbol des Friedens in die Stadt ein. Auf der Georgstraße berührt der Kaiser das Gebiet der Künste und Wissenschaften, den Stätten des Königlichen Theaters und der höheren Schulen. Das laufen wir jetzt erst mal ab."

Elsa wusste kaum, wohin sie zuerst ihre staunenden Augen wenden sollte. Überall gab es Schilder mit dem Namenszug des Kaisers, vergoldete Kronen mit blauen und roten Füllungen, von hohen Stangen getragene Draperien, Girlanden, Wappen und Fahnen.

Vor dem königlichen Schauspielhaus, welches sie so gerne besuchte, standen zwei riesige Obelisken, die mit bronzierten Posaunenbläsern, Masken und Löwenköpfen sowie Wappen und Fahnen geschmückt waren. Vom Giebel herab wallte ein breites Banner, das die Kunst in einem pompösen Gemälde verehrte. „Allein hier haben sich mindestens fünf Künstler ausgetobt", meinte Cord trocken.

Auf dem Aegidienthorplatz betraten sie, wie Elsa aus Maximilians Darstellungen bereits wusste, das Reich der Industrie.

Stolz erklärte Cord: „Beleuchtet wird am Donnerstagabend das Monument der Industrie, an dessen Seiten die vier Elemente mit sitzenden Figuren dargestellt werden, durch einen Gasmotor, den die Firma Gebrüder Körting und die AEG gemeinsam hergestellt haben."

Elsa nickte gebührend beeindruckt. Bereits jetzt bemerkte sie, dass sie kaum noch in der Lage war, all diese Pracht und die vielen Details aufzunehmen. „Wie sollen die Kaiserin und der Kaiser all das behalten, Cord? Mir schwirrt jetzt schon der Kopf."

Der zuckte mit den Achseln. „Die bekommen noch weniger Einzelheiten mit als wir, die hier per pedes langgehen. Der Kaiser wird die Strecke immerhin zweimal fahren, wenn er am späteren Abend den russischen Thronfolger, der mit großem Gefolge erwartet wird, vom Bahnhof abholt."

„Letztlich bleibt wohl der Rausch der Huldigung, die monumentale Darstellung der einzelnen Stationen und der reiche Schmuck der Häuser. Jedenfalls verstehe ich jetzt Onkel Maximilian, wenn er immer wieder betont, dass es ein einmaliges Ereignis sei, in das unglaublich hohe Summen gesteckt werden", sinnierte Elsa. „Aber wir müssen uns jetzt jedoch auf die Orte konzentrieren, die für einen Attentäter günstig wären. Mir ist inzwischen durch den Kopf gegangen, dass er, wenn er fliehen will, auch nicht in einer allzu dicht gedrängten Menschenmenge feststecken darf."

Cord nickte nachdenklich. „Das wissen wir natürlich nicht, ob ihm sein weiteres Schicksal egal ist oder nicht."

„Wenn ihm die Flucht gelingt, kann er noch weiteres Unheil anrichten. Als Märtyrer nutzt er der internationalen anarchistischen Bewegung wenig."

„Gut, gehen wir von normalem Selbsterhaltungstrieb aus."

Sie schritten jetzt schneller aus und wanderten an der Aegidienkirche vorbei. „Der Kaiser wird in der geschäftigen Marktstraße an den Innungen vorbeiziehen, um schließlich zwischen dem Alten Rathaus und der ehrwürdigen Marktkirche die Huldigungen der Frauen und Jungfrauen entgegenzunehmen."

„Da werde ich mit Tante Sophie sitzen. Stell dir vor, ich habe die hohe Ehre, der Kaiserin einen prächtigen Blumenstrauß zu überreichen. Dafür wird der kaiserliche Wagen für einen Moment anhalten. Aber ich glaube kaum, dass dies ein geeigneter Zeitpunkt für einen Anschlag ist."

„Nein, dort wird es stoppelvoll sein, und in der Altstadt wird es richtig eng. Aber das ist ja für die Familie von Elßtorff und dich eine ganz hohe Auszeichnung."

Elsa errötete tatsächlich etwas. „Wohl vor allem für Onkel Maximilian", wehrte sie bescheiden ab.

„Jedenfalls wirst du sowohl der Familie von Elßtorff als auch der Stadt Hannover alle Ehre einlegen mit deiner eleganten Art des Auftretens", meinte Cord bestimmt, was ihm einen erstaunten, aber auch erfreuten Blick von Elsa bescherte. Da wechselte er schnell das Thema. „Haben sie dir denn auch schon einen Text aufgegeben?"

„Noch nicht, aber das wird bestimmt noch kommen. Bei diesen Kaisertagen wird alles bis aufs i-Tüpfelchen vorgeplant."

Als sie an der Marktkirche angelangt waren, meinte Cord: „Weiter brauchen wir nicht zu gehen. Nachdem der Kaiser auf dem Holzmarkt von den Turnern, Ruderern und Jägern begrüßt worden ist, endet die Fahrt inmitten des auf dem Schlosshofe aufgestellten Offizierskorps. Da kommt kein Attentäter hin."

Die beiden setzten sich in eine Nische des alten Rathauses, und Cord zog das weitere Programm der Kaisertage hervor.

„Die kaiserlichen Herrschaften werden ganz schön ausgelastet sein", meinte Elsa. „Das ist ja wirklich ein strammes Programm mit Paraden, Manövern, Rennen auf der Bult, abendlichen Diners und Theaterbesuchen. Viel Schlaf bekommen die nicht!"

Beide studierten eingehend das Programm, und Cord seufzte. „Es kann letztendlich überall und nirgends sein."

„Nein, das glaube ich nicht. Unsere drei Verdächtigen müssen garantiert am Freitag und auch den größten Teil des Samstags arbeiten. Die beste Gelegenheit ist der Sonntagmorgen, wenn der Kaiser bereits in aller Herrgottsfrühe an der Ihmebrücke erwartet wird, um durch Linden hindurch ins Manöver nach Springe zu ziehen. Versuch durch deinen Freund Werner herauszubekommen, wie die Arbeitszeiten von allen dreien sind, und dann sehen wir weiter."

Erleichtert blickte Cord sie an. „Wird gemacht, meine Kluge! Und jetzt bringe ich dich nach Hause, und wir können noch einiges von der enormen Pracht bestaunen."

Die Warnung

Vorsichtig hob Luise den Deckel von dem Päckchen, dessen Absender unleserlich war. Zum Vorschein kam zunächst eine dünne Pappe, auf der mit offenbar verstellter Schrift stand: „Letzte Warnung! Keine Gnade für Schnüffler und Verräter!"

Unter der Pappe lag, ausgerechnet auf einem Bett aus grünem Moos ruhend, ein komplettes, männliches Geschlechtsorgan. Wirkte ein solches im Ruhezustand in lebendiger Verfassung schon nicht sonderlich imposant, so erschien es hier vollends harmlos und unscheinbar – schlug aber bei den Betrachtern wie eine Bombe ein.

Hannes erzitterte bei der Vorstellung, dass die Trennung des edelsten Körperteils eines Mannes bei lebendigem Leib geschehen sein könnte, bei Cord kam als Erstes die Brutalität der Warnung an, und Luise wurde schlecht vor Angst angesichts der Skrupellosigkeit dieser perfiden Vorgehensweise. Sie spürte, dass sie die Toilette auf der halben Treppe nicht mehr rechtzeitig erreichen würde und erbrach sich notgedrungen über dem Spülstein. Sie goss Wasser nach, säuberte sich sorgfältig das Gesicht und spülte den Mund aus. Dann griff sie nach der vierkantigen grünen Flasche von Bernhard Sprengels wunderbar wirkendem Kräutersaft und schenkte sich einen ordentlichen Schluck ein – ein Schnaps auf ihren rebellierenden Magen erschien ihr jetzt nicht das Richtige zu sein. Inzwischen hatte Hannes aus dem Vertiko den Doppelwacholder geholt und zwei Gläser eingeschenkt. Luise setzte sich wieder zu Mann und Sohn an den Tisch, und die drei blickten sich an und hoben wie auf Kommando die Gläser, um sich stumm zuzuprosten.

Cord schlug mit der Faust auf den Tisch. „Wer ersinnt eine solch abstruse Idee? Da muss jemand schon ziemlich neben der Mütze sein. Und wer kann so was überhaupt in die Tat umsetzen?" Er unterbrach sich und schlug sich an die Stirn. „Natürlich, die drei vom Lindener Bergfriedhof. Nicht nur Theo kommt an den Schlüssel für das Leichenhaus, das wäre auch für die beiden Zoowärter ein leichtes. Und Theo kann als ehemaliger roter Fuchs irgendwie gemerkt haben, dass wir die drei im Auge behalten. Jetzt müssen wir nur noch wissen, ob sie alle unter einer Decke stecken, oder ob einer von ihnen einen einsamen Entschluss gefasst hat und wirklich ein Attentat versuchen will. Aber wer ist es? Sollen wir jetzt doch zur Polizei gehen?"

„Ich bin nach wie vor dagegen." Hannes raufte sich die Haare. „Die Einschaltung der Kriminalpolizei würde verhängnisvolle Folgen haben, wir bringen uns selber in große Gefahr! Man könnte die Situation nutzen, um mich zu verhaften und viele andere unliebsame Sozialdemokraten auch. Die skrupellosen Taktiken der politischen Polizei mit ihren Spitzeln und Erpressungsversuchen sind ja hinlänglich bekannt."

Er überlegte. „Welche jüngeren roten Füchse, die Theo nicht kennen kann, würden sich denn für die Beschattung der drei Verdächtigen eignen, Cord?"

„Ich bespreche das mit Johann, Vater. Wir haben einige sehr pfiffige jüngere Lindener Butjer dabei, die werden das hinbekommen. Jedenfalls muss mindestens einer der drei sehr nervös geworden sein, sonst würde er nicht zu solchen Drohungen greifen."

„Es ist bestimmt dieser Fritz. Der führt auch immer in der Kneipe die schlimmsten Reden. Bei meinem Freund Oskar kann ich mir das nicht vorstellen."

„Ach Vater, ich traue es allen dreien nicht zu – aber einer von ihnen scheint es ja zu sein." Cord seufzte und machte sich auf den Weg zu Kastens Hotel, um mit Johann zu sprechen.

Donnerstag, 12. September

Sophie von Elßtorff und Elsa saßen bereits seit sieben Uhr ganz vorn auf einer von vier Tribünen, die man zwischen dem Alten Rathaus und der Marktkirche aufgebaut hatte. Die vor dem Rathaus war für die Damen der Magistratsmitglieder, der Bürgervorsteher und der an der Ausschmückung beteiligten Künstler bestimmt. Maximilian von Elßtorff hatte das Versprechen, seine Damen für den Abbruch der Sommerfrische zu belohnen nicht nur vollständig erfüllt, sondern durch die Ehre, dass Elsa der Kaiserin einen Blumenstrauß überreichen sollte, noch übertroffen.

Der Marktplatz wurde mit Gas, elektrischem Licht und bengalischen Flammen beleuchtet. So konnten die beiden Damen sich die Wartezeit gut vertreiben, indem sie die Ausschmückungen betrachteten.

In der Nähe des Chors der Marktkirche erhob sich auf einem Fußgestell die farbenprächtig gestaltete, überlebensgroße Figur der Hanovera, die in der linken Hand ein Schild mit dem Hannoverschen Kleeblatt, in der rechten einen Palmenzweig hielt, mit dem sie auf das vom Baumeister Conrad Wilhelm Hase geschaffene Ehrentor zeigte. Dieses stellte in seiner Form das Stadtwappen dar, über der Zinnen gekrönten Durchfahrt, auf der Fanfarenbläser standen, hing ein goldenes Banner mit einem grünen Kleeblatt, das Ganze war taghell von mächtigen Gaspyramiden erleuchtet.

Um 8 Uhr 25 begannen die Fanfarenbläser, begleitet von Trommelwirbel, die mittelalterlichen Fanfaren zu spielen. Dies war das Zeichen, dass der kaiserliche Wagen nahte. Die oft wiederholte kurze Melodie ließ nicht nur Elsas Aufregung steigen. Zehn Minuten später erschien der Kaiserzug. Elsa spürte, wie ihr Herz zu hämmern begann und ihr Mund ganz trocken wurde. Hoffentlich bekomme ich diesen geschraubten Satz ohne Stottern über die Lippen, dachte sie bang. In diesem Augenblick hielt der kaiserliche Wagen, Elsa erhob sich mit zitternden Knien, ging auf den Wagen zu, lächelte, knickste und überreichte der Kaiserin den prächtigen Blumenstrauß mit den ihr vorgegebenen Worten: „Die Töchter der Stadt Hannover bitten Eure Kaiserliche und Königliche Majestät, diese Blumen als Zeichen ihrer innigen Liebe und Verehrung huldreichst entgegennehmen zu wollen."

Die Kaiserin verneigte sich und nahm den Strauß mit einem reizenden Dankeslächeln entgegen, dann ging die Fahrt bereits weiter, während der Platz in bengalischem Feuer erglühte. Sophie drückte Elsas Hand. „Das hast du sehr gut gemacht, du wirktest ganz souverän!" Während Elsa tief durchatmete, erklang ein musikalisches Hoch aus fünfhundert Mädchenkehlen. Auch hierfür hatte es genaue Instruktionen gegeben, damit der Jubel nicht zu heftig ausfiele, sondern der Ernsthaftigkeit der Situation angemessen sei. Bei aller Vorliebe für Pomp, so hatte man erfahren, bevorzugte das Kaiserliche Paar doch, die Distanz zu wahren. Ein Bad in der Menge kam schon gar nicht in Frage, was nicht zuletzt auch an der latent vorhandenen Furcht vor Attentaten liegen mochte.

Genau daran hatte Elsa in diesen aufregenden Momenten nicht mehr gedacht, sondern verfolgt, wie die Kutsche nun in Richtung des Einganges der Marktkirche abbog. Am Holzmarkt stand Cord in der dichtgedrängten Menge, deren donnernde Hurra-Rufe sich mit den schmetternden Hörnern der Jäger mischten. Die Schülerinnen der Höheren Töchterschule II und der Stadt-Töchterschule III, die in weißen Kleidern mit schwarz-weiß-roten Schärpen mit Jubelrufen und Blumen das Kaiserpaar begrüßten, schienen trotz der spontan geäußerten, sehr lauten Freude dennoch das Wohlgefallen der Majestäten zu erregen.

Dann entzog sich der kaiserliche Zug, durch das Südportal in den Schlosshof einfahrend, den Blicken der Menge. Cord begab sich, so schnell es in dem Gedränge ging, wieder zur Marktkirche.

Dort suchte Sophie gerade schwankend Halt am Arm ihrer Ziehtochter. „Du meine Güte, Elsa, mir sind völlig die Füße eingeschlafen! Wie abgestorben, ich kann mich kaum auf den Beinen halten. Und mir ist ganz flau im Magen." Insgeheim verfluchte Sophie sowohl die Mode als auch ihre eigene Eitelkeit. Im Stahlstangenkorsett auf ungefähr 48 Zentimeter Taillenumfang geschnürt und mit hautengen Lackstiefelchen aus Paris musste in der Tat leiden, wer schön sein wollte. Genau dies dachte gerade auch Elsa, die sich stets geweigert hatte, ein solches Korsett zu tragen und sich dank schlanker Taille und regelmäßiger Gymnastik mit einem Reformleibchen begnügte. „Wo bekommen wir jetzt bloß eine Droschke her?", fragte sie etwas ratlos angesichts der Menschenmenge, die sich immer noch auf dem Marktplatz drängte.

Da näherte sich die von Elßtorffsche Haushälterin Marga, die das Spektakel an der Hanovera stehend beobachtet hatte. „Gnädige Frau, Sie sind ganz blass, hier, nehmen Sie das Riechsalz!" Während Sophie kräftig durch die Nase den belebenden Geruch einatmete, eine Mischung aus Ammoniak und Pfefferminzöl, näherte sich Cord, der die Situation sofort erfasste. „Gehen Sie ganz langsam zur Schmiedestraße – ich laufe Richtung Steintor und versuche eine Droschke aufzutreiben."

Seine Überlegung, der Feststraße auszuweichen, erwies sich als richtig, und so kam Sophie samt Elsa und Haushälterin dann wohlbehalten in der Königstraße an.

Vom Korsett befreit, in ihren Hausmantel gehüllt und mit bequemen Pantöffelchen an den Füßen, genoss sie mit ihrem Mann noch ein Glas Wein, während sie ihre Erlebnisse des Tages austauschten.

„Kaisertage hin oder her", meinte Maximilian besorgt über den erschöpften Zustand seiner Frau. „Was hältst du davon, wenn wir uns morgen mal einen ruhigen Tag machen? Den Ehrentrunk Bier der Gildebrauerei, die Begrüßung der Majestäten durch die Arbeiter und Arbeiterinnen der Döhrener Wolle und die Heerschau über das X. Armeekorps geht uns bei Licht betrachtet ebenso wenig an, wie das nachmittägliche Parade-Dinner im Residenzschloss und die Festvorstellung im Königlichen Theater, die sowieso für Militär und Generalität gedacht sind."

„Gute Idee, ein ruhiger Tag wird auch dir nach der vielen Arbeit der letzten Wochen guttun."

„Wohl wahr! Und am Samstag habe ich ja dann die Ehre als Mitglied des Feststraßenausschusses an der Galatafel für die Zivilbehörden im Schloss teilzunehmen."

„Wir haben durch dich viel Renommee gewonnen. Und ich muss nochmals betonen, dass Elsa ihre Aufgabe heute mit großer Eleganz erledigt hat."

„Das habe ich nicht anders erwartet", meinte Maximilian zufrieden. „Und nun könnten wir uns zur Ruhe begeben, meine Liebe!" Sein Lächeln verriet ihr, dass er an Ruhe gerade nicht dachte, was sie durchaus beglückte, denn die ehelichen Freuden waren in letzter Zeit allzu kurz gekommen.

Sonntag, 15. September

Am Sonntagmorgen versammelte sich Familie von Elßtorff wieder zum ausgiebigen Frühstück. Schließlich waren alle gespannt, wie das Diner im Rittersaal des Schlosses und den angrenzenden Festräumen abgelaufen war. Auf einem Tischchen lag schon das Extrablatt zum Kaiserbesuch.

„Es waren sicherlich mindestens siebzig Personen für sechs Uhr eingeladen. Die Tafelmusik hatte der Kaiser höchstpersönlich ausgesucht. Sie wurde von der Musikkapelle des 74. Infanterie-Regiments gespielt. Von zehn Musikstücken waren bezeichnender Weise die Hälfte Märsche. Den Musikgeschmack des Kaisers teile ich gewiss nicht."

„Und wo warst du platziert?"

„Wir Mitglieder des Feststraßenausschusses saßen zusammen, neben mir der Geheime Regierungs- und Baurat Hase, gegenüber der Senator Tramm."

„Was gab es denn zu essen?", fragte Elsa.

„Ich erinnere gar nicht mehr alles, weil man vernünftigerweise eine Auswahl treffen sollte. Rebhühnersuppe, Rheinlachs mit Kräutersoße und Rehrücken mundeten jedenfalls ausgezeichnet. Es gab auch noch Artischockenbrötchen mit Mark. Und was ich mir erspart habe, waren die Krammetsvögel."

„Kenne ich ja gar nicht", meinte Heinrich. „Hat es die bei uns schon mal gegeben?" Er blickte fragend zu Elsa, die mit den Achseln zuckte.

„Die Köchin weiß, dass ich grundsätzlich keine Singvögel auf meiner Tafel dulde", entgegnete Sophie. „Besonders barbarisch finde ich es, wenn sie möglicherweise noch gemästet werden."

„Es handelt sich um eine Drosselart, die mit speziellen Schlingen oder Netzen gestellt wird. Die Wacholderdrossel kam zu ihrem Namen durch ihre Lieblingsspeise, die Krammet- sprich die Wacholderbeere. Schmackhaft soll sie nur im Herbst sein. Ich habe das nie probiert. Es hat mich schon als junger Bursche abgestoßen, wenn Vögel gefangen wurden. Bin da völlig d'accord mit dem Königlichen Oberförster von Riesenthal, der stets mahnt, Schutz und Hege immerdar auch unseren Vögeln angedeihen zu lassen."

Heinrich merkte auf. „Ist das nicht der Verfasser des Waidwerks und des Jagdlexikons?"

„Genau der ist es. Von ihm stammt das berühmte Gedicht Waidmannsheil." Er räusperte sich und begann zu zitieren:

„Das ist des Jägers Ehrenschild,
Dass er beschützt und hegt sein Wild,
Weidmännisch jagt, wie sich's gehört,
Den Schöpfer im Geschöpfe ehrt!"

Er unterbrach sich. „Von weidmännisch kann unter uns gesagt bei den Jagden des Kaisers oft nicht die Rede sein. Jedenfalls nicht, wenn ihm und anderen hohen Adeligen das Wild in Mengen vor die Flinten getrieben wird. Das ist ein Geballer und Gemetzel, aber keine Jagd. Wie die Herren dann auf die Strecke noch stolz sein können, ist mir völlig unverständlich."

„Geht das Gedicht noch weiter?", fragte Elsa.

„Ja, die nächste Zeile hat es mir besonders angetan: ,Das Kriegsgeschoss der Hass regiert'. Nach der Schlacht von Langensalza bin ich nicht mehr zur Jagd gegangen, nicht nur wegen meiner Verletzung, sondern auch, weil die Kriegserlebnisse mir das komplett verleidet haben. Aber wenn ich zu Besuch auf dem väterlichen Rittergut verweile, dann genieße ich es, bei der erhabenen Mutter Natur zu Gast zu sein und freue mich an ihren vielfältigen Erscheinungen. Und da ich auf dem Land aufgewachsen bin, genieße ich es, den hannoverschen bois de bologne, die Eilenriede, in fünf Minuten zu Fuß erreichen zu können.

„Und die Produkte unseres prächtigen Stadtgartens, den Marga Lheiß damals hier mit angelegt hat, genießen wir auch alle", ergänzte Sophie, die von dem Krieg, aus dem ihr Mann verletzt heimgekehrt war, ablenken wollte. Maximilian nickte ihr zu und fuhr fort:

„Die Lieb' zum Wild den Stutzen führt:
Drum denk' bei deinem täglich Brot,
Ob auch dein Wild nicht leidet Not?
Behüt's vor Mensch und Tier zumal!
Verkürze ihm die Todesqual!
Sei außen rau, doch innen mild –
Dann bleibet blank dein Ehrenschild!"

„Genauso empfinde ich das auch", sagte Sophie. „Keine unnötige Todesqual – und deswegen kommen auf unsere Tafel keine gemästeten Singvögel und auch keine Gänsestopfleber. In meinem Schweizer Pensionat, wo ja auch exklusive Rezepte vermittelt wurden, musste ich die

Krammetsvögel einmal mit zubereiten. Als Hauptgericht rechnet man für Herren drei bis vier, für Damen zwei Vögel." Nachdem Sophie tief Luft geholt hatte, fuhr sie fort: „Die Vögel werden gerupft, die Haut vom Kopf gezogen, gesengt, der Darm durch die Afteröffnung entfernt. Ansonsten werden die Vögel nicht ausgenommen. Man wäscht sie, sticht die Augen aus, schlägt die Krallen von den Füßen, biegt den Kopf über die Brust und steckt die Füße über Kreuz durch die Augenhöhlen."

Sophies Gesicht sprach Bände. Elsa schüttelte sich und rief: „Für mich reicht die Beschreibung völlig – wer mehr wissen will, kann ja im Kochbuch von Davidis-Holle nachlesen oder die Köchin befragen."

„Danach scheint hier niemandem der Sinn zu stehen", rief Heinrich. „Bitte, Papa, erzähl weiter von dem Gala-Diner!"

Maximilian nickte seinem Sohn beifällig zu, auch ihm war die Rückkehr zum eigentlichen Thema mehr als recht. Schließlich wollte man das Frühstück ja noch weiter mit Appetit genießen!

„Beim dritten Gang brachte der Kaiser einen Trinkspruch auf die Provinz Hannover aus."

Er griff nach der Zeitung, blätterte und las vor: „Mit tiefem Dankgefühl für den herzlichen Empfang der Stadt und des Landes heiße ich die Herren der Provinz von Herzen bei mir willkommen. Unter all den Worten und Inschriften, die uns entgegengeklungen sind, haben sich die Inschriften der Innungen mit Flammenschrift in mein Herz geprägt. Es ist das erste Mal, dass in großer Masse das Gewerk als solches, als Stand sich fühlend, uns entgegengetreten ist und mit voller Wärme und Herzlichkeit uns begrüßt hat."

„Wie lauteten die Inschriften denn?", fragte Elsa.

„Geduld, Schwesterherz! Da sich die Familie ja an anderen Orten der Feststraße befand, habe ich in der Osterstraße Aufstellung genommen. Dort leuchtete eine mächtige Sonne. Über einer Krone mit dem Namenszug des Kaisers befand sich mit mächtigen Buchstaben die Flammenschrift: Die Innungen grüßen den Landesherrn. Von jedem vierten Flaggenbaum rankte sich eine Girlande über die Fahrbahn, die in der Mitte einen Spruch oder Sinnbilder trug. Es gab zum Beispiel ein Spinnrad, eine Bretzel, ein glänzendes Schweinchen, die Kelle mit dem Hammer und so weiter."

Heinrich zog mit gewichtigem Gesicht einen Zettel aus der Tasche.

„Einige Sprüche habe ich mir aufgeschrieben. Ich lese vor, und ihr könnt raten, um welche Innung es sich handelt."

Maximilian, der sich bereits über einige Perlen dieser Dichtkunst amüsiert hatte, nickte lächelnd.

„Was prahlst du stolz und dünkst dich reich?
Das Schicksal hobelt alle gleich."

„Das sind die Tischler!", rief Elsa.

Heinrich nickte und fuhr fort:

„Willst du, dass wir mit hinein
In das Haus dich bauen,
Lass es dir gefallen Stein,
Dass wir dich behauen."

„Der Spruch der Steinhauer-Innung gefällt mir besonders gut, nicht nur als Architekt, sondern auch als Freimaurer", sagte Maximilian.

Alle nickten, denn der Hausherr hatte seiner Familie einiges über die Anliegen der Freimaurerei erklärt, zu denen auch die Arbeit an sich selber, also am rauen Stein gehörte.

„Mir gefällt noch der folgende Spruch:

Wenn an jedes lose Maul ein Schloss müsst gelegt werden,
Dann wär die edle Schlosserkunst die erste auf Erden."

„Da hatte der Kaiser ja wirklich einiges zum Lächeln. Auf sich bezogen hat er aber ganz gewiss nichts von all den Spruchweisheiten", meinte Sophie.

„Einen letzten Spruch will ich euch nicht vorenthalten." Heinrich räusperte sich und las:

„Eins bist du dem Leben schuldig,
Kämpfe oder duld' in Ruh';
Bist du Ambos, sei geduldig,
Bist du Hammer, schlage zu."

„Die Schmiede-Innung", sagte Elsa nachdenklich. „Wobei man das ruhige sich in Geduld fassen ja wohl vor allem von uns Frauen erwartet."

Dieses Thema seiner manchmal durchaus eigensinnigen Ziehtochter wollte Maximilian nun gar nicht weiter verfolgen, darum ergriff er erneut die Zeitung.

„Der Trinkspruch des Kaisers geht noch weiter: Das zweite ist eine Inschrift, die in einem Dorfe stand: ,Wir Deutsche fürchten Gott, sonst niemand!' Bei einer solchen Gesinnung und bei der patriotischen Hingebung, mit der die Söhne Hannovers im Jahre 1870 für des Reiches Einheit in Tod und Ruhm gezogen sind, bin ich fest überzeugt, mit gutem Gewissen in die Zukunft blicken zu können, und mit diesem Gefühl erhebe ich mein Glas und trinke auf das Blühen und Gedeihen der Provinz Hannover."

Heinrich hob sein Wasserglas und rief: „Sie lebe, hoch, hoch, hoch!"

Im Hause von Elßtorff hielt man nicht viel von Hurra-Patriotismus. Heinrich hatte mit Unterstützung seines Vaters seine angegriffene Gesundheit vorgeschoben und keinen Militärdienst geleistet, obwohl dies seinem Ansehen keineswegs zuträglich war. Unter einem echten Kerl verstand man schließlich einen schneidigen Offizier!

Und so meinte Maximilian denn auch: „Die Entgegnung des Oberpräsidenten von Bennigsen, die natürlich die treue Hingabe der neueren Provinz Hannover verspricht, könnt ihr selber lesen. Der Eifer, mit dem die Hannoveraner so devot dem Kaiser huldigen, ist mir angesichts der Frage, ob die Annexion des Königreiches Hannover rechtlich überhaupt vertretbar war, manchmal etwas zu viel des Guten."

„Das ist das richtige Stichwort." Sophie schmunzelte. „Zur Feier des Tages habe ich uns eine Flasche Veuve Clicquot kaltstellen lassen. Heinrich, schenke uns bitte ein Schlückchen ein. Und dazu ließ ich von Sprengel, der übrigens für heute den Herren Offizieren im Hannoverschen Kurier zum Manöver ff. leicht lösliche entölte Kakaos, aber auch feinste Speiseschokoladen, Erfrischungsbonbons, Biscuits und Cakes alles Art empfiehlt, etliche Leckereien holen lassen. Denn was den Offizieren recht ist, soll uns billig sein!"

Als alle versorgt waren, hob Maximilian das Glas. „Auf die Gesundheit unserer lieben Königin Marie in ihrem Exil im österreichischen Gmunden!"

Nachdem sich alle zugeprostet hatten, berichtete Maximilian abschließend: „Das Kaiserpaar hat sich nach Beendigung der Tafel geraume Zeit lebhaft mit den Gästen unterhalten. Wobei Seine Majestät meine Gestaltung des Aegidienthorplatzes besonders hervorhob, was mich wirklich gefreut hat."

Stolz rief Sophie: „Aber Maximilian, das hast du mir ja noch gar nicht erzählt! Du bist manchmal einfach zu bescheiden! Gewiss wird ihm auch deine Ehrenpforte in Linden gut gefallen."

Der so Gelobte strahlte und schlug vor: „Was haltet ihr davon, wenn wir heute Nachmittag in den Zoo gehen? Dort wird es heute gewiss nicht voll und dadurch sehr erholsam sein."

„Wunderbare Idee", sagte Heinrich. „Lange war ich nicht mehr da. Hoffentlich lebt der Schimpanse noch, der immer schon von Weitem wusste, dass ich kam, weil ich ihm stets Leckereien mitgebracht habe."

Elsa dachte sofort daran, sich bei dieser Gelegenheit zu vergewissern, ob die beiden Tierwärter heute Dienst taten. Cord hatte ihr zwar versichert, dass diese unter ständiger Beobachtung seien – aber noch waren die Kaisertage nicht beendet –, und alles schien auf ihre Vermutung hinauszulaufen, dass, wenn überhaupt, morgen früh etwas geschehen würde. Sie nahm noch einen tüchtigen Schluck Champagner. Wenn doch bloß alles schon ohne Zwischenfälle vorbei wäre, dachte sie bang.

Sophie freute sich darüber, endlich mal wieder mit ihrer Familie einen ruhigen und vergnüglichen Sonntag zu verbringen.

Das Kaiserpaar indessen konnte an einen ruhigen Tag noch nicht mal denken, sondern absolvierte weiter sein umfangreiches Programm.

Nachdem die Kaiserin den Gesang des Domchors im Schloss genossen, der Kaiser Vertreter der Universität Göttingen empfangen und die Wichtigkeit eines patriotischen Geschichtsunterrichts betont, ein Feldgottesdienst auf dem Waterloo-Platz mit Trommelwirbel zum Gebet stattgefunden hatte, ging es, natürlich bei bestem Kaiserwetter, zum Pferderennen auf der Bult. Nicht alle Brieftauben mit Depeschen trafen wie geplant ein, was die gute Stimmung jedoch nicht störte. Der Kaiser ließ sich die Sieger des Jagdrennens vorstellen.

Um sechs Uhr sammelten sich dann 264 Personen zum Festessen im Ständehaus am Schiffgraben, darunter auch Hannes Breuer.

Luise hatte sich eine genaue Beschreibung der Robe der Kaiserin erbeten, daher sah Hannes genau hin. Auguste Viktoria trug ein weißes, blumendurchwebtes Kleid – Hannes vermutete Brokatstoff, dessen Halsausschnitt und Schultern herrlich funkelnde Brillanten schmückten. Da dies an Geglitzer offenbar noch bei Weitem nicht reichte, wie Hannes trocken konstatierte, trug sie noch ein Collier aus Brillanten und Smaragden, im Haar einen Diamantenreifen und eine Diamantagraffe. Wandelnder Christbaum, dachte Hannes grimmig, undenkbar, was ich mit dem Gegenwert in Linden Gutes tun könnte. Dagegen ist die Prinzessin Albrecht im cremefarbigen Kleid mit Brillantcollier und Diadem ja geradezu ein Aschenputtel.

Nur an der kaiserlichen Tafel saßen einige Damen, überwiegend Hofdamen und die „ranghöchsten" hannoverschen Gattinnen, Frau des Oberpräsidenten von Bennigsen und Frau des Stadtdirektoren Haltenhoff. Hannes zählte und kam zu dem Schluss, dass der dekorative Damenflor hier mit insgesamt weniger als zehn Damen doch recht gering ausfiel. Luises Kommentar dazu konnte er sich unschwer vorstellen.

An der sechsten Tafel saßen unter anderem der Polizeipräsident von Brandt, der Bürgermeister von Linden, Lichtenberg, der zugleich als Tischordner fungierte, und Hannes Breuer in seiner Funktion als Mitglied des Lindener Festkomitees. Der Lehrer machte bella figura in einem nagelneuen Frack, zu dessen teurer Anschaffung ihn sein Neffe Johann und seine Frau in zäher Zusammenarbeit überredet hatten. Er war nun doch froh, in diesem erlesenen Kreis gut angezogen zu sein – so konnte niemand unter vorgehaltener Hand kolportieren, der rote Breuer sei in einem blankgewetzten Anzug erschienen.

Der Kaiser hingegen trat zum ersten Mal in der Uniform des dreizehnten Hannoverschen Ulanen-Regimentes auf, welches er sich tags zuvor beim Korpsmanöver in Bemerode unterstellt hatte.

Entsprechend ging er in seinem Dank auf die Begrüßungsrede des Grafen zu Münster im Namen des hannoverschen Provinziallandtages darauf ein. „Ich erachte in diesem Ulanen-Regimente alle Kardinaltugenden verkörpert, felsenfeste Königstreue, Adel der Gesinnung, edle Denkweise, opferfreudigen Patriotismus, Festhalten an dem einmal Ergriffenen. Auf diese Gesinnung der Provinz Hannover trinke ich, wie es bereits mein seliger Herr Großvater aus diesem Pokale 1874 getan hat. Die Provinz Hannover lebe hoch! Hoch! Hoch!"

Hannes konnte sich unschwer vorstellen, wie wenig dies einigen hier anwesenden Anhängern des Welfenhauses gefallen mochte.

Der Polizeipräsident schlürfte behaglich die ersten Austern, was Hannes mit Argusaugen verfolgte und es ihm dann gleichtat. Er spülte die erste mit Todesverachtung und dem Schaumwein hinunter, wie es ihm Johann geraten hatte und fand zu seinem Erstaunen Geschmack daran.

Die Gänsestopfleber ließ er aus, da ihm klar war, mit welcher Tierquälerei dieses Produkt zustande kam. Ansonsten probierte er sich durch die Gänge, wie er es seiner Frau versprochen hatte, und es gelang ihm kurzfristig, seine Sorgen ebenso beiseite zu schieben, wie die Erinnerungen an die unappetitlichen Warnungen des Paketabsenders.

Lichtenberg prostete ihm zu. „Wir können froh sein, wie gut bisher alles verlaufen ist. Prost, meine Herren, auf den hervorragenden Verlauf der Kaisertage!" Auch von Brandt erhob sein Glas. „Unsere Hannoveraner Bevölkerung hat sich da auch vorbildlich verhalten! Unvorstellbar, wenn etwas passiert wäre."

Hannes Breuer gönnte sich noch einen großen Schluck des Schaumweines und dachte: Ihr ahnungslosen Engel, wenn ihr wüsstet, was in den letzten Tagen passiert ist, würdet ihr hier nicht so gelassen sitzen. Ihm stand plötzlich der Schweiß auf der Stirn, und er angelte nach dem blütenweißen, frischgebügelten neuen Taschentuch, welches ihm Luise noch zugesteckt hatte, um sich die Stirn zu tupfen. „Ja", sagte er aus tiefem Herzen, „aber endgültig beruhigt werden wir alle erst sein, wenn der Kaiser glücklich in Springe angelangt ist."

„Wohl wahr", erwiderte der ahnungslose Polizeipräsident und hob erneut sein Glas.

Wenn ich fromm wäre, würde ich beten, dachte Hannes Breuer und probierte sich vorsichtig durch die Köstlichkeiten, bis er für eine Weile verschwand, als die Masthühner mit den Ortolanen serviert wurden.

Während er sich erleichterte, drängte sich ihm wieder das Bild der Warnung auf dem Moosbett vor sein geistiges Auge, und ihm wurde speiübel. Von dem ganzen Festmahl konnte er nichts bei sich behalten, er wollte nur noch eines: nach Hause.

Daher bat er einen der livrierten Diener, ihn bei Lichtenberg mit einer Magenverstimmung zu entschuldigen, die er bis zum nächsten Morgen auskurieren müsse, um für den Empfang des Kaisers wieder in Ordnung zu sein.

Morgen würde sich herausstellen, ob die Angst vor einem Attentat unberechtigt gewesen war oder eben nicht. Aber warum dann die scheußliche Warnung? Und Cord hatte von Anfang an die Ehrenpforte in Linden für den wahrscheinlichsten Ort gehalten. Ihm schauderte, und für einen Moment kam er ins Stolpern. „Ach, wenn es doch schon Montagabend wäre", seufzte er leise.

Er strebte dem Aegidienthorplatz zu, um von dort mit der Pferdetram nach Linden zu fahren. Die frische Luft tat ihm gut. Er ließ die letzten

Wochen mit den Vorbereitungen und den Androhungen ebenso Revue passieren, wie das mit ungeheurem Pomp vollgestopfte Programm des Kaiserlichen Besuches und fragte sich was eigentlich exotischer sei, die Völkerschauen oder die Kaisertage.

Montag, 16. September 1889

Da der Kaiser auf dem Weg zu Manövern im Raum Springe Linden passieren würde, hatte der Polizeipräsident von Hannover einige Tage vorher angeordnet, dass vier Schutzleute frühmorgens den Raum unmittelbar hinter den Hecken an der Provinzial-Chaussee nach Hameln diesseits und jenseits der Chausseeüberführung bei der Lindener Kunstdüngerfabrik überwachen sollten.

Außerdem verfügte er, dass während der Herbstmanöver im Landkreis Linden die Hunde an eine haltbare Kette gelegt oder in einem verschlossenen Stall eingesperrt werden mussten.

Besondere Vorsichtsmaßnahmen für die Durchquerung Lindens ab der Ihmebrücke, die über die als Feststraße ausgeschmückte Deisterstraße führte, an deren Ende sich eine weitere Ehrenpforte befand, hatte er nicht ergriffen. Der Polizeipräsident sah dem letzten Rest der Kaisertage gelassen entgegen.

Ganz anders stand es um die Männer der Familie Breuer, deren Nerven nach unruhiger Nacht zum Zerreißen gespannt waren.

Werner hatte Cord am Sonntag stolz verkündet, er werde am Montagmorgen dabei sein können. Oskar habe gesagt: „Das einmalige Schauspiel, dass der Kaiser durch unsere Heimatstadt Linden zieht, dürfen wir keinesfalls verpassen. So früh am Morgen können wir alle daran teilnehmen." Zögernd hatte Werner hinzugefügt: „Dabei hat er ebenso hämisch wie triumphierend gegrinst."

„Wir werden gemeinsam alles im Auge haben. Johann wird auch kommen", hatte Cord erwidert.

Hinter der Ihmebrücke zu beiden Seiten der Deisterstraße versammelten sich bereits vor sechs Uhr die zahlreichen Lindener Vereine wie der Krieger- und Militär-, der Hauswirte- und der Bürgerverein, die Neue Lindener Liedertafel, der Männerturnverein. Außerdem die Beamten und Arbeiter der verschiedenen Fabriken, so von der Mechanischen Weberei, die unter anderem den berühmten Lindener Samt herstellte, der

Lindener Aktienbrauerei, der Egestorffschen Saline und der Hanomag. Auch die Schülerinnen und Schüler aller Schulen traten an, um Spalier zu bilden.

Am Eingang der Stadt Linden, an der Ihmebrücke, prangte die Ehrenpforte, mit rotem Samt bespannt und einer mit blauweiß-gestreiften Decke versehen. Maximilian von Elßtorff hatte einen durchaus imponierenden Entwurf gefertigt, besonders zwei gewaltige Lanzen stachen ins Auge, die auf der hannoverschen Seite ein blauweiß-gestreiftes Tuch, und die Kaiserstandarte in der Mitte trugen, flankiert von sich erhebenden preußischen Adlern.

Im Inneren der Ehrenpforte, die sternförmig schwarzweiß dekoriert war, hing das Lindener Stadtwappen: eine Linde mit rotem, aufrecht schreitendem Löwen auf achtfach blau und weiß gestreiftem Feld.

An der Ehrenpforte warteten die städtischen Kollegien mit Bürgermeister Lichtenberg, die Lindener Geistlichkeit, der Festausschuss mit Hannes Breuer.

Der Kaiser kam gegen halb sieben.

Direkt an einem der zur Dekoration dienenden Laubbäume stehend, hatten Cord, Johann, Werner, die gemeinsam mit Theo, Fritz und Oskar warteten, einen guten Blick auf den Kaiser in seiner Kutsche. Cord war wild entschlossen, die Männer gemeinsam mit Johann nicht eine Sekunde aus den Augen zu lassen.

Er vermochte nicht stillzustehen und verlagerte sein Gewicht beständig von einem Bein auf das andere. „Sei nicht so hibbelig", raunzte Werner ihn an. „Du kannst es wohl gar nicht erwarten, unserem Kaiser zuzujubeln!"

Wenn du wüsstest, warum ich so nervös bin, würdest du wahrscheinlich vor Angst in die Hose machen, dachte Cord, der den rechts neben ihm stehenden Oberzoowärter nicht aus den Augen ließ. Der zupfte sich beständig mit der linken Hand am Schnurrbart, während seine rechte Hand wie angenagelt in der Tasche seines schwarzen Rockes steckte. Es kam Cord so vor, als ob der Mann vor Anspannung förmlich vibrieren würde. Aber auch Theo und Fritz machten einen nervösen Eindruck.

Die Rede von Bürgermeister Lichtenberg bekam Cord nur in Bruchstücken mit.

„Allerdurchlauchtigster, großmächtigster Kaiser und König ... In tiefster Ehrfurcht ... Linden nennt sich mit Stolz die Stadt der Arbeit und der Arbeiter … sich Eure Majestät die Fürsorge für die Verbesserung der Lage der arbeitenden Klassen allerhöchst sich zur besonderen Aufgabe gestellt haben."

„Wer es glaubt, wird selig", brummelte Oskar leise vor sich hin, aber Cord hatte es dennoch verstanden.

„Ist Linden auch die jüngste Stadt im Königreich", fuhr Lichtenberg fort, „so steht es doch hinter keiner anderen Stadt zurück in der Treue zu Kaiser, König und Reich. Wir erneuern das Gelübde unverbrüchlichen Gehorsams, unwandelbarer Treue, Verehrung und Liebe."

Während Fritz zu Oskar zischelte: „Dieser Arschkriecher spricht gewiss nicht für uns!", bedankte sich der Kaiser für den Empfang: „Ich werde wie mein Großvater der Industrie meinen besonderen Schutz angedeihen lassen. Ich hoffe, die Arbeiterschutzgesetzgebung wird von Erfolg gekrönt sein, so dass sich die Wahrheit eines alten Sprichwortes erweisen wird: Arbeit hat einen goldenen Boden."

„Wie blöd kann man eigentlich sein?", stänkerte Fritz. „Es heißt, Handwerk hat goldenen Boden. Noch nie ist ein einfacher Arbeiter auf einen grünen, geschweige denn einen goldenen Zweig gekommen."

Während Johann ihm zuflüsterte, er solle das Maul halten, wenn er nicht wegen Majestätsbeleidigung verhaftet werden wolle, genehmigte sich Fritz noch einen kräftigen Schluck aus dem Flachmann. Cord vermutete, dass es nicht der erste an diesem Morgen war. Der Tierwärter leckte sich die Lippen und legte nach: „Dieser Kerl von Gottes Gnaden verachtet die Proletarier genauso wie die Wilden aus den Kolonien, die hier zur Schau gestellt werden, damit sich der einfache Mann erhaben fühlen kann. Aber wenn die hier krank werden, lässt man sie genauso ohne ärztliche Versorgung elendig eingehen, wie vorletztes Jahr das arme Kaffernweib vom Oskar. Als sie starb, war er völlig außer sich vor Schmerz und Wut. Das wurde zwar alles unter der Decke gehalten, aber das hat Oskar nie verwunden."

Schlagartig war Cord alles klar: Die einzelnen Mosaiksteinchen fügten sich zu einem logischen Gebäude. Bevor er darüber weiter nachdenken konnte, bemerkte er aus den Augenwinkeln, wie Oskar blitzschnell aus der rechten Rocktasche die Faust zog, die ein Fernrohr umklammert hielt und zum Mund führte.

Cord stutzte einen winzigen Moment, dann war ihm klar, dass es sich um ein getarntes Blasrohr handelte. Geistesgegenwärtig schlug er das

Rohr kräftig nach unten, bevor Oskar es überhaupt an die Lippen geführt hatte. Dabei löste sich der Pfeil. Niemand merkte etwas, da gerade von hinten etwas gedrängelt wurde. Der Pfeil hatte Oskars linkes Hosenbein durchbohrt und steckte im Oberschenkel, was einen leisen Aufschrei des Getroffenen hervorrief, der sowohl vom Schreck als auch vom Schmerz herrührte. Oskar begann zu schwanken, und Cords Gedanken liefen auf Hochtouren. Er stieß den neben ihm stehenden Werner an, der von all dem nichts mitbekommen hatte. „Dem Oskar wird schlecht, halt ihn mit fest!"

Zugleich umschlang er den Mann mit dem rechten Arm, während er mit der linken Hand blitzschnell den Pfeil aus dem Oberschenkel zog, zu Boden gleiten ließ und mit dem Absatz zertrat, so gut es ging.

Von den Hochrufen der spalierstehenden Menge begleitet, zog indessen die vierspännige Kutsche des Kaisers wieder an, um im leichten Traben die Deisterstraße entlangzufahren. Theo und Fritz wurden von „Hurra" schreienden Menschen, die noch Blicke auf den Kaiser erhaschen wollten, so abgedrängt, dass sie von dem Zusammenbruch ihres Freundes nichts mitbekamen.

Johann und Cord trugen den inzwischen Ohnmächtigen vorsichtig nach hinten durch die Menge, wobei Werner ihnen eine Gasse bahnte. Sie betteten ihn schließlich hinter der Ehrenpforte auf dem Trottoir. Werner rollte fürsorglich seine Joppe zusammen und schob sie Oskar unter den Kopf. „Versuch einen Arzt aufzutreiben!", rief Cord Johann zu. „Wir bleiben bei ihm."

Cord ahnte nach den Erzählungen von Werner über Oskars Hausapotheke, dass hier jede Hilfe zu spät kommen würde. Jedenfalls, wenn die Dosierung in tödlicher Absicht gewählt worden war. Etwa zehn Minuten später eilte Johann mit einem Arzt heran, der den Puls fühlte, das Herz abhorchte, die Pupillen besah, die Reflexe prüfte und schließlich den Kopf schüttelte. Cord war nicht wirklich überrascht, als der Arzt verkündete: „Tut mir leid, für diesen Mann kann ich nichts mehr tun."

Werner wurde blass und ergriff entsetzt die Hand von Cord, der ihm tröstend einen Arm um die Schulter legte.

Ernst blickte der Arzt die beiden jungen Männer an und fragte: „Kanntet ihr den Mann?"

„Ja", entgegnete Cord. „Das ist Oskar Pohlenz, Oberwärter im Zoo. Er ist ein Schulfreund meines Vaters Hannes Breuer."

„Ah, vom Volksschullehrer Breuer, dem roten Breuer?"

Cord nickte.

„Und ich arbeite bei ihm im Zoo. Ich will nämlich Tierwärter werden", erklärte Werner.

„Herr Pohlenz hatte übrigens gesundheitliche Probleme", erklärte Cord. „Ich glaube mit dem Herzen." Dem erstaunt blickenden Werner versetzte er einen Rippenstoß. Dieser wusste, das hieß unter roten Füchsen: Halt die Klappe!

„Nun, ich dachte mir schon, dass es sich um einen Herzschlag handelt. Da können wir uns eine Obduktion sparen. Ich sorge dafür, dass er in die Leichenhalle kommt."

„Ich werde meinem Vater Bescheid sagen. Der wird sich um alles kümmern. Herr Pohlenz hat keine Angehörigen."

Die drei jungen Männer schirmten den Körper vor neugierigen Blicken ab und warteten, bis ein Pferdegespann kam, um den Leichnam abzuholen. Die Lautstärke der Hurra-Rufe hatte inzwischen abgenommen. Als schließlich der Transport gekommen war, bat Cord Johann, den blassen Werner nach Hause zu bringen. Er hoffte, dass sein Vater wie besprochen, immer noch Unpässlichkeit vorschützend, inzwischen wieder zu Hause war und er ihm unter vier Augen alles berichten konnte. Seine Mutter war gewiss bereits mit der Bürgermeistersgattin unterwegs, um im neuen Sonntagskleid den Besuch der Kaiserin in der Kinderkrippe der Mechanischen Weberei in der Blumenauer Straße beizuwohnen.

Wie erhofft, fand er seinen Vater in Hemdärmeln nervös auf- und abschreitend in der Wohnküche vor. „Ich habe gesehen, dass Oskar plötzlich schwankte. Sag schnell, was ist passiert?"

Schon nach den ersten Worten seines Sohnes setzte sich Hannes erschüttert hin. Schließlich hatte Cord, nicht ohne zwischendurch ins Stocken zu geraten, alles berichtet, und Hannes stand auf und nahm seinen Sohn in die Arme. „Mein Junge, ist dir klar, dass du heute Weltgeschichte geschrieben hast?"

Der jedoch fing an, hemmungslos zu schluchzen. Mit seiner Selbstbeherrschung war es vorbei. Und auch Hannes spürte, wie sich Angst, Anspannung und die Trauer um den Schulfreund in Tränen lösten.

Schließlich ging er zum Vertiko. „Es ist zwar erst mittags, aber wir haben es nötig. Wie sagte deine Mutter neulich – die Kaisertage bringen uns an den Rand des Suffs", versuchte er mühsam zu scherzen und die Tränenflut zu stoppen. Er schenkte großzügig ein. „Wir brauchen bald eine neue Flasche, die dann hoffentlich länger halten wird."

Sie tranken schweigend den ersten Schluck Doppelwacholder, der die Speiseröhre und den Magen wärmte und die Nerven beruhigte. Hannes holte tief Luft. „Cord, was da heute Morgen geschehen ist, darfst du keinem Menschen erzählen. Das würde endlose polizeiliche Ermittlungen nach sich ziehen und uns alle in Teufels Küche bringen. Die Obrigkeit fürchtet anarchistische Terroranschläge wie die Pest und würde das Unterste zu Oberst kehren. Das würde sowohl unserer Familie als auch der Sache der Sozialdemokratie in höchstem Maße schaden. Johann hat es zum Glück nicht mitbekommen, die anderen auch nicht und falls jemand nachfragen sollte, wirst du eisern schweigen nach dem Motto: Mein Name ist Hase, ich weiß von nichts!"

Prüfend blickte er seinen Sohn an, der langsam begriff und zur Bestätigung nickte. „Außerdem darfst du in keiner schwachen Stunde irgendjemanden, sei es deine Mutter, sei es eines Tages deine Herzallerliebste, in dieses Geheimnis einweihen. Das bleibt unter uns beiden, und unsere Lippen sind versiegelt bis ans Ende unserer Tage." Er ging in die gute Stube und kehrte mit Luises Bibel zurück.

Cord indessen war froh, dass er Elsa gegenüber nie einen Namen genannt hatte. Bei ihrem Scharfsinn würde es nicht so einfach sein, das Geheimnis zu wahren.

Hannes deponierte die Bibel auf dem Vertiko. „Leg deine Hand auf die Heilige Schrift und schwöre!" Wenn es noch eines Zeichens bedurft hätte, um den Ernst des Vaters zu bekräftigen, war es dies. Denn Hannes Breuer war gewiss nicht so im Glauben verankert wie seine Frau.

Cord legte seine Hand auf die Bibel, hob zittrig die rechte Hand und sagte mit leiser Stimme: „Ich schwöre, so wahr mir Gott helfe!"

Zufrieden setzte sich Hannes wieder hin. Cord aber sagte: „Ach Vater, ich grübele und grübele, warum der Pfeil Oskar getroffen hat. Wenn ich anders zugeschlagen hätte, wäre er vielleicht noch am Leben."

Sehr ernst sah Hannes seinen Sohn an. „Ich denke, es ehrt dich, dass du dir Gedanken machst. Aber es hätte ebenso gut einen Unschuldigen in unmittelbarer Nähe treffen können oder gar dich selber! Das wäre unausdenkbar schrecklich gewesen. Oskar wollte ein Attentat verüben und

ist selber zum Opfer geworden. Da fällt mir mal wieder Fipps der Affe
ein:

Jeder kriegt, was jeder tut.
Schlechtigkeit bekommt nicht gut."

Dienstag, 17. September 1889

Fritz Hoffmann war immer noch fassungslos über den Tod seines guten
Freundes. Die ganze Nacht hatte er grübelnd verbracht, ohne sich dar-
über klarzuwerden, was nun wirklich geschehen war. Er ahnte, dass eine
Befragung Cords ihn nicht weiterbringen würde.

Er las morgens die Lindener Zeitung, worin stand: Wilhelm Berding,
Direktor der Mechanischen Weberei in Linden, erklärte anlässlich eines
Kaiser-Commers, dass der Herrscher nicht nur das Reich gegen den äu-
ßeren Feind erhalte, sondern dass ihm auch das Wohl der arbeitenden
Klasse am Herzen liege. Auf Berdings Vorschlag hin wurde eine Gruß-
adresse an den Kaiser gesandt.

„Die aus Anlass des Besuches Ehrwürdiger Majestät versammelten
Arbeiter der Mechanischen Weberei zu Linden entbieten Eurer Majestät
ehrfurchtsvollen Gruß und auch Dank mit der Versicherung, in Treue in
guten und bösen Tagen Eurer Majestät zu leben und zu sterben. Die Ar-
beiter der Mechanischen Weberei."

Fritz schüttelte wütend den Kopf. „Zu leben und zu sterben!", rief er.
„Das hat gerade noch gefehlt, dass das Proletariat für die Blutsauger in
den Krieg zieht." Wütend warf er das Extrablatt auf den Boden.

Bei den Breuers las Hannes aus der Zeitung vor:

„In unserer Vaterstadt leben warmfühlende, für das Edle begeisterte
Männer, die ohne Gegenlohn ihr Bestes einsetzen, um das Beste zu leis-
ten und den Kunstsinn der Hannoveraner zu präsentieren. Dass dieses
auch die Bevölkerung im Großen und Ganzen zu würdigen wusste, be-
zeugte ihre Haltung, die, wie Herr Polizeipräsident von Brandt bestätig-
te, allen Vorsichtsmaßregeln entgegenkam. Diesem über jedes Lob erha-
benen Ordnungssinn ist es zu verdanken, dass trotz des Zusammenflus-
ses so gewaltiger Menschenmassen keinerlei Unfall geschehen und kei-
ne einzige Verhaftung vorgekommen ist."

„Ja, zum Glück ist nichts passiert", sagte Luise. „All unsere schlimmen Befürchtungen sind nicht eingetroffen."

„Amen und hipp, hipp, hurra!", rief Hannes laut und lenkte mit dieser kleinen Blasphemie seine Frau erfolgreich davon ab, dass Cord sich gerade an einem Schluck Malzkaffee verschluckte und röchelnd nach Luft schnappte. Er klopfte seinem Sohn auf den Rücken, sah ihn streng und mahnend an, und dieser nickte gehorsam.

Bei Breuers herrschte gedrückte Stimmung. Vater und Sohn saßen gemeinsam am Küchentisch und hingen ihren Gedanken nach. Hannes betrauerte ja nicht nur den alten Schulfreund, sondern musste zugleich mit dem Gedanken fertig werden, dass dieser sich nicht nur zum Anarchisten gewandelt, sondern auch noch einen Anschlag auf den Kaiser geplant hatte. Das als Fernrohr getarnte Mordinstrument, welches Cord geistesgegenwärtig in die Rocktasche gesteckt hatte, war inzwischen zerstört und spurlos in der Ihme beseitigt worden.

„Wir müssen zur Beerdigung gehen, Cord. Schließlich war Oskar mein alter Schulfreund. Man würde sich sonst wundern. Und du gehst auch mit, da gibt es kein Vertun."

Cord gab einen tiefen Seufzer von sich. „Auch das noch, kann ich nicht einfach krank werden? Letztendlich habe ich ihn umgebracht."

„Rede keinen Unfug! Nochmals, mein Sohn, es ist ein großes Glück, dass der Pfeil nicht dich getroffen hat. Das war Oskars eigene Schuld und so etwas wie ein Unfall. Und genau betrachtet fand er so ein besseres Ende. Denn wäre er geschnappt worden, hätte man ihn aufgehängt, ganz egal ob er den Kaiser getroffen hätte oder nicht."

Mittwoch, 18. September 1889

Nach der Beerdigung von Oskar Pohlenz, der seine letzte Ruhestätte in einem schlichten Grab am Rande des Lindener Bergfriedhofes gefunden hatte, trafen sich seine Freunde bei Rackebrandt. Cord war froh, die Zeremonie, die er kaum wahrgenommen hatte, nun hinter sich zu haben.

Fritz hob sein Bierglas. „Ich trinke auf Oskar und Mia. Jetzt sind sie wohl wieder vereint."

Hannes fragte erstaunt: „Wer ist denn Mia?"

„So hat er das Hottentottenweib genannt. Die haben ja so eine eigenartige Sprache, mit seltsamen Schnalzlauten. Das klingt wie Stottern. Ihren Namen konnten wir nicht aussprechen, also hat er sie Mia genannt, was ähnlich klang wie ihr Hottentottenname."

Völlig baff trank Hannes einen Schluck Bier und musste diese Neuigkeit erst mal verdauen. Denn Cord hatte zwar etwas von einer Frau aus der Karawane erwähnt, aber das hatte er in der ganzen Aufregung nicht weiter bedacht. „Das hätte ich als sein Freund doch wissen müssen", stammelte er beleidigt.

Tröstend sagte Fritz, der dies sehr wohl bemerkte: „Oskar glaubte, dass keiner sein Geheimnis kannte. Schließlich war er nicht der Einzige, der diese auf ihre Art ja ganz hübsche junge Frau mit den Augen verschlang. Davon abgesehen gehörte Oskar zu denen, die in den Mitgliedern der Völkerschauen Menschen wie du und ich sahen – und er kümmerte sich immer um ihr Wohlergehen. Irgendwie sind die Mia und er sich schnell nähergekommen. Erstaunlicherweise muss es so etwas wie Liebe auf den ersten Blick gewesen sein."

Theo, Werner und Cord sahen sich mit großen Augen an. Und Hannes war froh, dass er in seiner Biologiestunde vor etlichen Wochen nicht weiter auf die Besonderheiten der weiblichen Hottentotten eingegangen war.

„Als sie mit hohem Fieber krank wurde und nicht mit der Karawane weiterziehen konnte, kümmerte Oskar sich um sie. Ich habe zwar nicht verstanden, was er an diesem schwarzen Weib fand, aber er war ja ganz verrückt nach ihr. Zunächst wusste niemand, dass er sie in seiner Kammer am Affenhaus pflegte. Als es ihr immer schlechter ging, vertraute er sich mir an. Da wir befürchteten, der Direktor würde einen riesigen Krach schlagen, weihten wir schließlich den Tierarzt ein. Der meinte, dass es sich um eine sehr schwere Lungenentzündung handele, die Wilden vertrügen unser Klima hier oft ebenso schlecht wie die Affen, die ja leicht an der Tuberkulose eingingen. Oskar wäre ihm fast an die Kehle gegangen."

Fritz starrte in sein Bierglas. „Schließlich haben wir den Tierarzt gebeten, einen Doktor zu schicken. Der kam erst zwei Tage später. Als Oskar ihm Vorwürfe machte, erklärte er nur, für eine mittellose Wilde könne er seine anderen Patienten nicht warten lassen. Da lag Mia schon im Sterben."

Betretenes Schweigen herrschte am Tisch.

„Wie konnte er sich da so hineinsteigern?", fragte Cord schließlich, was ihm sofort einen Tritt von seinem Vater ans Schienbein eintrug, der zu Recht Angst hatte, dass sich sein Sohn verplapperte.

„Mein Freund Oskar war sein Leben lang das Gegenteil von einem Weiberhelden. Der Verlust dieser Mia traf ihn offenbar schwer", lenkte Hannes bewusst das Gespräch in eine unverfängliche Richtung.

Werner meinte leise: „Das lag auch an dem vielen Affenwein, es wurde immer schlimmer mit ihm. Wahrscheinlich wollte er seinen Kummer ertränken. Jedenfalls hat sein Herz das nicht mehr ausgehalten."

„So war es wohl", sagte Hannes in einem abschließenden Ton. „Nun beginnt man bereits, die ganzen Dekorationen für die Kaisertage wieder abzubauen, und uns bleibt nichts anderes übrig, als uns nach diesen aufregenden Tagen wieder dem normalen Leben zuzuwenden." Dabei sah er besonders seinen Sohn aufmunternd an. Der nickte und dachte an den Schwur, den er seinem Vater hatte leisten müssen. Bis ans Ende seiner Tage keinem Menschen, noch nicht einmal seiner zukünftigen Frau, erzählen zu dürfen, wie er dem Kaiser das Leben gerettet hatte. Das erschien ihm eine schwere Last zu sein.

Epilog

Am 1. August 1914 hatte Kaiser Wilhelm II. die deutsche Mobilmachung verkündet. Einige Tage später stand Cord Breuer, den Einberufungsbefehl in der Tasche, auf dem Lindener Marktplatz. Hier herrschte weniger Kriegsbegeisterung als in Hannover. Es gab auch ernste, nachdenkliche Gesichter und viele Frauen, denen man ansah, dass sie geweint hatten. Von einem August-Erlebnis kollektiver Kampfeseuphorie war hier wenig zu spüren.

„Zu Großem sind wir noch bestimmt, und herrliche Tagen führe ich euch noch entgegen", hatte Kaiser Wilhelm II. 1892 versprochen.

Cord Breuer fragte sich, ob er am 16. September 1889 richtig gehandelt hatte.

Ihr Kinderlein, kommet

Hannover – Weihnachten 1893

Ihr Kinderlein, kommet, o kommet doch all!
Zur Krippe her kommet in Bethlehems Stall
Und seht was in dieser hochheiligen Nacht
Der Vater im Himmel für Freude uns macht.
Christoph von Schmid

*

Hanna Ostmann saß an ihrem Lieblingsplatz im Erker des Salons. Von dort aus eröffnete sich ein schöner Blick auf das Portal der Marktkirche, das Rathaus und im Hintergrund auf die Eisenarchitektur der 1892 fertiggestellten Markthalle. Auch das Wohnhaus Seilwinder Ecke Knochenhauerstraße war erst kürzlich erbaut worden, nachdem man eine Reihe von Häusern, die allzu nah an der Kirche standen, abgerissen hatte.

Heute jedoch genoss Hanna die Aussicht auf das Ensemble niedersächsischer Backsteingotik im Herzen Hannovers überhaupt nicht. Verzweifelt weinte sie vor sich hin, während draußen die Dämmerung hereinbrach. Bald würde der Weihnachtsmarkt Farbe und Fröhlichkeit rund um die Marktkirche bringen, aber jetzt entsprach das triste Novembergrau Hannas Verfassung.

„So geht es nicht weiter, meine Gute", sagte sie mit leiser Stimme zu sich selber, einer aus Verzweiflung geborenen Angewohnheit, da sie hier niemanden kannte, dem sie ihre Nöte offenbaren mochte. Einzig mit ihrer Amme Katharina, ihrer mütterlichen Freundin, hätte sie sprechen können – doch die lebte weit entfernt. „So schreib an Katharina und vertraue dich ihr an", führte sie das Selbstgespräch fort. Aber das ging auch nicht – was sie bedrückte, vermochte sie nicht zu Papier zu bringen.

Als sie sich aufrechter hinsetzte, spürte sie, dass die Stoffbinde die heftige monatliche Blutung kaum noch aufsaugen konnte.

Irgendwo übte jemand bereits Weihnachtslieder. Als sie „Ihr Kinderlein, kommet" hörte, war es um ihre Selbstbeherrschung beinah geschehen. Aber nur beinah – sie umklammerte mit einer Hand die Lehne des Armsessels, die andere hielt sie vor den Mund – auf keinen Fall durfte das Personal sie hören!

Stets Contenance vor der Dienerschaft, hatte ihr die Mutter immer eingeschärft, auch dann noch, als nach Vaters Konkurs mit seiner pharmazeutischen Fabrik lediglich ein Dienstmädchen beschäftigt werden konnte.

Reiß dich zusammen, du Heulsuse!, versuchte sie sich zu beruhigen. Die Herrin des Hauses in Weinkrämpfen – das würde sicherlich dem Personal seltsam vorkommen. Nicht nur die Dienstboten, alle halten mich für beneidenswert. Schließlich hat mich der reiche Kaufmann Otto Ostmann geehelicht, obwohl ich über keinerlei Mitgift mehr verfügte.

Die meisten fanden damals kaum etwas dabei, dass eine von Wartenberg unter ihrem Stand heiratete – am wenigsten meine eigene Mutter. „Es handelt sich zwar um eine Mesalliance, mein Kind, aber du bist finanziell bestens versorgt. So kannst du auch mal eine Kleinigkeit für deine Mamam tun. Außerdem verehrt dich Otto glühend. Wenn er sich unbeobachtet glaubt, verschlingt er dich ja geradezu mit den Augen."

Das traf nach sechs Ehejahren nicht mehr zu. Ein winziges, trauriges Lächeln huschte über Hannas Züge. Nun lebe ich in der Belle Etage dieses, von meinem Gatten erbauten Wohnhauses mit modernstem Komfort, mit einem veritablen Wasserklosett, einer Badewanne, elektrischem Licht und einem Telefon. Bei allen vornehmen Geschäften der Stadt, wie beim Leinenhaus I.G. von der Linde oder bei Horstmann und Sander mit Lederwaren besitze ich meine Einkaufskonten. Otto legt größten Wert auf eine elegante Frau. Das dient seiner Reputation …

Ein leises Klopfen riss sie aus ihren Gedanken und ließ sie zusammenfahren. Hastig wischte sie ihr Gesicht trocken, straffte die Schultern, erhob sich. „Herein!"

Mit einer Petroleumlampe in der Hand betrat das fünfzehnjährige Dienstmädchen Anni den Raum und erwartete mit gesenktem Blick die Anweisung ihrer Herrin.

„Stell die Lampe auf dem Tisch ab. Ich mache später mehr Licht an. Und lass mir in der Küche einen Frauenmanteltee zubereiten."

„Gern, gnädige Frau", murmelte Anni, knickste und huschte aus dem Salon.

Nachdenklich sah Hanna dem drallen, hübschen Ding hinterher.

Dann ging sie zu der vom Badezimmer abgetrennten Toilette und steckte die Binde in einen Deckeleimer mit kaltem Seifenwasser zum Einweichen.

An dem seit Jahren leerstehenden Kinderzimmer vorbei, kehrte sie in den Salon zurück, um ihren Lieblingsplatz im Erker aufs Neue einzunehmen. Die Petroleumlampe und das Nähtischchen gehörten, ebenso wie der schlichte Armlehnsessel, zu den wenigen Möbelstücken aus ihrem Familienbesitz. Den größten Teil der Wohnung hatte sie auf ausdrücklichen Wunsch ihres Gatten im wilhelminischen Stil, mit reich verschnörkelten, wuchtigen Möbeln einrichten müssen.

Da stürmte wie stets schnellen Schrittes Otto in den Salon und schaltete sofort zwei Lampen an.

„Hockst du schon wieder im Dunkeln und flennst! Na, hast ja auch allen Grund dazu. Wird ja erneut ein trauriges Weihnachtsfest ohne Hoffnung auf Nachwuchs. Heiligabend werden wir übrigens zu zweit sein! Mein Bruder fährt in die Hauptstadt, deiner Mutter schrieb ich unmissverständlich, dass sie nicht anzureisen braucht, da ich mit dir allein sein möchte. Eine Bescherung wird nicht stattfinden, ich verbitte mir jegliche Geschenke. Für das Personal kannst du das Übliche besorgen. Ich wünsche, am Heiligen Abend Karpfen blau zu speisen. Bis auf die Köchin und Anni kannst du dem Personal freigeben. Ich gehe noch aus, du brauchst nicht auf mich zu warten!"

Und damit drehte sich der große, vierschrötige Mann, der mit inzwischen hochrotem Gesicht und blitzenden, stahlgrauen Augen immer näher an seine Frau herangetreten war, auf dem Absatz um. Die Salontür knallte so heftig ins Schloss, dass Hanna um die Glasscheiben fürchtete. Mit Contenance hat mein Gatte rein gar nichts am Hut, stellte sie mit bitterer Ironie fest.

Da ihre Knie unkontrolliert zitterten, setzte sie sich hin. Eine kalte Wut stieg langsam in ihr hoch. Wie lange soll ich das noch ertragen? Ich kenne niemanden, der sein Gegenüber so runterputzen kann wie er. Und das geschieht jetzt dauernd. Er muss eines der Dienstmädchen mit dem Eimer gesehen haben. Ihre Finger trommelten auf dem Tischchen den Rhythmus eines Trauermarsches. Ich tat wirklich alles Menschenerdenkliche, was möglich ist. Mehrere Fachärzte entdeckten keine klare Ursache meiner Kinderlosigkeit. Sechs Wochen kurte ich in Bad Pyrmont mit vegetarischer Kost, Gymnastik, Sitzbädern, Rückengüssen, Bauch- und Rückenmassage und reichlicher Bewegung im Freien. Das fand ich noch harmlos im Gegensatz zu den schrecklichen Thure-Brandt-Massagen, die ich auch hier bei meinem Arzt Dr. von Campen fortsetzen musste. Eine solche Behandlung von einem Mann über sich ergehen zu lassen, verletzt das weibliche Zartgefühl! Von den Schmerzen gar nicht zu reden!

Bei dem Gedanken schauderte sie noch heute. Und dann Heiligabend allein mit Otto, niemand da, der ihn davon abhält, mich die ganze Zeit mit seinen spitzen und sarkastischen Bemerkungen zu malträtieren. Dazu Karpfen, wo er genau weiß, wie sehr ich es hasse, wie so ein großer Fisch hilflos in der Zinkwanne dümpelt, bis die Köchin ihn schlachtet. Da bekomme ich wieder keinen Bissen runter. Es muss etwas geschehen, so kann ich nicht weitermachen!

Otto Ostmann stand auf dem Marktplatz und hätte seine Wut und Unzufriedenheit am liebsten laut in den dunklen Spätnachmittag geschrien.

Diese Ehe entwickelte sich schnell zu einer riesigen Enttäuschung – das verdiene ich in keiner Weise! Was habe ich dieses Weib anfangs bewundert, wegen ihres Charmes, ihrer gefälligen Konversation, nicht zuletzt wegen ihres klaren Verstandes! Wie viele meiner Freunde beneideten mich um sie, obwohl sie arm wie eine Kirchenmaus war. Aber ich hasse es, wenn ich mich von ihr durchschaut fühle, denn ich bin ihr Herr und Gebieter – schließlich soll die Frau dem Manne untertan sein. Und es gibt Dinge, die die Weiber absolut nichts angehen!

Voller diffusem Unbehagen und Groll wandte er sich dem Rathskeller in der Köbelingerstraße zu. Einen guten Tropfen brauche ich jetzt dringend!

Er stieg einige Treppen hinab und fand die Weinstube wie stets gut besucht. Die Kreuzrippengewölbe gaben dem Ganzen eine angenehme Atmosphäre, hier fühlten sich die Hannoveraner seit Langem wohl. Da winkte ihm schon sein Schulfreund Albert von Campen, der als Frauenarzt in der Warmbüchenstraße praktizierte und bei dem auch seine Gattin Patientin war.

„Otto, was machst du für ein brummiges Gesicht! Komm, trink ein Glas guten Rotspon mit mir!" Der ließ sich nicht lange bitten.

„Bin noch nicht zum Essen gekommen. Mein Weib sitzt mal wieder mit Trauermiene im Dunkeln, da vergeht mir jedweder Appetit. Aber wenigstens mit einer leckeren Mockturtlesuppe werde ich mich stärken."

Von Campen ahnte, aus welchen Gründen bei Ostmanns der Haussegen mal wieder schiefhing. Die beiden Männer prosteten sich zu. Da kam auch schon die Terrine mit der aromatisch duftenden Suppe. Der Arzt allerdings verspürte nicht die Spur von Appetit. Er war kein Freund von gekochtem Kalbskopf und Ochsengaumen.

Otto hingegen füllte den Teller randvoll und verschlang hastig einige Löffel der dickflüssigen Mockturtle. Die Tischmanieren seines Schulkameraden fand der Arzt unangenehm, viel schwerer aber wog die Gefahr, der dieser sich so leichtsinnig aussetzte.

„Bitte, denk an deine Speiseröhrenverengung. Du könntest ersticken, wenn du so rasch und heiß isst!"

Da passierte es auch schon – der gierige Esser röchelte und hustete. Albert sprang auf, klopfte ihm kräftig auf den Rücken und riss ihm die Arme hoch. Bevor sich von allen Nachbartischen die Köpfe drehten, war der Anfall bereits vorbei.

Das Saucischen, welches sich in der Speiseröhre quergelegt hatte, rutschte hinunter. Nach einem großen Schluck Wein beruhigte sich Otto und aß merklich langsamer weiter.

Bei dem dritten Schoppen brach es aus ihm heraus: „Hanna und ich, wir passen überhaupt nicht zueinander! Führt sich auf wie eine typische höhere Tochter, etepetete, bedauert den Weihnachtskarpfen, klimpert auf dem Klavier und kümmert sich lieber um arme, kranke Kinder in der Altstadt, als selber welche zu bekommen. Hätte ich doch nur eine dralle Handwerkerstochter geheiratet, dann besäße ich inzwischen bestimmt drei stramme Söhne!"

Offensichtlich, dachte Albert, ahnt Otto nicht im Entferntesten, wie oft Menschen vor dem Haus stehen blieben, um Hannas Klavierspiel verzückt zu lauschen – musikalisch war er schon in der Schule nicht. Aber das bildet noch das geringste Problem von allen!

Albert räusperte sich. „Mein Freund, du weißt, wie stark Hanna unter ihrer Kinderlosigkeit leidet. Wenn ihr beide nicht in Eintracht miteinander lebt, ist das eurem Kinderwunsch nicht zuträglich. Harmonie und ein freundlicher Umgang, auch bei der Erfüllung der ehelichen Pflichten, bilden dafür wichtige Voraussetzungen." Er blickte Otto mit ernster Miene an.

„Papperlapapp! Eine Frau hat sich ihrer Bestimmung zu fügen, dem Manne zu gefallen und die Kinder zu bekommen. Mag sein, dass ich etwas stürmisch bin, aber sie lässt ja nur alles stocksteif wie ein Brett über sich ergehen! Da muss ich mich ja dann und wann woanders schadlos halten!"

Von Campen schluckte. Während der medizinischen Behandlung von Hanna Ostmann war er zu einigen Mutmaßungen gekommen, die sich hier zu bewahrheiten schienen. Wahrscheinlich machte mein ungestümer Schulkamerad ohne Rücksicht auf seine blutjunge Frau die Begattung zu einem tierischen Akt, der lediglich seiner Befriedigung und seinem Genuss dient. Dann kann seine Frau auch keine normalen Gefühle eines liebenden Weibes entwickeln! Das würde ebenfalls erklären, mit welcher Abwehr und völligen Verkrampfung sie auf die Behandlung reagierte.

Da Verdacht auf eine Verwachsung des Mastdarms mit der Gärmutter bestand, hatte er die Thure-Brandt-Massage angewendet. Dabei wird der Zeigefinger in die Scheide eingeführt und hält den Gebärmutterhals, die andere Hand streicht kreisförmig durch die Bauchdecke hindurch.

Der Frauenarzt gab sich einen innerlichen Ruck und versuchte, seinem Freund ein paar wohlgemeinte Ratschläge zu geben.

„Otto, als Arzt weiß ich, dass Frauen anders geartet sind als Männer. Nimm dir Zeit, wenn du deiner Gattin beiwohnen willst, sei zärtlich, liebkose sie, so dass sie dann auch freudig bereit ist, dich aufzunehmen."

Der Schulfreund fixierte ihn mit starren Augen. „Was du Neunmalkluger alles weißt!" Nun mischte sich Misstrauen in seinen Tonfall. „Du kennst durch die Behandlung ja die baulichen Gegebenheiten meiner Gattin wohl genauso gut wie ich. Hat sie dich inzwischen so für sich eingenommen, dass du dich auf ihre Seite schlägst?"

Mühsam schluckte von Campen seine aufsteigende Wut herunter. „Du weißt Otto, dass ich mit Leib und Seele Arzt bin und Privates und Berufliches strikt trenne. Ich wollte dir als meinem alten Schulfreund helfen."

„Mag sein", brummte sein Gegenüber, dessen Gesichtsfarbe sich dem des Rotweines anglich, „aber ich habe ein gefühlskaltes Weib, und da nützen alle deine netten Vorschläge nichts. Die kannst du in der Gartenlaube einreichen!"

Das Gespräch nahm eine Wende, bei der von Campen sich endgültig unwohl fühlte. „Es geht ja schließlich darum, dass euer Kinderwunsch sich erfüllt", versuchte er mäßigend einzuwirken. Doch er erreichte das Gegenteil.

„Man muss den Tatsachen ins Auge sehen. Meine Frau ist frigide und unfruchtbar, sie wird nie ein Kind bekommen. Lange mache ich das nicht mehr mit! An mir", so fügte er mit Genugtuung hinzu, „liegt es jedenfalls nicht. Das weiß ich hundertprozentig!"

„Das klingt ja höchst interessant, mein Guter – woher willst du das denn wissen?"

Ostmann zuckte kurz zusammen und reagierte ausweichend. „Das liegt doch auf der Hand, bei mir stimmt eben alles! Und jetzt gehe ich nach Hause."

Ein aufmerksamer Kellner stützte den Schwankenden und half mit, ihn die Treppen hinauf zur Straße zu bugsieren.

Pflichtbewusst geleitete von Campen den angeschlagenen Ostmann bis zur nahen Haustür und ging mit sorgenvoller Miene heim. So große Verbohrtheit wie bei Otto gab es bei vielen Männern. Es herrschte die Ansicht, dass für die Mannsperson andere Sittengesetze gelten als für die Frau. So übte auch der noch nicht ausgewachsene Jüngling geschlechtlichen Verkehr aus, in dem Wahn, dies sei für seine Gesundheit notwendig, da sonst eine Verderbnis der Säfte drohe. Das führte zu überfüllten Findelhäusern, einer stetig zunehmenden Prostitution, verpfuschten, oft tödlichen Abtreibungen, Geschlechtskrankheiten wie Tripper und Syphilis. Zugrundegerichtete junge Dienstmädchen, die vom Dienstherrn oder dessen Sohn geschwängert worden waren und häufig als moralisch minderwertig auf der Straße landeten, bildeten eine weitere, traurige Realität.

Ist es möglich, dem Ehepaar Ostmann zu helfen – und wenn ja, wie? So grübelte der Frauenarzt vor sich hin, ohne zu einem Ergebnis zu kommen. Otto wirkt uneinsichtig, ja geradezu borniert. Mir scheint, er bewundert zwar einerseits seine kluge Frau, andererseits kann er genau das nicht ertragen, weil er als der unangefochtene, überlegene Herr und Gebieter dastehen möchte. Aus diesem Zwiespalt heraus entstehen seine unberechenbaren Reaktionen. Sollte er zum äußersten Mittel greifen und sich scheiden lassen, wäre seine Gattin, wenn keine Kinder vorhanden waren, völlig mittellos – dafür sorgte er im Ehevertrag, wie er mir mal anvertraute. Dann stünde seine Frau im wahrsten Sinne des Wortes vor dem Nichts. Wovon sollte sie leben? Weder als Gouvernante, Erzieherin, Gesellschafterin noch als Klavierlehrerin gibt es Möglichkeiten, ihren kärglichen Lebensunterhalt zu bestreiten – als Geschiedene würde niemand sie einstellen. Sie könnte eine kurze Zeit vom Schmuck- und Kleiderverkauf ihr Dasein fristen. Dann bestünde ihre einzige Chance darin, einen neuen Ehemann zu finden – sehr unwahrscheinlich als geschiedene, kinderlose Frau – oder aber sich von einem Mann aushalten zu lassen. Und das hieße, sich auf Gedeih und Verderb auszuliefern. Ich habe ein ungutes Gefühl. Hoffentlich behandelt mein Schulfreund seine Ehegattin nicht noch schlechter als bisher.

Am nächsten Morgen erinnerte sich Otto lediglich, dass ihm Anni die Wohnungstür geöffnet hatte, da es ihm nicht gelang, den Schlüssel ins Schloss zu stecken. Die Nacht verbrachte er in seinem Schlafgemach. Ihm wäre ein gemeinsames Schlafzimmer lieber gewesen, aber das hatte seine Schwiegermutter nicht vornehm genug gefunden. Seufzend klingelte er nach seinem Diener, der, wie stets bestens informiert, mit einem Katerfrühstück erschien. Neben extrastarkem Kaffee, Eiern im Glas mit Toast gab es auch das obligatorische Veilchenwasser, bereitet nach einem Rezept seines Schwiegervaters, welches vorzüglich den Kopfschmerz vertrieb.

„Die Köchin hält für den gnädigen Herrn vorsichtshalber Eiweißwasser für den Magen bereit. Soll ich es Ihnen bringen?"

„Nein, danke." Ostmann schüttelte sich. „Das nur im äußersten Notfall. Falls nötig, bitte ich dann lieber meine Gattin um eines der Wundermittel aus ihrer umfangreichen Hausapotheke."

Der Diener nickte zustimmend, denn von den beachtlichen pharmazeutischen Kenntnissen Hannas, die sie von ihrem Vater erlernt hatte, profitierte auch die Dienerschaft.

In der Adventszeit schien sich die Spannung zwischen den Ehepartnern keineswegs zu lösen. Daran änderte auch der kostbare Brillantring nichts, den Otto seiner Frau Anfang Dezember zum Hochzeitstag verehrte.

Hannas Gedanken dazu verrieten mitnichten ungetrübte Freude: Es handelt sich zweifellos um ein schönes Stück. Aber damit demonstriert er wie stets seine Großzügigkeit, vor allem jedoch seine Erfolge. Bestimmt wird er bei den nächsten Einladungen wünschen, dass ich ihn trage und dann die anderen in seiner unnachahmlichen Bescheidenheit darauf hinweisen.

Nach wie vor forderte Otto die ehelichen Pflichten rücksichtslos und vehement ein. Bissige und verletzende Bemerkungen musste sich nicht nur die Dame des Hauses, sondern auch das Personal anhören. Der Köchin misslang ausgerechnet bei einem wichtigen Geschäftsbesuch ein Rehrücken, der zäh und trocken geriet. Das führte zu einem cholerischen Wutanfall des Hausherrn gegenüber seiner Frau. „Bist du noch nicht mal mehr in der Lage, diesen Haushalt vernünftig zu führen und meine Gäste zu bewirten? Muss ich demnächst in Kastens Hotel einladen, damit alle Welt sich zusammenreimen kann, dass du es nicht schaffst, Besucher und Freunde standesgemäß zu verköstigen? Was hat dir deine Mutter eigentlich beigebracht? Zu was taugst du überhaupt noch? Wenn du nicht wärst, würde es mir viel besser gehen!" Er ließ Hanna keine Möglichkeit sich zu äußern und verließ, wie so oft in letzter Zeit, türenknallend die Wohnung.

Das gesamte Personal hatte bei der Lautstärke jedes Wort verstehen können.

Die Köchin Grete erschien völlig am Boden zerstört bei Hanna, vom Weinen genauso geschüttelt wie ihre Herrin. „Gnädige Frau, es ist alles meine Schuld! Ich hätte merken müssen, dass mir der Händler in der Markthalle ein zu lange gelagertes Stück angedreht hat. Schon der geringste Hautgout." Hier verhaspelte sie sich vor Aufregung hoffnungslos an der Aussprache und brach erneut in Schluchzen aus.

„Völlig richtig, Grete, zu viel Hautgout schadet dem feinen Geschmack des Fleisches. Allerdings wollte mein Gatte den Rehrücken ja bereits vor zwei Tagen essen und bestellte ihn dann wieder ab."

„Gnädige Frau, das darf mir trotzdem nicht vorkommen. Sie können mich gern kündigen, wenn Ihnen das was hilft!"

„Nein, das würde alles nur noch schlimmer machen. Außerdem sprechen wir über das erste und einzige Gericht, das dir je misslungen ist. Das kann ja mal passieren."

„Ach gnädige Frau, ich fühl mich schlecht, weil ausgerechnet Sie, die immer so gut und verständnisvoll sind, unter meinem Fehler leiden."

„Grete, wir werden jetzt gemeinsam aufpassen. Es gilt ja noch viele Dinner vor Weihnachten anzurichten. Es wird schon alles gut gehen."
Die Frauen blickten sich verstehend an.

Es schien, als ob sich ein Schleier der Bedrückung über den kompletten Haushalt gelegt hätte, was gar nicht zu der heimeligen Weihnachtsstimmung rund um die Marktkirche passte.

Der stets allwissende Kammerdiener des Hausherrn, der bereits bei Hannas Vater im Dienst gewesen war, muffelte das übrige Personal an und starrte bekümmert vor sich hin, wenn er sich unbeobachtet glaubte. Anni, die noch im Sommer jugendliche Fröhlichkeit versprüht hatte, verhielt sich schon länger ruhiger und verschlossener. Jetzt ließen dunkle Ringe unter den Augen sie blass und kränklich wirken.

Der Haushalt lief wie am Schnürchen, alle Dienstboten bis hinunter zum Küchenmädchen taten ihr Bestes, um weitere Zornesausbrüche des Hausherrn zu vermeiden.

In der zweiten Adventswoche beschloss Hanna, die vorhandene Tannenbaumdekoration noch mit einigen Anhängern von den thüringischen Glasbläsern zu ergänzen. Es dunkelte bereits, und die Windlichter und Kerzen der Weihnachtsstände tauchten die goldenen, silbernen und bunten Kugeln des Christbaumschmucks in ein flimmerndes, warmes Licht. Nützliches aus Holz, Geschnitztes für die Küche wurde ebenso verkauft, wie Zinnsoldaten und Holzreifen. Watteschäfchen, Rosinenkerle und nicht zuletzt die Schnurrekatzen – alle selbstgebastelten Produkte dienten in der Arbeiterschicht zur Aufbesserung der Weihnachtskasse. Am interessantesten fand Hanna die Schnurrekatzen, die aus einer mit Tapetenresten beklebten Bandrolle bestanden, durch die Pferdehaare gezogen wurden und die mit einem eingekerbten kurzen Stock geschwungen, anfingen zu schnurren. Neben einem älteren Jungen, der viele dieser einfachen Instrumente mit den Stöcken im Gürtel feilbot und zugleich mit einer besonders großen Schnurrekatze einen tiefen und lauten Ton erzeugte, fiel Hanna ein zu dünn gekleideter, ärmlich wirkender Bursche auf. Er bot frierend selbstgeklebte Hampelmänner an.

„Ach bitte, kaufen Sie von meinen schönen Hampelmännern!" Er konnte sich gegen den lauten Jungen neben ihm kaum Gehör verschaffen.

„Hast du die selber gebastelt?", fragte Hanna. „Wie heißt du denn?"

„Ich bin der Hermann. Und meine Geschwister und ich, wir sind zehn Kinder, wir basteln immer für den Markt hier."

Hanna fühlte einen Stich im Herzen – sie suchte ihre Börse und fauchte den Schnurrekatzen-Verkäufer an, der ihr unangenehm nahekam.

„Bleib mir vom Leib, Bursche!"

Sie drehte ihm demonstrativ den Rücken zu. „Gib mir alle Hampelmänner, die du noch hast", sagte sie zu dem zitternden Jungen, der sie fassungslos vor Freude anstrahlte. Sie gab ihm noch rasch einen Bolschen. Eine Tüte mit den extragroßen Lutschbonbons befand sich stets in ihrer Handtasche. Da entdeckte sie das Dienstmädchen Anni, welches bleich an einer Bude lehnte, sich an der Wand festhielt und einer Ohnmacht nahe schien. Schnell ging sie zu dem jungen Mädchen, das sie zunächst völlig erschrocken anstarrte.

„Mädel, was hast du? Du bist ja völlig blass, bist du krank?"

„Ich weiß es nicht, gnädige Frau. Die vielen Menschen, die Gerüche nach Glühwein, Wurst und Fisch, da wurde mir schwummerig."

„Komm, Anni, wir gehen nach Hause und machen dir einen Tee."

„Ich will keine Umstände machen, gnädige Frau." Das Mädchen, immer noch grünlich im Gesicht, wagte kaum, ihre Herrin anzuschauen. Dabei schwankte sie bedenklich hin und her.

„Ach was, wir gehen jetzt zusammen. Und du hängst dich gefälligst bei mir ein, keine Widerrede! Meine Einkäufe kann ich ein anderes Mal erledigen."

Binnen einiger Minuten befanden sich beide in der großen Küche, wo Hanna geschäftig einen Tee mit Kamille, getrockneter Ingwerwurzel und etwas Sternanis aufgoss. Sie ließ Anni auf einem Stuhl neben dem Herd Platz nehmen, wo es mollig warm war.

„Grete, besorge bitte sofort Pfefferminze, Salbei und Melisse, es ist kaum noch was da."

Die Köchin, die genau wusste, welch großen Wert ihre Herrin auf die wohlgefüllte Hausapotheke legte, machte sich umgehend auf den Weg.

Hanna zog sich einen Stuhl an den runden Küchentisch, goss Tee ein und fragte: „Anni, jetzt sind wir allein – was ist los?"

Diese heulte Rotz und Wasser und schien gar nicht mehr aufhören zu können.

Beruhigend redete die Hausherrin auf sie ein und begann dann, Fragen zu stellen.

Eine halbe Stunde später lag das Mädchen in ihrem schmalen Bett in der kalten Dienstbotenkammer unter dem Dach, mit einem heißen Stein an den Füßen und einem dampfenden Tee auf dem Nachtschränkchen. „Die gnädige Frau ist zu gut für diese Welt", sinnierte sie noch, dann schlief sie völlig erschöpft ein.

Zwei Tage später saß das Ehepaar Ostmann beim gemeinsamen Dinner allein am Tisch.

„Otto, ich habe dir jetzt in der Vorweihnachtszeit, wo du noch mehr als sonst arbeitest, einige häusliche Entscheidungen abgenommen. Du moniertest ja in letzter Zeit des Öfteren, dass ich da zu nachlässig geworden sei."

Erstaunt ob des umgänglichen Tonfalls, den seine Gattin anschlug, blickte Otto von seiner Sauerkrautsuppe auf.

„So, so, welche weltbewegenden Beschlüsse hast du denn ganz allein getroffen?"

„Nun, fangen wir mit dem Erfreulichen an: Ich werde für dich nach einem französischen Rezept von Maman am Heiligabend noch zusätzlich Karpfenklößchen zubereiten, die du ja besonders gern magst."

„Da handelt es sich ja in der Tat um eine sensationelle eigene Entscheidung!"

Seine Frau ließ sich jedoch nicht aus der Fassung bringen.

„Wie schön, Otto, dass du dich freust! Außerdem schickte ich Anni, die schwer an Scharlach erkrankt ist, zu Bekannten aufs Land. Dort kann sie sich, sie ist ja eine arme Waise, auskurieren. Es wäre zu gefährlich sich anzustecken, vor allem auch für mich in Hinblick auf eine mögliche Schwangerschaft. Das neue Dienstmädchen stammt aus Zeven und heißt Lene."

Otto knallte den Suppenlöffel so heftig auf den Tisch, dass die Kristallgläser leise klirrten, und starrte seine Frau an.

„Anni hat Scharlach?"

„Ja, es kann Wochen dauern, bis sie wieder zu Kräften kommt. Möchtest du Lene gleich kennenlernen?"

„Ja, das will ich. Ihr Gesindebuch ist vollständig und in Ordnung?"

„Alles bestens, sie hat nur gute Zeugnisse." Hanna läutete. Kurz darauf klopfte es energisch, und eine große, grobknochige Frau von ungefähr fünfzig Jahren, die Zöpfe eng um den Kopf gesteckt, blickte den Hausherrn aus klugen blauen Augen an.

„Gnädiger Herr, ich heiße Lene."

Der Hausherr erstarrte sprachlos.

„Hast du Anweisungen für unsere neue Dienstmagd?", fragte ihn seine Frau mit unbewegter Miene.

Der schüttelte stumm den Kopf, und die Neue verschwand mit einem ungelenken Knicks.

„Wo, um Himmels willen, kommt diese alte Schachtel her? Was hast du dir denn dabei gedacht?"

Hanna lächelte fein. „Wir können froh sein, dass es mir so kurz vor Weihnachten überhaupt gelang, Ersatz zu finden. Zudem noch jemanden mit besten Referenzen im Gesindebuch. Es gibt bei allem Vor- und Nachteile. Bei einer älteren Dienstmagd laufen wir wenigstens nicht Gefahr, dass sie vom Pfad der Tugend abweicht, wie die Vorgängerin von Anni."

Otto knurrte Unverständliches vor sich hin, erhob sich bald darauf, murmelte etwas von einer Verabredung, schmiss die Serviette auf den Tisch und stampfte zur Tür. Vom Erkerfenster aus beobachtete seine Frau, wie er eiligen Schrittes dem Rathskeller zustrebte.

Die Tage bis zum Heiligen Abend vergingen wie im Fluge. Hanna dirigierte den Haushalt mit fester Hand, ihr Gatte hielt sich viel außerhalb auf. Lediglich bei einigen opulenten Dinners für seine Geschäftsfreunde speiste er daheim. Hanna schmückte für diese Einladungen mit besonderer Sorgfalt die Tafel. Jedes Gedeck dekorierte sie mit Tannenzweigen und einem Väschen mit einer Christrose. Außerdem mit einer Hitjepuppe, die Bäcker Borchers in uralter Tradition herstellte und deren kräftig rote Glasur mit weißen, aufgespritzten Ziselierungen verziert wurde. Besonders Tierminiaturen, wie eben die Hitje, eine kleine Ziege, gehörten zum überlieferten Repertoire neben Musikinstrumenten, Reitern und weihnachtlichen Motiven. Als auswärtige Gäste eingeladen waren, erklärte Hanna: „Dieses Gebäck war ursprünglich ein Dank der Bäcker-Innung, als in Hannover die Reformation ohne Blutvergießen eingeführt wurde. Nehmen sie sich ihre Figur zur Erinnerung als Christbaumschmuck mit. Die so schön glänzende Glasur wird auch durch Kerzenwärme nicht weich – und zum Essen sind die Figuren nicht gedacht."

Im Übrigen verlief die Konversation immer in ähnlichen Bahnen, jedenfalls was Ottos Beiträge betraf. Sein donnerndes „Jeder ist seines Glückes Schmied", leitete stets eine detaillierte Schilderung eines seiner glänzenden Geschäfte ein. „Der Handel mit den Kolonien birgt viele Risiken, aber ich kenne ja sämtliche Tricks und Schliche."

Seine Frau folgte seiner kaum verhüllten Protzerei mit unbewegter Miene, lenkte das Gespräch dann auf die neueste Aufführung im königlichen Schauspielhaus. Oder auf die von ihr ausgesuchten teuren Gemälde von Kaulbach und Koken, die dem Hausherrn vor allem als Ausdruck seines Erfolges gefielen. Die Dame des Hauses glänzte als Gastgeberin. Mit Ruhe und Heiterkeit verbreitete sie eine angenehme Atmosphäre. Von Campen, der an einem solchen Abend zugegen war, nahm seinen Schulfreund beiseite. „Was auch immer geschehen sein mag, Otto, ich freue mich, dass deine Frau sich wieder in besserer Verfassung befindet." Das quittierte der Hausherr, der dem guten Burgunder reichlich zugesprochen hatte, nur mit einem Brummen. Der Arzt, ein guter Beobachter und Menschenkenner, vermutete, dass Hanna nach langen inneren Kämpfen zu einem Entschluss gekommen war und dadurch den Alltag wieder besser zu meistern vermochte.

Am frühen Nachmittag des Heiligabends band sich Hanna die Schürze um und begann mit der Zubereitung der feinen Klößchen. Das kostete sie eine Menge Überwindung. Die Köchin beschäftigte sich mit dem morgens durch einen schweren Hammerschlag auf den Kopf getöteten Karpfen, einiges Fischfleisch lag bereit, um von ihr zu Karpfen braun weiterverarbeitet zu werden. Immerhin hatten sie zwei Gefahren der Karpfenzubereitung damit umschifft: Sie waren sicher, dass der Fisch nicht muddig schmeckte und entgingen der Gefahr bei Karpfen blau, dass dieser, nur einen Moment zu lange gekocht, sich in seine Bestandteile zerlegte und aus einem unappetitlichen Gemengsel aus Fleischstückchen, Schuppen und Gräten bestand.

„Nun kann nichts mehr schiefgehen, gnädige Frau", sagte die Köchin sichtlich erleichtert.

„Das wollen wir hoffen", entgegnete Hanna aus tiefstem Herzen. Mit geschabtem Luftspeck, Sardellenbutter, Eiern, saurer Sahne, Salz, Pfeffer, etwas feingestoßenen Muskatblüten und geriebenem Brot bereitete

Hanna eine geschmeidige Farce, von der sie mit dem Suppenlöffel Klößchen abstach und in goldbrauner Butter briet.

Am festlich gedeckten Tisch, mit einer zartgrünen kostbaren Leinendamastdecke von der Weberei Seeger in Steinhude versehen, mit Kristallgläsern von Baccarat und Porzellan Alt Fürstenberg im grünen Dekor Schlossgarten, kostbaren silbernen Kerzenleuchtern und Servierplatten geschmackvoll gedeckt, trug Lene den zweiten Gang auf. Geschickt schenkte sie dem Hausherrn von dem edlen Rheinwein nach, es handelte sich bereits um die zweite Bouteille. Danach legte sie von dem Karpfen und den Klößchen auf, wobei Hanna nur eine winzige Portion bekam, dafür mehr von den Beilagen.

Otto kostete das erste Klößchen. „Wirklich köstlich", grunzte er zufrieden.

Die nächsten zwei verschlang er gleich hinterher, sodann funkelte er seine Gattin wütend an. „Gräten!", keuchte er.

„Völlig unmöglich!", entgegnete seine Frau mit fester Stimme, während ihr Gatte sie anstarrte und dabei anfing zu würgen. Pfeifende Atemgeräusche verbanden sich mit starkem Husten. Vergeblich griff Otto nach seinem Glas mit Wein, das zersplitternd umfiel. Krampfhafte Atemversuche blieben erfolglos – sein Gesicht färbte sich blau. Jetzt eilte Hanna um den Tisch herum und klopfte ihm auf den Rücken, hob seine Arme an, ohne Erfolg. Ottos Antlitz verfärbte sich noch mehr, und seine Atmung setzte aus. Weiteres Klopfen half nicht. Heftig klingelte die Hausherrin nach dem Personal – Lene, die rasch herbeigeeilt war, erfasste die Situation mit einem Blick. „Um Himmels willen, hat er sich verschluckt? Ist er ohnmächtig?"

Beide Frauen drückten seinen Oberkörper nach vorn und versuchten, den steckengebliebenen Brocken dadurch zu entfernen – vergeblich.

„Schick die Köchin nach dem Doktor, er soll sich sputen!"

Alsbald kam Lene zurück. „Lassen Sie uns Herrn Ostmann auf die Seite legen, vielleicht löst sich der Bissen noch."

Die beiden Frauen mühten sich ab, den schweren Mann zu bewegen. Dies überstieg fast ihre Kräfte.

Keuchend sagte das Dienstmädchen: „Gnädige Frau, er tut gar keinen Mucks mehr. Ich befürchte, er ist tot." Hanna legte zwei Finger an die Halsschlagader ihres Gatten, nickte zustimmend und schwankte erschöpft zu ihrem Sessel im Erker. Die Hände vors Gesicht geschlagen, schluchzte sie leise vor sich hin.

Dr. von Campen, der bald darauf eintraf, konnte nur noch den Tod seines Schulfreundes feststellen. „Mein tiefempfundenes Beileid, Frau Ostmann. Leider verhielt sich Otto leichtsinnig, so oft habe ich ihn gewarnt, dass er nicht so schlingen soll – und gerade Fisch mit Gräten ist besonders gefährlich."

Hanna nickte zustimmend. „Er wollte aber unbedingt Karpfen!"

Die pompöse Beerdigung fand auf dem Engesohder Friedhof statt. Am Arm des Bruders des Verstorbenen bewahrte die tiefverschleierte Witwe die Fassung. Nur als sich der Sarg in die eisige Erde senkte, schien sie einer Ohnmacht nah und musste weggeführt werden. Besorgt fühlte Dr. von Campen ihren Puls. „Ihr Herzschlag rast, gnädige Frau, das war alles zu viel für Sie. Sie müssen sich unbedingt schonen!"

Hanna Ostmann drückte kurz seine Hand. „Sie haben recht, Herr Doktor, zumal ich große Hoffnung hege, dass es nicht mehr allein um meine Gesundheit geht."

Der Arzt starrte sie an, konnte aber durch die Schleier ihr Gesicht nicht erkennen. „Sie meinen?" Ein Nicken bildete die einzige Reaktion außer einigen erstickten Lauten. „Gnädige Frau, ich informiere ihren Schwager, er soll dem Leichenschmaus vorstehen, und Sie gehören schleunigst nach Hause – Sie brauchen strikte Bettruhe!"

Von Lene mit großer Fürsorge gepflegt, konnte die Witwe Ende Januar an der Testamentseröffnung teilnehmen.

Der Notar kam rasch zur Sache und las vor: „Ich Otto Ostmann hinterlasse mein gesamtes Vermögen meiner Frau Hanna, geborene von Wartenberg, als meiner Haupterbin und meinen noch ungeborenen Kindern. Sollten zum Zeitpunkt meines Todes keine Kinder vorhanden sein, erhält meine Gattin nur ihren Pflichtteil." Die Erbin faltete mit schmerzlicher Miene die Hände über dem Bauch, was der Schwager aus den Augenwinkeln registrierte und ihr mit einem ebenso süßlichen wie falschen Lächeln zunickte. Die nächsten Worte allerdings ließen ihn auffahren. „Da meine Frau einen klaren Verstand und einen klugen Kopf besitzt, stelle ich sie nicht unter die Vormundschaft meines Bruders, sondern sie soll selbständig in eigenem Namen handeln können."

Die enttäuschte Miene des Schwagers sprach Bände – Hanna hingegen verspürte eine so unermessliche Erleichterung, dass sie lautes Jubeln noch gerade unterdrücken konnte. Er hat das Testament nicht geändert, dem Himmel sei Dank!

Die ungewöhnliche Regelung beruhte keineswegs auf fortschrittlichen Einstellungen des Erblassers.

„Ich traue meinem Bruder nicht. Er ist ein Schlawiner", begründete Otto damals seinen Entschluss. „Er würde versuchen, dich über den Tisch zu ziehen und sich stickum an meinem Vermögen bedienen. Besprich alles, was anliegt, mit meinem Anwalt. Er kennt sich exzellent mit Geldangelegenheiten aus. Außerdem bildet dies eine reine Vorsichtsmaßnahme. Ich gedenke, mindestens achtzig zu werden."

Schritt für Schritt regelte Hanna alles Nötige: Sie bestellte für das Grab beim Bildhauer Wilhelm Engelhard einen großen trauernden Engel, der eine Tafel mit den Daten des Toten in Händen hielt. Im Sommer sollte im Zentrum der halbkreisförmigen, mit Säulen geschmückten letzten Ruhestätte dieses Monument errichtet werden.

Anfang Februar hatte Hanna alle Vorkehrungen getroffen, um zu ihrer alten Amme Katharina zu reisen.

Sie rief das Personal zu sich.

„Ich möchte vorerst in Zeven leben, um dort Abstand zu den schrecklichen Ereignissen hier zu gewinnen und mich zu erholen. Lene wird mich begleiten. Augenblicklich kann ich keine Zukunftspläne schmieden, daher muss ich alle, bis auf die Köchin Grete, entlassen. Die endgültige Regelung des Testamentes wird erst geschehen können, wenn ich niedergekommen bin. Ihr bekommt eine großzügige Abfindung und gute Zeugnisse, und ich danke euch für eure treuen Dienste."

Ein Blick in die Umschläge, die die Mädchen und der Kammerdiener erhielten, gab Anlass zu Dankesworten.

Als alle, bis auf die Köchin Grete, gegangen waren, atmete Hanna tief durch: „Du bleibst hier und hältst sozusagen die Stellung. Lass sämtliche Möbel, Bilder und Spiegel mit Tüchern verhängen. Du hörst im Sommer von mir."

Wohl versorgt mit Barschaft und Bankverbindungen, trat sie schließlich die Reise nach Zeven mit einer geräumigen Kutsche an, in der sie auch einiges an Hausrat transportierte.

Im September erreichte Albert von Campen die Nachricht, dass eine gesunde Tochter geboren worden sei. „Im Sommer nächsten Jahres gedenke ich, mit der kleinen Christine nach Hannover zurückzukehren und werde Sie dann benachrichtigen."

Im darauffolgenden Mai bekam der Arzt ein Billet.

„Lieber Dr. von Campen,

Sie sind mir hoffentlich noch gewogen! Es würde mich freuen, wenn Sie mir im beschaulichen grünen Kleefeld in der Kapellenstraße zum Lunch Ihre Aufwartung machen."

Zwei Tage später stand der Arzt neugierig vor einer entzückenden Villa mit Garten.

Lene geleitete ihn auf die Terrasse, wo ihn die Hausherrin erwartete.

Mit einem artigen Handkuss verbeugte sich von Campen.

„Gnädige Frau, Sie sehen wirklich glänzend aus."

„Danke, lieber Freund, Sie wollen gewiss auch gern die Kleine betrachten, allerdings hält sie gerade ein Mittagschläfchen."

Erst jetzt bemerkte er das Kinderbettchen. In dem Moment, wo er sich hinüberbeugte, öffnete das Baby die Lider. „Sie hat haargenau Ottos graue Augen", flüsterte er ergriffen. „Und überhaupt, welche frappierende Ähnlichkeit sie mit Otto hat!"

„Ja, Christine kommt in der Tat ganz auf ihren Vater", bestätigte Hanna. „Sie erbte viel von ihm."

Wenige Tage später erhielt Hanna einen Brief mit einer etwas ungelenken Schrift aus Amerika.

„Liebe gnädige Frau,

hier läuft es gut. Mit Nähen und Zuschneiden von Reformkleidern hab ich viel Erfolg, will bald eine eigene kleine Werkstatt aufmachen.

Das alles verdanke ich Ihnen. Ich bete jeden Abend für Sie!

In großer Dankbarkeit

stets Ihre Annie

Nachtrag: Passen Sie gut auf unser Christinchen auf."

„Das werde ich ganz gewiss!", schwor Hanna und stand auf, um nach Ottos Tochter zu sehen.

Guten Rutsch!

Silvester 1912 in Berlin und 1913 Norderney

Die Liebe ist für den Mann ein Ding unter vielen,
für die Frau aber ihr ganzes Dasein.

Lord Byron

*

Silvesternacht im Adlon, Berlin

Der Fabrikant Gustav Semmler hatte eine muntere Gruppe aus Künstlern, betuchten Mäzenen und Freunden ins feudale Hotel Adlon in Berlin eingeladen. Die Reichshauptstadt war unter der Ägide Wilhelm II. zu einer prächtigen Metropole ausgebaut worden, wie es dem ausgeprägten Repräsentationsbedürfnis des Kaisers entsprach. So erfüllte auch das Adlon die kaiserlichen Ansprüche und wurde von der Crème de la Crème des Reiches besucht. Im Adlon verstand man, Gäste vom Allerfeinsten zu bewirten und zugleich auch allerhöchste Diskretion zu wahren, wo es angebracht war. Berlin war zu einer brodelnden Millionenstadt voller Gegensätze geworden, in der sich die Industrie ausbreitete und Künstler die kreative Stimulanz als Chance nutzen, Neues zu schaffen und sich vom Althergebrachten zu lösen.

Im Adlon pflegte Gustav Semmler stets zu feiern, und er liebte gemischte Gesellschaften, in denen es nicht so formal und steif einherging. Da er seit über einem Jahr verwitwet war, spielte obendrein die vage Hoffnung eine Rolle, bei den teilweise freizügigeren Sitten im Künstler-Milieu die erste Nacht des Jahres 1913 nicht allein verbringen zu müssen, denn einige Maler kamen in Begleitung ihrer Modelle. Mit diesem Hintergedanken stand er keineswegs alleine da.

Zwar erfreuten sich Aktbilder in unterschiedlichen Kunstrichtungen großer Beliebtheit, auch beim, allerdings eher der Form halber, manchmal empörten Publikum.

An den Kunstakademien galt das Aktstudium seit Jahrhunderten als unabdingbare Voraussetzung, um zu den höheren Weihen der Malkunst zu gelangen, während Stillleben-, Porträt- und Landschaftsmalerei in geringerem Ansehen standen. Gering war auch das Ansehen der weiblichen Modelle, die meist aus ärmlichen Verhältnissen stammten.

Entsprechend der bürgerlichen Doppelmoral zu Sexualität und Erotik, unterstellte man weiblichen Modellen oft mangelnde Sittlichkeit – oder setzte sie gar mit Prostituierten gleich. Auch die Malerinnen, abfällig spottend Malweiber genannt, galten im Kaiserreich oft als suspekte Personen, wichen sie doch in Lebensführung und Exterieur häufig vom bürgerlichen Frauentypus ab. Sich künstlerisch zu betätigen gehörte für Mädchen in gehobenen Kreisen zum guten Ton – keinesfalls akzeptiert wurde jedoch, sich ernsthaft der Kunst widmen zu wollen. Da Staat und Gesellschaft ihnen den Besuch der wenigen Kunstakademien verboten, mussten sich ambitionierte Frauen, für die es kaum weibliche Vorbilder gab, ihre Ausbildung durch Privatunterricht und in oft kostspieligen privaten Malschulen aneignen. Junge Frauenpersonen nach Nuditäten zeichnen zu lassen, wurde beispielsweise von Abgeordneten als unschicklich und nicht duldsamer Unfug betrachtet. Nur in einigen der sich langsam etablierenden speziellen Damenklassen und in Paris konnten die Frauen auch in dem für unerlässlich gehaltenen Aktstudium ausgebildet werden.

Für den Marine-, See- und Landschaftsmaler Hauke Hansen, einen hochgewachsenen, attraktiven, stets glattrasierten Mann Mitte dreißig, mit meerblauen Augen und mittelblondem Haar, war die Aktmalerei, wie sie zum Beispiel Corinth in durchaus provozierender Fleischeslust umsetzte, nie ein reizvolles Sujet gewesen. Seine Themen, die sich im Laufe seiner Ausbildungsjahre an unterschiedlichen Akademien herauskristallisiert hatten, waren eindeutig das Meer und die Schiffe.

Einige der im Adlon anwesenden Maler aus unterschiedlichsten Stilrichtungen kannte er von den Berliner Künstlerstammtischen. Diese wurden auch von Liebermann, Kokoschka, Slevogt, Corinth sowie einigen Malerinnen, die er durchaus schätzte, besucht. Den Gedanken- und Erfahrungsaustausch dort – wenn er auch nicht frei von Konkurrenzneid war – fand er sehr beflügelnd.

Hauke seufzte leise. Von Berlin verabschiedete er sich nun weitgehend, und da würde ihm gewiss einiges fehlen –, aber er wusste ja wofür und vor allem für wen! Dennoch fragte er sich nicht zum ersten Mal, ob sein schwerwiegender Entschluss wohl richtig war. Schließlich galt Berlin als eine neue Kunstmetropole von europäischem Rang. Unwillkürlich zog er eine Bilanz seines bisherigen Weges.

Ich bin zwar kein Gesellschaftslöwe geworden, den Frack jedoch trage ich inzwischen mit Selbstverständlichkeit. Es war ein langer Weg gewesen vom Anstreicher-Lehrling zum halbwegs etablierten Kunstmaler. Nicht umsonst hatte mich vor über zehn Jahren mein verehrter Professor Carl Saltzmann hier in Berlin vor dem dornenvollen Weg des Künstlers zu warnen versucht. Aber damals beschloss ich, den großen Sprung zu wagen, weil mich alles dazu drängte. Und mir als Mann standen ja im Gegensatz zu den Künstlerinnen immerhin alle Möglichkeiten offen. Die Härte des Lebens kannte ich als Halbwaise ja zur Genüge, das konnte mich nicht schrecken. Welches Glück, dass Max Koner, dem Kaisermaler, einige meine Seestücke so gut gefielen, dass er mir die Türen zu den höchsten Kreisen öffnete und ich auf Segelschulschiffen und Kreuzerfregatten mitfahren konnte, um meine Studien zu vertiefen. Diese Reisen, bei denen ich zahlreiche Skizzen anfertigte, ließen mich nicht nur eine Menge von der Welt sehen, sondern sie brachten ebenfalls die Bekanntschaft mit der kaiserlichen Familie und vielen hochgestellten Persönlichkeiten mit sich. Und im Umgang mit den Offizieren bekam ich noch einigen Schliff in gesellschaftlichen Umgangsformen, so dass ich jetzt parkettsicher bin.

Sein Freund, der Norderneyer Lehrer Karl Schultze, stieß ihm den Ellbogen in die Seite: „Deine Rede, Hauke!"

Hauke Hansen holte tief Luft, konzentrierte sich. Dann stand er auf und brachte zunächst einen Toast auf den Kaiser aus – und während alle die Gläser erhoben, vermutete er, dass seine kleine Ansprache einiges Aufsehen erregen würde.

Dann waren die Hochrufe auf Wilhelm II. verklungen, die fröhliche Gesellschaft hatte auch noch auf das Wohl des Gastgebers angestoßen, und es kehrte Ruhe ein. Hauke begann seine Rede.

„Sehr geehrte Damen und Herren, liebe Freundinnen und Freunde aus dem malenden Volke, zunächst ein Motto:
Wenn's alte Jahr erfolgreich war,
So freu dich auf das Neue.
Und war es schlecht?

Ja, dann erst recht!"

Einige lächelten und prosteten ihm zu. Er hob sein Glas und sah alle der Reihe nach an.

„Also freuen wir uns auf das neue Jahr 1913, für das ich euch Glück und viel Erfolg wünsche. Für mich wird es wichtige Veränderungen bringen. Nach den Lehr- und Wanderjahren mit Stationen in Ahrenshoop, Paris, Karlsruhe und hier in Berlin will ich nun auf Norderney einen festen Anker werfen. Das Meer zu malen ist meine Lebensaufgabe, das habe ich nach und nach erkannt. Auf meiner Heimatinsel baue ich mit Hilfe meines Freundes, dem Architekten Jan Visser, ein Haus mit einem Atelierturm, der mit einem achteckigen Pavillon gekrönt wird, und zwar in den Dünen in der Nähe der Georgshöhe. Dort bin ich dem Gegenstand meiner Leidenschaft, dem Meer, nah und kann es in seinen zahllosen Erscheinungsformen bestaunen, studieren, wohl nie ganz erfassen, aber immer wieder abbilden. So unendlich wie der Horizont sind die Möglichkeiten, das Wasser und die Schiffe darzustellen – mit jedem Bild halte ich nur einen Bruchteil fest. Das Meer ist eine schöpferische Urkraft und zugleich ein Ungeheuer, dessen Darstellung mich nicht zuletzt als passionierter Segler und Friese reizt."

Er musste sich räuspern und bemerkte dabei die Blicke, die unter den Anwesenden hin und herflogen. Überraschung, Unverständnis, teilweise Entsetzen zeigten sich auf den Gesichtern. Nur sein Freund Karl Schultze, nickte ihm zustimmend und aufmunternd zu.

„Da ich kein Verfechter langer Reden bin, erhebe ich nun zum Abschluss mein Glas auf den großzügigen Gastgeber dieses Abends, Gustav Semmler!"

Während er sich setzte, fiel ihm auf, dass seine Malerkollegin Luisa Lehmann, die wie stets die ebenfalls malende Agatha Strasser im Schlepptau hatte, ihn völlig fassungslos ansah und richtiggehend bleich geworden war.

Hauke schalt sich einen feigen Hund. Obwohl unsere Treffen ja mittlerweile sehr sporadisch sind, hätte ich es ihr persönlich sagen müssen, dachte er, und nicht coram Publikum. Wir kennen uns nun gut zehn Jahre, wobei diejenigen in Ahrenshoop ja äußerst leidenschaftlich waren. Ich werde nachher mit ihr sprechen, nahm er sich vor.

Inzwischen kamen die ersten Gratulationen, aber auch bissige Kommentare zu seinem Entschluss.

„Nun, in der Provinz mag sich ein Heimatmaler, der über Anklänge an den impressionistischen Stil nicht hinauskommt, vielleicht noch eher seine Brötchen verdienen", bemerkte ein Kollege, der Hauke seine Erfolge schon lange neidete.

„Vor allem, solange der Kunstgeschmack unseres hochverehrten Kaisers einen starken Einfluss hat. Es besitzt ja nicht jeder Beziehungen zu höchsten Kreisen. Wer kann sich rühmen wie Hauke Hansen, einem Prinzen Zeichenunterricht gegeben zu haben? Die Marine-Malerei gehört obendrein zu den Steckenpferden von dessen Vater, unserem verehrten Wilhelm II. und bildet eine typisch deutsche Spezies."

Ein weiterer Maler, dessen Smoking etliche blanke Stellen aufwies, blies ins gleiche Horn. „Klar, dass sich der Reisekaiser und ein Malergeselle, der auf die Walz gegangen ist, gut verstehen. Wir jedoch bilden eben die künstlerische Avantgarde, welch ein Jammer, dass sich die expressionistische Künstlergruppe der Brücke zerstritten hat."

„Deren Werke gefallen unserem Kaiser überhaupt nicht – und den meisten Bürgern ebenso wenig. Aber mit dem Stil haben sie viele von uns beeinflusst", meinte ein anderer.

„Ich schätze besonders die Werke von Kirchner und Schmidt-Rottluff", erklärte Agatha. „Aber sie wollten eben einen einheitlichen Gruppenstil schaffen, und das ist bei kreativen Individualisten von vornherein zum Scheitern verurteilt."

„Nun, wir haben ja hier in Berlin immer noch viele Künstler aus diesem Kreis. Außerdem gibt es ja noch Picasso mit seinem Kubismus, der die aufgeschlossene Kunstwelt in Atem hält." Luisa nahm nun ebenfalls an der Diskussion teil.

„Der eine malt blaue Wellen, der nächste blaue Dreiecke und ein anderer blaue Pferde – jedem das seine", warf Agatha spitzzüngig ein.

Hauke und sein Freund Karl sahen sich an. So etwas Ähnliches hatten sie erwartet. Unter Künstlern gab es nicht nur voneinander Lernen und Toleranz, sondern auch das Ringen um die rechte Lehre und nicht zuletzt Neid und Missgunst.

Währenddessen teilten die Maler untereinander weiter munter aus, wobei Agatha Strasser kräftig mithielt. Sie wandte sich explizit an Hauke: „Cézanne und Renoir gehören ja wie Monet schon irgendwie zum alten Eisen. 1910 stellten Georges Braque und Pablo Picasso in der Galerie Thannhauser in München einige Bilder aus, die großes Aufsehen erregten. Hast du sie gesehen?"

„Nein, aber ich kenne Abbildungen. Und die drei von dir so abgetanen Maler verehre ich nach wie vor. Von den Impressionisten, die ich in Paris kennenlernte, habe ich viel gelernt und finde es bis heute faszinierend, meine Eindrücke in dieser Manier in Malerei umzusetzen."

Agatha bedachte ihn mit einem äußerst herablassenden Blick, was Hauke nicht anfocht.

Er sah zu der nach wie vor blassen Luisa hinüber. Obwohl sie fünf Jahre älter war als er, fand er sie noch genauso attraktiv wie vor zehn Jahren, denn sie hatte Ausstrahlung, Geist, und, wie er genau wusste, außerdem Pfeffer im Blut.

1902 hatte ihn der fünfzehn Jahre ältere Maler Paul Müller-Kaempff im Ehrensaal der Großen Berliner Kunstausstellung angesprochen, beeindruckt von dem Bild „SMS Cecilie verlässt Tanger". Der Oldenburger, der um 1890 die Künstlerkolonie Ahrenshoop gegründet hatte, und der Norderneyer verstanden sich auf Anhieb. Nach intensivem Gedankenaustausch bot Müller-Kaempff nicht nur das Du an, sondern auch, den Jüngeren nach Ahrenshoop einzuladen und ein wenig unter seine Fittiche zu nehmen. Die begeisterten Schilderungen über das einzigartige Licht, welches die schmale Landzunge beglänzte und bei Sonne für gestochen scharfe Schattenrisse sorgte, lockten Hauke ebenso, wie die Aussicht darauf, einen ganzen Sommer lang in der berühmten Künstlerkolonie interessante Menschen aus Adel, Wirtschaft und Politik zu treffen und mit Gleichgesinnten zu malen. In Ahrenshoop hatten sich viele bereits etablierte Maler aus der Generation von Müller-Kaempff eingefunden, und alle profitierten voneinander, da die jüngeren zusätzliche Inspiration mitbrachten und vor künstlerischer Stagnation bewahrten. Genau das konnte ihm seine Heimatinsel Norderney nicht bieten. Die Werke, die in Müller-Kaempffs renommierter Malschule nebst Pension St. Lukas, benannt nach dem Schutzpatron der Künstler, entstanden, wurden regelmäßig in den Räumen des Kunstkatens gezeigt. Der Maler sah sich als Berater seiner Studenten, bei seinen jüngeren Kollegen als älterer Freund und Mitstreiter. Seine Malschule zog aber auch vor allem Künstlerinnen an. Mit allen unternahm er so manchen Malausflug, auch ins nahe gelegene Prerow. Und bei den Ausflügen war es nicht beim Austausch über Maltechniken geblieben.

Luisa hatte Hauke Hansen von Anfang an fasziniert. Nicht zuletzt, da sie sich eigenwillig, an den Reformstil angelehnt kleidete und auf Korsetts verzichtete. Nur wenige der Künstlerinnen wechselten ihre in der Taille eng geschnürten eleganten weißen, kunstvoll bestickten Kleider, deren Röcke durch den Dünensand schleiften, zugunsten eines praktischen Malerkittels.

Die von Luisa selbst entworfenen Kleider umspielten locker die Figur, so dass er sofort phantasierte, wie ihr Körper darunter aussah. Die in Korsetts auf fünfundvierzig Zentimeter Taillenumfang gepressten Damen hingegen beflügelten seine Phantasie in keiner Weise. Man wusste ja nie, wenn man sie aus diesem Marterinstrument befreite, was da neben Schnürfurchen zum Vorschein kam. Die wunderbar proportionierte, recht schlanke Statur Luisas mit den langen Beinen und den festen, nicht allzu üppigen Brüsten entsprach zwar nicht dem Zeitgeschmack, versetzte aber nicht nur sein Malerauge in Flammen. Die äußerst stürmische Affäre, die sich rasch entwickelt hatte, blieb Hauke immer als etwas Besonderes im Gedächtnis. Zumal er eine solche körperliche Leidenschaft bislang nie wieder erlebt hatte.

Während weiter heftig diskutiert wurde, ging es auch teilweise erneut unter die Gürtellinie. „Nun ja", giftete ein Kollege, „wer mal mit einer Malerlehre angefangen hat, bleibt eben leicht im Handwerklichen stecken. Da ist es wahrscheinlich das einzig Wahre, sich als Heimatmaler zu versuchen."

Nun reichte es Hauke endgültig. Er flüsterte seinem Freund Karl zu: „Eifersüchtige Kleingeister! Ich verschwinde mal – habe da noch was zu klären", und machte Luisa ein Zeichen.

Sie suchten sich ein ruhiges Plätzchen in der weiträumigen Halle des Adlon, und Hauke bestellte zwei Gläser Champagner.

„Das sieht mir nach einem stilvollen Abschied aus", bemerkte Luisa bitter, als sie anstießen. „Jedenfalls waren die Sommer in Ahrenshoop unsere beste Zeit. Obwohl die Maler den Charakter des zuvor armen Dorfes mit ihren Sommerhäusern verändert haben, hatte es seine eigene, mit keinem anderen Ort vergleichbare Atmosphäre. Erinnerst du noch das Gedicht von Oswald Körte? ‚Lieblich ist Ahrenshoop hier am Ostseestrande, ihm gilt mein preisend Lob über Meer und Lande!'"

Unwillkürlich schmunzelte Hauke. „Wenn wir von Norderney, welches aber im Gegensatz zu den Ahrenshooper Sommerfrischlern ein eher versnobtes Publikum hat, mal absehen wollen, sehe ich das genauso."

„Über dem Ort liegt eine Luft voll Salz und satter Feuchtigkeit, gleichzeitig herb und süß. Ahrenshoop entrückt die Menschen ihrem Alltagsleben, verzaubert und verwandelt sie. Was auf dich leider nur teilweise zutraf. Du warst ja seinerzeit zu mannesstolz, mich zu heiraten."

Hauke wand sich vor Verlegenheit.

In der Tat erinnerten sich beide genau an das Gespräch, das am Ende der gemeinsamen Ahrenshooper Aufenthalte stattgefunden hatte.

Haukes Vernunft hinderte ihn damals strikt daran, an eine eheliche Verbindung auch nur zu denken. Nicht nur, weil Luisa fünf Jahre älter war als er. Zwar verband sie die Leidenschaft und die Malerei. Und er schätzte ihr Talent und ihre Bilder sehr. Aber bei einigen kleinen Törns auf der Ostsee, die er als Kaffeefahrten bezeichnet hatte, war Luisa schon heftig von der Seekrankheit ergriffen worden. Sie war eben eine typische Landratte und noch dazu eine Großstadtpflanze. Eine Ehefrau, mit der er nicht segeln konnte, erschien ihm schwer vorstellbar. Aber es gab noch andere Hinderungsgründe.

„Ich will mich erst binden, wenn ich eine Familie mit Kindern ernähren kann", hatte er ihr damals klipp und klar gesagt. „Und außerdem brauche ich noch etliche Studienjahre, um mich weiterzubilden. Mir fehlt bislang einiges Rüstzeug bei der figürlichen Darstellung. Im Gegensatz zur dir und Agatha, die ihr das gut beherrscht. Ihr habt schließlich schon 1901 Unterricht bei Corinth genommen und viele Damenklassen besucht, um euch zu vervollkommnen. Von unseren teilweise gemeinsamen Sommern auf Ahrenshoop mal gar nicht zu reden."

Luisa hatte bei ihm Eifersucht vermutet, da die Geldmittel ihres Vaters ihr die Teilnahme an den sich immer mehr ausbreitenden Damenklassen ermöglichten. Wütend rief sie: „Du weißt nicht, wie viele Professoren ihre Schülerinnen durchaus spüren lassen, dass sie diese Klassen mit den Korrekturverpflichtungen überwiegend aus pekuniären Gründen abhalten. Den Ambitionen der jungen Frauen wird oft wenig Respekt gezollt – man unterstellt statt künstlerischer Begabung eher als Hauptmotiv die Suche nach einem geeigneten, sprich möglichst wohlhabenden Ehemann."

Wobei genau dies der springende Punkt war – Hauke war zwar nicht vermögend, aber bisher der erste und einzige Mann, mit dem sie sich eine Heirat vorstellen konnte.

Das Vorbild der gerade geschlossenen Künstlerehe von Charlotte Berend und Lovis Corinth vor Augen, hatte sie einen neuen Anlauf genommen.

„Aber Hauke, so ein Verstehen in wirklich jeder Hinsicht wie zwischen uns – das wird es wahrscheinlich nie wieder geben. Und Nachwuchs in die Welt setzen können wir auch jetzt. Wir kommen schon irgendwie durch – du weißt, mein Vater würde uns jederzeit und gern unterstützen."

Hauke hatte sie schroff unterbrochen. „Das kommt für mich nicht in Frage. Ich heirate erst, wenn ich meine Frau ernähren kann. Punktum." Und dabei war es geblieben, obwohl sie sich danach immer wieder begegnet waren.

Ein Kellner, der nachschenken wollte, unterbrach das nachdenkliche Schweigen zwischen den beiden.

Luisa kam zur Sache. „Nun, alter Freund und Kupferstecher, du gehst doch nicht nur nach Norderney, um das Meer zu malen. Hast du eine propere blutjunge Friesin ohne eigene künstlerische Ambitionen gefunden, mit der du eine Familie gründen willst? Bist du schon verlobt?"

„Ich bin nicht verlobt", antwortete Hauke zwar den Buchstaben nach wahrheitsgemäß, nicht jedoch nach dem, wie es um sein Herz stand.

„Du weißt, Luisa, auch wenn wir uns in den letzten Jahren des Öfteren getroffen haben, dass nie die Rede davon war, dass wir ein festes Paar werden."

„Das stimmt, aber wir waren ja immer mal wieder eines – und in letzter Zeit hattest du sowohl mit deinen Ölgemälden als auch mit Wand-Malereien und Illustrationen ganz guten Erfolg."

Jetzt erst wurde Hauke richtig bewusst, dass Luisa seinen Weg offenbar genau verfolgt hatte.

Da fuhr diese fort: „Nun, für eine Familiengründung bin ich wahrscheinlich inzwischen auch zu alt – aber die Hoffnung stirbt bekanntermaßen zuletzt." Sie trank hastig einen großen Schluck Champagner. „Aber mal abgesehen davon – was willst du in der Provinz? Dort wirst du versauern, mit wem willst du dich austauschen? Hier in Berlin, wo die Maler von sich reden machen, wo sich die Avantgarde aus ganz Europa trifft, bist du am Puls der Zeit, auf Norderney gewiss nicht."

Damit sprach sie seine eigenen Bedenken aus. Wie oft hatte er sich gefragt, ob er die richtige Entscheidung traf. Sein Malerkollege Paul Müller-Kaempff hatte ihm öfter gesagt, dass er als typisches Nordlicht zu viel sinniere und ihm prophezeit, dass das Meer die Heimat seiner Seele sei und seinen künstlerischen Ausgangspunkt bilden werde. Er holte tief Luft. Denn damit, so wurde ihm in diesem Moment völlig klar, hatte der wohlmeinende Freund recht gehabt.

„Es ist keine einfache Entscheidung", entgegnete er. „Aber ich bin kein Stadtmensch, sondern doch durch und durch ein Insulaner, den es nach Lehr- und Wanderjahren mit aller Kraft wieder an die Küste zieht. Und genau da will ich wurzeln und in der Natur sein, die ich liebe und zu malen versuche. Sich von dort aus hier in Berlin durchzusetzen, wird natürlich schwerer werden, aber ich hoffe, dass es mir dennoch gelingen wird. Außerdem spüre ich, dass ich Zeit meines Lebens der impressionistischen Malerei treu bleiben werde – mit ihr kann ich das Wesen des Meeres am differenziertesten erfassen. Der Kampf der Stile lässt mich daher relativ kalt."

Luisa sah ihn eindringlich an und spürte, dass sein Entschluss trotz aller Zweifel wohl schwer ins Wanken zu bringen war. „Dann wird es höchste Zeit, dass ich mich in vielerlei Hinsicht anders arrangiere – für uns Frauen gibt es mit zunehmendem Alter beruflich wie privat nicht so viele Möglichkeiten, wie für euch Männer. Und obwohl ich an vielen Ausstellungen teilgenommen habe, ist mir bisher der künstlerische Durchbruch versagt geblieben."

Hauke schluckte trocken. Er wollte dieses Gespräch gern beenden.

„Du weißt, wie sehr ich dich schätze, Luisa, als Frau und als Künstlerin. Das Schicksal wollte uns eben nicht als Paar. Ich wünsche dir von Herzen Glück und Erfolg in jeder Hinsicht!"

Luisa stellte das halbvolle Glas so heftig ab, dass der Stil klirrend zerbrach. Sie stand abrupt auf. Hauke erhob sich ebenfalls.

„Du verdienst es zwar nicht, aber ein letzter Abschiedskuss muss schon sein!" Sie fiel ihm um den Hals und begleitete den leidenschaftlichen Kuss mit vollem Körpereinsatz. Nur mühsam gelang es ihm, sich zu beherrschen – der alte Zauber wirkte noch, und schließlich war er auch nur ein Mann. Nicht ohne Bedauern schob er sie von sich. „Luisa, die Leute gucken bereits!"

„Na und?" Ihr Triumph über seine Reaktion wich einer hasserfüllten Miene. „Ein Gutes hat es gewiss für das unschuldige junge Ding, es bekommt einen erfahrenen älteren Liebhaber."

Jetzt rannen ihr die Tränen die Wangen hinunter. Hauke fühlte sich dem Ganzen, da er weniger wortgewandt und zu Gemeinheiten gegenüber einer weinenden Frau unfähig war, nicht mehr gewachsen. Aber da zischte Luisa schon „Entschuldige mich, ich gehe mir die Nase pudern!", und verschwand.

Während sie sich in den luxuriösen Toilettenräumen des Adlon zu beruhigen versuchte und sich sorgfältig wiederherrichtete, liefen ihre Gedanken auf vollen Touren.

Für dreiundvierzig sehe ich immer noch gut aus, sagte sie sich und blickte grübelnd in ihr Spiegelbild. Als Malerin werde ich wahrscheinlich nie wirklich erfolgreich sein – das gelang bisher kaum einer Frau in dieser Männerdomäne, von Ausnahmen wie Käthe Kollwitz, Dora Hitz oder Julie Wolfthorn abgesehen. Es wird Zeit, nach Alternativen zu suchen – ein Hungerleben als Künstlerin will ich ganz gewiss nicht führen! Mein Vater verlor sein Vermögen an der Börse, und auf ein auskömmliches anderes Erbe kann ich nicht hoffen. Und eine weitere Wohngemeinschaft mit Agatha in meiner großzügigen Wohnung kann ich mir nicht mehr lange leisten. Ich will auch nicht als bemitleidete Matrone allein dastehen, das erscheint mir überhaupt nicht erstrebenswert. Auch wenn Hauke eine große Ausnahme war – nach wie vor dürfte es mir gelingen, einen Mann auch sexuell an mich zu binden. Ihr fiel eine Maxime ein: Achte auf deine Gedanken, sie sind der Anfang deiner Taten. Bitter lächelte sie den Spiegel an, und in ihr begann, ein Plan zu reifen, mit dem sie ihre Zukunft absichern, sich aber noch einen kleinen Hoffnungsschimmer auf eine Verbindung mit Hauke bewahren konnte.

Als Hauke den Salon wieder betrat, herrschte Ausgelassenheit – offenbar war der Champagner noch reichlich geflossen, und es roch verdächtig nach Marihuanazigaretten. Als einige Zeit nach ihm Luisa eintrat, sah Agatha sie prüfend an und zuckte zusammen, als diese mit einem strahlenden Lächeln auf Gustav Semmler zusteuerte. Sie setzte sich neben ihn und verwickelte ihn in eine angeregte Unterhaltung.

Hauke kannte Luisa gut genug, um zu ahnen, dass sie etwas im Schilde führte. Ebenso Agatha, die die beiden mit Argusaugen beobachtete und missmutig das Gesicht verzog.

Bald darauf schlug Semmler mit einem Löffel an sein Glas und verkündete: „Da unser Hauke Hansen uns verlässt, so gibt es für das nächste Silvester nur ein Motto: Wenn der Prophet nicht zum Berg kommt, muss der Berg zum Propheten gehen. 1913 auf 1914 werden wir auf Norderney feiern – ich lade euch alle ein."

„Was sollen wir denn auf einer Insel?", maulte ein Modell.

Semmler bedachte sie mit einem herablassenden Blick. „Die königliche Seebadeanstalt kann sich durchaus mit Baden-Baden, Karlsbad, Biarritz und Brighton messen, sie sogar übertreffen. Sei es drum, Hauke, du musst dir nur etwas Uriges ausdenken und alles vorbereiten, sämtliche Aufwendungen übernehme ich."

Diese Einladung wurde von der inzwischen schon reichlich angeheiterten Truppe mit lautem Indianergeheul quittiert.

Hauke blieb nichts anderes übrig, als Freude zu heucheln, während Luisa ihn mit einem seltsamen Blick bedachte.

„Es wird mir eine Ehre und ein Vergnügen sein", erwiderte er und schwenkte sein Glas in die Runde.

„Aber Hauke", kreischte ein Modell, „Winter auf Norderney bei Sturm und Kälte, da erfriere ich ja!"

„Nun, etwas mehr anziehen als jetzt solltest du allerdings", konterte Hauke und warf dabei einen bezeichnenden Blick auf ihre dünne, halbtransparente Bluse und das gewagte Dekolletee.

Als das Gelächter verstummt war, fuhr er fort: „Ihr glaubt gar nicht, wie schön der Winter auf der Insel sein kann. Es gibt Tage mit blauem Himmel, strahlendem Sonnenschein und unglaublichen Sonnenuntergängen, bei denen sich die Wolken und das Abendrot sowohl im Wasser als auch auf dem feuchten Sand des ablaufenden Meeres spiegeln."

Einen kleinen Moment herrschte Stille, während alle versuchten, sich das vorzustellen.

„Und bei Sturm und Regen?", fragte ihn die Frau eines Malerkollegen.

„Da ziehen wir uns warm an, genießen nach einem Spaziergang auf der Promenade oder am Hafen einen Tee mit Rum oder einen steifen Grog."

„Einen Pharisäer kann ich auch empfehlen", warf Karl ein.

„Wie, einen Heuchler?" Agatha stutzte. „Da handelt es sich wahrscheinlich ebenfalls um etwas zum Trinken?"

Karl zwinkerte ihr lächelnd zu und erklärte dann das ungewöhnliche Getränk.

„Dahinter verbirgt sich gesüßter Kaffee mit einem ordentlichen Schuss gutem Rum und einer Sahnehaube. Erfunden haben es Bauern auf der Marschinsel Nordstrand, als sie einen besonders asketischen Pastor hatten, der bei Feiern jeglichen Ausschank von Alkohol untersagte. Für eine Taufe erdachten sie schließlich das heiße Mischgetränk. Die Sahnehaube verhinderte, dass der verdunstenden Rum die Alkoholbeimischung verriet. Irgendwann kam es, wie es kommen musste – der Pfarrer erwischte statt seiner ‚ungetauften‘ Tasse eine mit Schuss und rief aus: ‚Oh, ihr Pharisäer!‘"

„Nette Geschichte", fand Gustav Semmler, neben dem immer noch Luisa, inzwischen auf Tuchfühlung, saß. „Das ist ja schon ein ordentlicher Vorgeschmack auf die pfiffigen Friesen und unsere Feier nächstes Jahr auf Norderney."

Inzwischen kreisten wieder einige Marihuanazigaretten.

„Es wird Zeit zu gehen", stellte Hauke fest und suchte seinen Freund. „Karl, wollen wir aufbrechen?"

„Gern, der Zug geht ja schon heute in aller Herrgottsfrühe. Noch eine kleine Mütze voll Schlaf sollte uns guttun. Aber wir sind es ja vom Segeln her gewohnt, auch mal mit wenig Ruhestunden auszukommen."

Im Zug nach Norddeich am 1. Januar 1913

Etwas müde und grüblerisch saß Hauke vormittags im Zug, der sie zurück in die Heimat brachte. Der Weg führte über Bremen, Oldenburg, Leer und Emden nach Norddeich, so dass ihm reichlich Zeit zum Nachdenken blieb. Karl Schultze schien in ein Buch vertieft und ließ den langjährigen Freund in Ruhe, warf ihm nur ab und zu einen prüfenden Blick zu. Er kannte ihn durch und durch, wusste, dass der sich schon melden würde, wenn ihm nach Reden zumute war.

Das Gespräch mit Luisa saß Hauke noch in den Knochen. Aber ich habe doch eine reiflich überlegte Entscheidung getroffen, sinnierte er vor sich hin. Wer weiß schon immer im Vorhinein, was sich als richtig oder falsch erweist? Nun gilt es, mehrere Dinge voranzutreiben. Vor allem die Fertigstellung meines Atelierpavillons, mit dessen Planung sich mein Freund Jan Visser und ich so lange beschäftigt haben. Im Frühling will ich einziehen. Und so oft als möglich nach Norddeich segeln, sobald das Wetter es zulässt. Gut, dass ich im letzten Jahr gemeinsam mit Karl ein Boot gekauft habe. Denn für mich allein wäre es eine zu teure Angelegenheit gewesen.

Ganz genau erinnerte er sich an das Gespräch im vergangenen Frühjahr, als er seinem Freund vorgeschlagen hatte, zusammen ein Segelboot zu kaufen. Karl hatte einen Moment gestutzt und dann gemeint: „Gute Idee. Auf Norderney braucht ein Seemann und Insulaner auch ein Boot."

„Genau: Erst' n Boot, un' dann ne Brut!"

Mit einem breiten Grinsen hatte Karl ihn listig angesehen „Hast du dir denn schon einen Namen ausgedacht?"

Hauke hatte sein Herz schlagen gefühlt und in letzter Sekunde daran gedacht, dass er ja Diskretion walten lassen musste. „Was hältst du von Hanne?"

„Das gefällt mir gut! Aber du kannst mich langsam ins Vertrauen ziehen, alter Junge, denn ich bin weder blind noch taub."

Hauke war tatsächlich ein wenig rot geworden, was sein Freund mit einem aufmunternden Lächeln quittiert hatte. „Nun erzähl schon, wie hast du sie kennengelernt?"

„1911 war ich zum Malen in einem unserer schönsten Dörfer, in Greetsiel. Ich saß vor einem Haus auf dem Deich und malte, da näherten sich Arm in Arm einige junge Mädchen. Zwei von ihnen kicherten etwas albern und überlegten umzukehren. Aber die hübscheste von allen wollte sehen, wie ich die Heimat darstelle. Also kamen sie heran. Und die Mutige, die mir verriet, dass sie Hanna hieß, betrachtete sehr genau mein Bild und stellte einige kluge Fragen. Bald danach gingen sie wieder. Hanna jedoch, die drehte sich noch mal nach mir um. Und ich winkte ihr mit dem Pinsel. So hat es angefangen."

„Dich hat es ja richtig erwischt, Hauke!"

„Ja, sie ist ein tadelloses Mädel. Ganz reizend mit famoser Figur, hübschem Mund, seelenvollen grauen Augen und vielen blonden Locken. Aber sie ist noch so verdammt jung ..."

„Nämlich?"

„Jahrgang 1894. Meinst du, ich bin zu alt für sie?"

„Nee, du bist schon een Düvelskerl, du siehst doch frisch aus und bist von innen und außen echt und kernig, das wird bestimmt alles gut werden. Apropos: ist sie dir denn gut?"

„Ja, das ist sie. Ihr Vater ist Lotse, ihre Mutter stammt aus einer alten friesischen Familie. Sie sind inzwischen nach Norddeich übergesiedelt."

„Aus bestem friesischen Blut! Na, dann weiß ich ja jetzt auch, wohin du mit der ,Hanne' segeln willst."

„Ach, ich würde mich lieber heute als morgen verloben. Aber die Eltern bestehen darauf, dass ich erst einen gesicherten Hausstand habe. Vielleicht wollen sie auch wegen des Altersunterschiedes sicher sein, dass das Ganze vor allem für Hanna kein Strohfeuer ist. Denn ich, ich bin mir meiner Gefühle sicher."

Gedankenverloren lächelte Hauke vor sich hin und blickte aus dem Zugfenster. Seine Geduld wurde da schon auf eine harte Probe gestellt, aber da musste er nun durch.

Karl, der ihn beobachtet hatte und dem es nun langsam mit dem schweigsamen Gefährten zu dumm wurde, riss ihn aus seinen Gedanken. „So wie du gerade aussiehst, denkst du garantiert an deine Hanna."

Hauke brummelte zustimmend. „Habe gerade daran gedacht, wie wir letztes Jahr den Kauf eines Bootes beschlossen haben und ich dich über Hanna ins Vertrauen zog."

„Ja, inzwischen habe ich sie ja kennengelernt, die hübsche blondgelockte Hanna. Und sie gefällt mir sehr. Allerdings, dass sie hübsch ist, lässt sich mit Fug und Recht von Luisa ebenfalls sagen", versuchte Karl seinen Freund aus der Reserve zu locken.

„Mag sein – aber Luisa ist eine Städterin. Als wir damals an der Ostsee von Ahrenshoop aus ein harmloses Segeln betrieben haben, da wurde ihr schon schlecht. Ich brauche eine Frau, die sich auf Norderney wohlfühlt, schneidig segeln kann und in der Kombüse was Anständiges kocht."

„Das wird Hanna sicherlich können, zumal ihr Vater ja für die Frisia die Fähren zu den Inseln steuert."

„Jau, die würde auch vor Tau und Tag mit mir aufstehen, Karl, wenn es der Törn erfordert."

Der Freund nickte zustimmend.

„Und außerdem wünscht sie sich genau wie ich eine große Familie."

„Na, denn man los." Karl zögerte einen Moment, sprach dann doch seine Gedanken aus. „Luisa schien ja gestern Nacht sichtlich getroffen von deinem Entschluss, dich auf Norderney niederzulassen."

„Ja, obwohl ich sie nie im Unklaren ließ, dass eine Heirat für mich nicht in Frage kommt. Das haben wir schon damals in Ahrenshoop geklärt. Aber wir begegneten uns immer mal wieder, in Berlin lud sie mich ab und zu in ihre hochfeudale Wohnung ein, auch in Paris hielt sie sich zur selben Zeit auf wie ich. Ich frage mich gerade, ob es immer Zufall gewesen ist." Nachdenklich sah Hauke aus dem Fenster. „Und ich gebe zu, ich bin ja schließlich nicht aus Holz, dass diese Begegnungen nicht platonisch verliefen."

„Wenn Frauen sich eine Idee in den Kopf gesetzt haben, tun sie so manches, was sie sonst nicht machen würden ..."

„Möglicherweise verhielt ich mich da nicht konsequent genug. Du weißt, wie gradlinig ich sonst meinen Weg gegangen bin. Und so schwer es manchmal fiel – die freien Verhältnisse vieler Künstler in Paris und Berlin, oft auch mit den Modellen, das habe ich immer versucht zu vermeiden. Aber Luisa und ich, das war eben etwas Besonderes – wobei es mir wenig behagte, dass sie meist Agatha im Schlepptau hatte. Manchmal dachte ich, die beiden seien einander mehr zugetan, als es bei einer Freundschaft unter Frauen üblich ist."

„Du meinst doch nicht etwa?" Karl überlegte. „Es ist doch keine von beiden so ein Mannweib, wie es Wissenschaftler wie Krafft-Ebing bei konträrsexuellen Frauen beschrieben haben."

Hauke zog die Schultern hoch. „Beweisen kann ich es natürlich nicht. Aber ich hörte von den Studien des Berliner Arztes Wilhelm Hammer, der über sogenannten Tribaden geforscht hat, und bei den meisten von ihnen einen extremen Männerhass konstatierte. Das würde auf Agatha durchaus zutreffen – sie schreckt vor jeglicher Berührung mit einem Mann zurück und vermeidet sogar einen Handschlag."

„Stimmt, das fiel mir auch schon auf. Aber das muss nichts heißen – nicht jeder mag das Händeschütteln. Und was soll noch typisch sein?"

„Außerdem charakterisiert Hammer die Tribade durch einen dem Manne gegenüber selbstbewussten Blick, oft deutliche Ausdrucksweise, Begabung zu scharfer Beurteilung und rednerische Befähigung. Außerdem Denkschärfe und rücksichtslose Folgerichtigkeit in der Bildung ihrer Urteile und Schlüsse, wie sie in ähnlichem Grade bei der holden Weiblichkeit sonst selten entwickelt seien."

Mit hochgezogenen Augenbrauen erwiderte Karl skeptisch. „Klingt für mich nicht sehr wissenschaftlich."

„Ich habe da auch meine Zweifel. Jedenfalls sollen diese und weitere eher männliche Charaktermerkmale den geschulten Beobachter befähigen, mit einiger Sicherheit die konträrsexuelle Frau vom Durchschnittsmädchen schon durch äußeren Blick zu unterscheiden."

„Ich habe eher den Eindruck, dass manche dieser sogenannten Wissenschaftler ein Problem mit geistesstarken Frauen haben und daher diese als Mannweiber diffamieren und mit frauenliebenden Frauen, Künstlerinnen, Schriftstellerinnen und Vertreterinnen der Frauenbewegung in einen Topf schmeißen."

Nachdenklich nickte Hauke seinem Freund zu, dessen analytischen Verstand er schätzte. „Da ist gewiss etwas dran. Aber Agatha verhielt sich mir gegenüber oft sehr schnippisch, nach einigen Gläsern Wein sogar aggressiv. Sie nahm wohl auch ab und an mal eine Prise Koks – da sind die Reaktionen ja eh nicht mehr mit normalen Maßstäben zu messen."

„Ein Schelm, der Böses dabei denkt", beendete Karl das Thema und blickte nachdenklich auf die vertraute Landschaft, die am Fenster vorbeizog. Gerade kam Marienhafe mit seinem prägnanten Kirchturm und den drei Kirchenschiffen in den Blick. Beide Männer sahen nun hinaus und bezeugten dem alten Seezeichen, das trotz drastischer Verkleinerung immer noch imposant war, ihre Referenz.

„So ist unser Friesland eben", sagte Hauke. „Das Meer gibt und nimmt – kaum vorstellbar, dass sich dort im Mittelalter einmal ein Hafen befand. Ja, hier ist meine Heimat!"

„So ist es. Darum werden dich die Berliner Geschichten bald nicht mehr berühren. Im Frühjahr beziehst du deinen Atelierpavillon, sozusagen die zweite Marienhöhe, du wirst deine Aufträge ausführen. Und einige Aufenthalte in der Hauptstadt dürften ausreichen, um deine Kontakte zu pflegen."

Hauke schlug sich mit der flachen Hand bekräftigend auf den Oberschenkel. „Jawohl, das hoffe ich sehr – 1913 wird ein wichtiges Jahr!"

Neujahrsmorgen 1913 in Berlin

Nachdenklich ging Luisa am späten Neujahrsmorgen durch die weitläufige Wohnung in der Reichsstraße in Charlottenburg, die auch über ein großes Atelier verfügte. Sie befand sich sowohl in Kater-, als auch in Abschiedsstimmung – Letzteres in mehrfacher Hinsicht.

Im Salon goss sie sich eine Tasse Tee aus dem Samowar ein, den das Dienstmädchen bereits vorbereitet hatte. Wie lange konnte all diese Herrlichkeit noch dauern?

Die Wohnung hatte ihr der Vater 1900 zum dreißigsten Geburtstag geschenkt. Daraus sprach auch eine gewisse Resignation, seine Hoffnung, dass sie doch noch vernünftig werden würde, um eine standesgemäße Ehe einzugehen, war von Jahr zu Jahr geschwunden. Denn mit dreißig galt eine Frau als alte Jungfer.

Sie hatte die Wohnung in der schlichteren Ausrichtung des Jugendstils mit viel Geschmack eingerichtet und bald einen Salon für Künstlerinnen und Intellektuelle etabliert, in dem sich alles, was in der Kunstszene Rang und Namen hatte, traf. Hier gab es auch Platz für die junge Agatha, die sie unter ihre Fittiche genommen hatte, nicht ahnend, dass sich hieraus eine so innige freundschaftliche Beziehung entwickeln würde.

1901 hatte sie gemeinsam mit Agatha die gerade eröffnete Malschule von Lovis Corinth für Akt und Porträt besucht. Die Schülerinnen drängten sich derart bei dem gerade von München nach Berlin gezogenen Maler, dass dieser zu wenig Zeit für seine eigenen Arbeiten fand. Luisa und Agatha beobachteten sozusagen aus erster Hand, wie der vierundvierzigjährige Lehrer die halb so alte Charlotte Berend umwarb. Agatha sah es neidlos, Luisa hingegen mit gemischten Gefühlen – wie aufregend musste es sein, mit einem bekannten Maler über das Verhältnis von Lehrer und Schülerin hinauszugehen!

In den folgenden Jahren jedoch relativierte sich ihre Einschätzung. Zwar setzte Charlotte auch nach der Heirat und der Geburt von zwei Kindern durch, weiterhin zu malen und zu reisen, aber das Verhältnis zwischen dem Künstlerpaar war nicht frei von Konkurrenz. Man munkelte, dass der Gatte seiner Frau untersagt hatte, die Landschaften am Walchensee, für die er besonders gerühmt wurde, zu malen. Dafür provozierten beide immer wieder mit Aktdarstellungen das Publikum. Charlotte mit der Darstellung der „schweren Stunde" oder erotischen Lithografien von der Tänzerin Anita Berber, von denen eine zu der inzwischen umfangreichen Sammlung von kollegialen Bildern der beiden Malerfreundinnen gehörte.

Sicherlich beeinflusste mich auch das Vorbild dieses Künstlerehepaares, als ich Hauke kennenlernte – allerdings, sie lächelte bitter, bedachte ich damals nicht, dass ich nicht halb so alt wie Hauke bin, sondern fünf Jahre älter … Wie auch immer. Der Erfolg, zumal der materielle, ist mir nie so wichtig gewesen. Was sich jetzt bitter rächt. Malen macht mich glücklich – das sind die Momente absoluten Schwebens, wenn sich die malende Hand zu verselbstständigen scheint und ich nach einer Weile zurücktrete und überrascht vor meiner eigenen Arbeit stehe.

Sie ging zum Vorplatz und öffnete vorsichtig die Tür zu Agathas Schlafzimmer. Diese lag noch tief schlafend in dem großen Bett, über dem eine Kopie von Courbets schlafende Frauen aus dem Jahr 1866 hing.

Nachdenklich ging sie in den Salon zurück, schenkte sich eine weitere Tasse Tee ein und dachte daran, wie sie Agatha kennengelernt hatte. Es war 1899 in der Malschule des Vereins der Berliner Künstlerinnen und Kunstfreundinnen gewesen, wo ihr Agatha sofort sowohl durch ihre Begabung als auch ihre äußerst einfache Kleidung auffiel. Eine höhere Tochter war sie gewiss nicht.

Schnell spürte Luisa, wie Agatha, die sonst alles was die Malerei betraf mit glühender Begeisterung aufnahm, regelrecht panisch reagierte, wenn der unterrichtende Professor sich ihr zur Korrektur des Bildes näherte. Aus reinem Beschützerinstinkt hatte sie die zehn Jahre jüngere Freundin, als sie deren prekäre familiäre Verhältnisse kennengelernt hatte, in ihre große Wohnung aufgenommen.

Agathas Eltern konnten das Glück kaum fassen. Erst der Kommerzienrat, der das Talent der Tochter erkannt und gefördert hatte, nun dieses vornehme Fräulein aus gutem Hause. Erst nach und nach offenbarte Agatha ihrer neuen Freundin und Gönnerin, wie sich ihr bisheriger Lebensweg zugetragen hatte. Im zweiten Hinterhof aufgewachsen, kränkelte sie häufig an einem Lungenleiden und begann, da sie viel liegen musste, bereits als Kind zu zeichnen.

„Meine Mutter, die als Zugehfrau den kärglichen Verdienst des Vaters, der in der Fabrik arbeitete, aufbessern musste, brachte aus den Papierkörben ihrer Herrschaften alles an Papier mit, was ihr für meine Malwut geeignet schien. Dies beobachtete auch einer ihrer Arbeitgeber, der Kommerzienrat Brunner, ein Witwer in den besten Jahren, der ihr, neugierig geworden, befahl, einige Werke von mir mitzubringen. Der kunstverständige Mann hielt mich für sehr talentiert und wollte mich kennenlernen. Bald gab er mir, da war ich zwölf, dreimal in der Woche, während die Mutter putzte, Zeichenunterricht. Als ich vierzehn war, wurde noch ein Zeichenlehrer hinzugezogen."

Der Kommerzienrat, so hatte Agatha stockend weiter berichtet, erfreute sich jedoch nicht nur an den künstlerischen Fortschritten seines Protegés, sondern überzeugte sich auch stets intensiv von der körperlichen Entwicklung des Mädchens. Dies sorgte dafür, dass Agatha ihr weiteres Leben lang eine unüberwindliche Abscheu vor männlichen Berührungen hegte.

Schließlich meldete der Kommerzienrat sie in der Malschule an. Der Direktor allerdings empfahl ihm in Agathas Gegenwart: „Warum lassen Sie Ihren Schützling nicht lieber ordentlich kochen lernen? Es gibt so viele schlechte Künstlerinnen und so wenig gute Köchinnen. Das würde doch zur sozialen Herkunft der jungen Dame viel besser passen!"

Die so Diffamierte wäre am liebsten davongelaufen – aber sie hielt durch, wie schon in den vorangegangenen Jahren, um ihr großes Ziel zu erreichen: eine berühmte Malerin zu werden.

Aus der freundschaftlichen wurde eine leidenschaftliche Beziehung. Luisa, die in Paris an der berühmten Académie Julian studiert hatte, die Frauen sogar das Aktzeichnen ermöglichte, schlug vor, sich gegenseitig Modell zu sitzen. Dabei begann es zwischen den beiden Malerinnen zu knistern. Agatha verfiel ihrer Gönnerin mit Haut und Haaren. Auch Luisa war ihrem Schützling äußerst zugetan – allerdings nicht so ausschließlich. Dies zeigte sich, als die beiden begannen, auch um Agathas Lungenschwäche entgegenzuwirken, die Sommermonate mit Malstudien und Unterricht an der Ostsee zu verbringen. Die glücklichsten Zeiten verbrachten sie in der Künstlerkolonie Ahrenshoop. Was für eine Freude, mit vielen gleichgesinnten und selbstbewussten Frauen, was den Einheimischen durchaus suspekt war, frohen Mutes durch Dünen, Wiesen und Felder zu ziehen. Da drückte das Malgepäck, quer auf dem Rücken zusammengebunden, gleich weniger. Die Freundinnen, weder durch Korsett noch Knopfstiefelchen eingeengt, lästerten heimlich über manche Künstlerinnen, die sich bereits fürs Ländliche präpariert glaubten, wenn sie über ihr Toupet einen Flandernhut gegen die Sonne stülpten. Beide arbeiteten eifrig – und bei schlechtem Wetter konnte dank der mobilen Malerhäuschen mit verglasten Fenstern und Öfchen trotzdem weiter gemalt werden. Auch die bunten Abende, bei denen Lyriker, Musiker, Karikaturisten und Opernsänger ihr Können zum Besten gaben, verliehen dieser Künstlerkolonie ein besonderes Flair. Die Frauen genossen das ungewöhnliche, freie und beschwingte Dasein wie ein besonderes Geschenk.

Und dann kam Hauke – es war ein coup de foudre zwischen ihm und Luisa. Das veränderte die Beziehung zwischen den beiden Freundinnen nachdrücklich und führte zu einer ernsthaften Zerreißprobe.

Luisa schwor der völlig aufgelösten Agatha, die mit Selbstmord drohte, die Verbindung zwischen ihnen würde ewig, immer und unverbrüchlich bestehen bleiben. Selbst eine Heirat würde dies nicht ändern. Zu Agathas großer Erleichterung und Luisas großer Enttäuschung wollte Hauke jedoch von einer Ehe nichts wissen. Er blieb aber für Agatha eine ständig auftauchende Bedrohung, da er sowohl in Berlin als auch 1907 in Paris immer mal wieder in Erscheinung trat. Schließlich jedoch hatte sie sich mit seiner Existenz abgefunden. Irgendwann würde dieser Mann schließlich heiraten – und das würde nicht Luisa sein.

Noch etwas verschlafen betrat Agatha im Morgenmantel den Salon und hauchte Luisa einen Kuss auf den Nacken. „Frohes neues Jahr, meine Liebe!" Prüfend betrachtete sie die Freundin. „Du siehst abgespannt aus – hast du etwa wegen Hauke schlecht geschlafen?"

„Nicht nur wegen Hauke. Letztes Jahr haben wir kaum Bilder verkauft. Wir steuern auf den Ruin zu."

Entsetzt sank Agatha auf einen Stuhl. „Ich wusste nicht, dass es so schlecht steht, warum hast du mir nichts gesagt?"

„Ich wollte dich nicht belasten."

„Inzwischen verdient Hauke ja wohl recht gut", klopfte Agatha auf den Busch.

„Auf den können wir kaum noch zählen, der wird sich hier nicht mehr blicken lassen, und bis wir ihn sehen, wird wahrscheinlich ein Jahr vergehen."

Das hörte Agatha gern, aber ihr Triumpf über diese Nachricht verging rasch.

„Was wir hier an Bildern von befreundeten Künstlern hängen haben, meine Liebe, ist unser letztes Kapital."

Beide hatten mit zahlreichen Malerkollegen und Kolleginnen Bilder, zum Teil auch mit Widmung, getauscht. Daraus war im Laufe der Jahre eine umfangreiche Sammlung entstanden, unter denen sich auch einige mittlerweile berühmte Namen befanden.

„Aber das können wir doch nicht machen", entgegnete Agatha heftig. „Daran hängen doch so viele Erinnerungen."

Luisa entgegnete traurig: „Zum Versetzen habe ich so gut wie nichts mehr."

Sie zeigte auf die Lederkassette, die auf dem Tisch stand, und öffnete den Deckel. Es lagen noch gerade ein Brillantring und einige Armbänder darin. „Das ist der allerletzte Schmuck, den ich noch versetzen kann. Mit Müh und Not können wir uns hier noch ein Jahr halten, dann ist es vorbei mit all der Herrlichkeit."

Agatha sah sie fassungslos an. „Dann werde ich mich mehr denn je um Aufträge für Illustrationen und Postkarten bemühen, und wir werden dieses Jahr noch beide an Ausstellungen teilnehmen."

„Schäfchen", meinte Luisa trocken, „weißt du, was es kostet, diese Wohnung zu unterhalten?"

„Aber wir können selber putzen und uns einschränken."

„Und uns zum Gespött der Leute machen? Auf gar keinen Fall!"

„Was gehen uns die Leute an. Wenn du die Wohnung verkaufst, könnten wir uns was Preiswerteres auf dem Lande suchen."

„Niemals will ich in die Provinz, um dort zu versauern. Hier in Berlin sind wir am Puls des künstlerischen Lebens. Darauf können wir auch als Malerinnen nicht verzichten."

„Das machen viele so, weil sie keine andere Wahl haben. Du bist doch manchmal eine arg verwöhnte höhere Tochter. Außerdem hoffe ich, dass wir dieses Jahr noch Bilder verkaufen. Gerade in letzter Zeit hast du so viel Anerkennung von anderen Künstlern erhalten. Du siehst zu schwarz."

„Was nutzt mir das, wenn das konventionelle Publikum meine Bilder nicht kauft."

Luisas Mundwinkel verzogen sich resigniert nach unten. „Wir werden sehen, Kleines, aber zumindest für mich glaube ich nicht mehr an den großen Durchbruch. Du, als die Jüngere, hast da noch eher eine Chance. Künstlerinnen werden immer wieder zurückgesetzt und übersehen. Die herbe Kritik, die wir oft von männlichen Kunstkritikern einstecken müssen, kann einen schon mürbemachen. Denk nur an den Verriss meiner Bilder vor einigen Jahren, wo es hieß, die von Frauenhand mit dem Spachtel maurermäßig hingestrichenen Bilder seien ein Gräuel."

„Aber Luisa, immer wieder sprichst du von den schlechten Kritiken. Dabei sind doch auch wirklich gute Einschätzungen deiner Bilder veröffentlicht worden."

„Ja, in der Tat. Aber dann hat dieser Kunstrichter meine Technik als etwas aufdringlich abgewertet und hinzugefügt, dass diese individuell und von großer Lebendigkeit ist, zwei Eigenschaften, die gerade bei Frauen nicht allzu häufig seien. Diese ewigen Vorurteile und das darauf Herumhacken, wenn eine Frau gemalt hat, im Guten wie im Schlechten, ärgert mich maßlos."

Die Jüngere nickte. „Es wird noch Zeit brauchen, bis man uns als Künstlerinnen wirklich anerkennt und gleichberechtigt an den Akademien zulässt. Selbst danach wird es dauern, bis sich in den Köpfen tatsächlich etwas ändert. Leider stimmt, was einer unserer Lehrmeister gesagt hat: Wir müssen uns klarmachen, dass das Leben für die Männer gemacht ist. Aber wir dürfen uns nicht entmutigen lassen."

Aber Luisa fühlte, dass sie des Kampfes müde war. Doch sie wollte nicht, dass Agatha ihre Resignation spürte.

„Wir können 1913 nochmals alle Kräfte aufbieten, um mit unserer Kunst zu Geld zu kommen, aber große Hoffnung habe ich nicht. Vielleicht ist es besser, auf einen Mäzen zu setzen, der auch sonst etwas für Künstlerinnen tun kann."

Agatha betrachtete die Freundin mit äußerster Skepsis – das war ihr alles nicht geheuer. Zu Recht, denn Luisa dachte gerade: Wenn es Hauke nicht sein kann, warum dann nicht ein Kunstfreund, der zugleich auch ein verständnisvoller Förderer und Unterstützer von Malerinnen wäre? Der würde jedenfalls nicht eifersüchtig auf die Werke einer Frau sein, wie es auch bei Hauke der Fall gewesen war, der es gar nicht gemocht hatte, als ihre Seestücke von Müller-Kaempff gelobt wurden. Männer wollten eben einzigartig und überlegen sein und keinesfalls in Konkurrenz zu einer Frau geraten. Als der Begründer der Ahrenshooper Kolonie die Meinung vertrat, dass jeder Künstler seine spezielle Farbe habe, die sich auf das komplette Bild auswirke und die sei bei Hauke und ihr Blau, hatte der durchaus nicht erfreut, sondern geradezu wütend gewirkt. Blau, die Farbe der Sehnsucht, der Unendlichkeit und des Meeres – auch eine Gemeinsamkeit mit Hauke, die ihr kein Glück gebracht hatte.

Norderney, Ende Dezember 1913

Am 30. Dezember 1913 saß Hauke in seinem geliebten Atelierpavillon, inzwischen spaßhaft Haukes Höhe genannt. Die einmalig schöne Sicht, die, wie er fand, den Ausblick von der Marienhöhe noch übertraf, bereitete ihm immer wieder einen besonderen Genuss. Er betrachtete das Brustbild, an dem er gerade arbeitete, und legte mit einem liebevollen Lächeln den Pinsel beiseite. Gute Porträts, davon war er überzeugt, müssen mit dem Herzen gemalt werden. Was ihm in diesem Fall ein besonderes Anliegen war. Er setzte sich in den bequemen Lehnstuhl und sah hinaus. Den Blick aufs Meer zur See- und Wattseite empfand er wie stets als eine Wohltat.

Ihm war danach, Bilanz zu ziehen, was zum Jahreswechsel, zum Sesshaft werden auf Norderney und zu dem hoffentlich bald endenden Junggesellenleben angebracht war. Er bedauerte bisher nicht, die Insel als Standort gewählt zu haben. Einige Zeit im Winter in Berlin zu sein schien völlig ausreichend, um Ausstellungen zu besuchen, Illustrationen abzugeben, weitere Aufträge einzuheimsen und seine Kontakte zu pflegen.

Und wer mich als kleinkarierten Heimatmaler abstempeln will, tut das so oder so, dachte er trotzig. In diesem Moment hörte er seinen Freund Jan Visser rufen. „Jemand da?"

„Steig herauf, lieber Jan, du kommst gerade richtig auf einen Tee und etwas Spökenkiekerei zur Jahreswende!"

Der Jugendfreund stiefelte die Wendeltreppe hinauf, betrat den Pavillon und stellte voller Stolz fest: „Hauke, es freut mich jedes Mal wieder, wie gut uns das gelungen ist! Das Atelier ist einzigartig. An der ganzen Nord- und Ostseeküste gibt es gewiss kein zweites dieser Art."

Glücklich nickte Hauke ihm zu. „Daran, alter Freund, hast du einen Löwenanteil."

„Du genauso! Nicht nur, weil du bei der Planung stets mitgedacht, sondern auch, weil du mir damals zugeredet hast, unbedingt ein Studium an der Hochschule anzustreben."

„Ja, wir haben uns von Kindesbeinen an gegenseitig Mut gemacht. Gerade du weißt, mit welcher Inbrunst ich studiert und gelernt habe. Meine Ziele waren hochgesteckt, der Wahlspruch lautete: Ganz oder gar nicht."

„Was dich auch ab und zu in die tiefe Grube des Selbstzweifels fallen ließ."

„Wohl wahr. Ich wollte zu schnell zu viel auf einmal. Was mir deshalb ab und zu den Blick für meine Fortschritte und Erfolge trübte. Da hab ich mich manchmal madig gemacht, wo es nicht nötig war."

„Und ob. Ich erinnere mich noch genau, wie vor einigen Jahren der Hannoversche Kunstverein ein Bild von dir kaufte. Statt dich zu freuen wie ein Stint, warst du unzufrieden mit deiner Malerei, hast dich gar als künstlerisches Nichts und faulen Ostfriesen eingeschätzt."

Hauke seufzte. „Ja, meine hohen Ansprüche. Ich musste halt als ein Anstreicher-Geselle anfangen und konnte nicht sofort wie andere an einer Akademie beginnen. Das hat mich immer mal wieder verunsichert. Und diverse sogenannte Kollegen lassen mich das bis heute gern mit abfälligen Bemerkungen spüren. Mir als Halbwaise hat niemand Kuchen in den Mund geschoben – bis auf Papa Wienholtz von der Marienhöhe – und den wollen wir gleich noch besuchen."

Jan nickte erfreut, blieb jedoch beim Thema: „Du hast aus eigener Kraft und Begabung viel erreicht. Faul warst du nie. Und umso mehr kannst du stolz auf dich sein. Wenn ich bedenke, wen du auf deinen Studienreisen mit den Segelschulschiffen alles kennengelernt hast, dann könnte ich richtig neidisch werden."

„Du als studierter Kerl und gestandener Architekt?"

„Nun, ich habe weder mit unserem Kaiser und dessen Sohn, noch mit dem Kronprinzen von Dänemark oder dem Zaren von Russland Bekanntschaft geschlossen."

„Ja, das stimmt schon. Den Empfehlungen von Max Koner, du weißt, der hat die eindrucksvollen Porträts von unserem Kaiser gemalt, habe ich ungeheuer viel zu verdanken. Wer lernt schon den Kaiser persönlich kennen und wird von seiner Majestät mit einem Gespräch beehrt? Nie werde ich vergessen, wie Wilhelm II. zu mir sagte: Wenn ich nicht Kaiser hätte werden müssen, wäre ich Maler geworden!"

„Und du hast geantwortet: Majestät, gut, dass Sie Kaiser geworden sind!" Jan klopfte seinem Freund bei dieser oft zitierten Anekdote kräftig auf die Schulter.

Beide lachten, und Hauke fuhr fort: „Alles, was ich bei diesen Reisen neben den Malstudien aufgenommen und gelernt habe, erwies sich als sehr nützlich. Es hat mich im Umgang mit den hohen Tieren auch sicherer gemacht."

Der Blick des Architekten fiel auf eine silberne und eine goldene türkische Medaille, die auf weinrotem Filz befestigt in einem kleinen Eichenrahmen steckten. Lächelnd deutete er darauf: „Mit einem Sultan habe ich ebenfalls noch nie diniert, geschweige denn Orden überreicht bekommen. Aber das verdanktest du ja ausnahmsweise nicht deiner Malerei, sondern deinem Mut."

Bescheiden winkte Hauke ab. „Bei der Löschung des Brandes in Konstantinopel war ich ja nur spontan zur Hilfe geeilt, da befand sich die Besatzung der SMS König Wilhelm im erfolgreichen Einsatz."

„Aber du hast diese Rettungsaktion angeregt, mein lieber Hauke."

Verlegen entgegnete der: „Lass mal gut sein, Kapitän Curt von Prittwitz und Gaffron gab sofort die richtigen Kommandos. Übrigens werde ich am Neujahrstag wieder für Malstudien zwei Monate auf eine Kreuzerfregatte gehen. Und nun lass uns rüber laufen zur Marienhöhe und sehen, ob es für die Feier noch was zu bereden gibt."

Es war ein klarer sonniger Wintertag. Ein Fischkutter steuerte, begleitet von kreischenden Möwen, den Hafen an. Die beiden Freunde genossen die gute Seeluft und stiegen zur Restauration unterhalb des Pavillons der Marienhöhe hinauf.

Jan konstatierte: „Aus dem ehemals unscheinbaren Anwesen hat Wienholtz ja mit Erweiterungen von Café und Restaurant einen allseits bekannten und beliebten Treffpunkt gemacht. Nicht zuletzt mit einem beständig erweiterten Angebot an Speisen und Getränken für das immer verwöhntere Badepublikum."

„Bin froh, dass wir morgen hier feiern können."

„Nun, das haben wir deinen langjährigen Beziehungen zu deinem väterlichen Freund zu verdanken."

Die Marienhöhe

Die beiden Männer durchquerten die seewärts ausgerichtete überdachte Veranda und traten ein. Visser sah sofort, dass ein neues Werk seines Kameraden einen Platz an der Stirnwand gefunden hatte. Er lächelte in sich hinein. Der gute Wienholtz hatte schon immer einen siebten Sinn dafür gehabt, wann der Maler gerade Geld gut gebrauchen konnte. Aber davon abgesehen gaben die Bilder, die auch von Heinrich Engel, Johannes Holst und Felix Schwormstädt stammten, dem Raum eine maritime und stimmungsvolle Atmosphäre. In diesem Moment steckte der alte Fischer Onno Bakker seinen Kopf durch die Tür. „Nanu, heut ist geöffnet?" Dann sah er das neu erworbene Gemälde und betrachtete fachmännisch die Darstellung von Schaluppen auf stürmischem Meer vor Norderney. „So kann nur malen, wer mit seinem Boot verwachsen ist, wie ein guter Reiter mit seinem Pferd. Du malst eben mit dem Blick des Seemanns knapp über der Wasserlinie."

„Stimmt", meinte Jan, „unser Hauke hat das Meer zu Lande und zu Wasser studiert. Er kennt die Anatomie des Wassers, den Aufbau der Wellen ganz genau. Und wenn er aus der Perspektive des Seglers malt, dann zieht er den Betrachter gebannt in das Geschehen hinein. So malen kann man nicht nur mit dem Kopf. Haukes Gemälde sind manchmal wie Heldengesänge von Wagner."

„Jawoll, das haste fein gesagt." Onno nickte. „An dem Bild stimmt alles hinten und vorn. Dat is een echter Hansen!"

Der so gelobte Künstler freute sich sichtlich. „Onno, das ist Anerkennung aus berufenem Munde. Ich gebe einen aus!"

In diesem Moment kam Wienholtz herbei und schlug dem Fischer ordentlich auf die Schulter. „Moin Onno!"

Der Maler wurde mit einer kräftigen Umarmung begrüßt. „Na, Hauke, nen Mohrenkopf und Kakao? Und du dasselbe Jan?"

Die beiden Männer nickten in Erinnerung an alte Zeiten.

Wienholtz hatte das Schicksal des Jungen gedauert, dessen Mutter durch den frühen Tod des Vaters gezwungen gewesen war, die Geschwister zu trennen und in der Verwandtschaft unterzubringen. Daher hatte er dem ewig hungrigen heranwachsenden Kerl nicht nur ab und zu einen Mohrenkopf, sondern auch Apfelkuchen, Windbeutel mit Schlagsahne und seinen berühmten Knüppelkuchen zukommen lassen. Als

Hauke nach dem selbst gewählten Motto „dreist und gottesfürchtig" anfing zu zeichnen und zu malen, durfte er sich in einer Ecke des Pavillons ausbreiten und mit einer Tasse Schokolade ans Werk machen. Ebenfalls Wienholtz verdankte Hauke die Nordsee-Gedichte von Heine, die dieser ihm geschenkt hatte. Bei seinem Studienaufenthalt in Paris hatte er Heines Grab besucht und sich die Inschrift abgeschrieben, da sie ihn besonders berührte.

Wo wird einst des Wandermüden
Letzte Ruhestätte sein?
Unter Palmen in dem Süden?
Unter Linden an dem Rhein?
Werd ich wohl in einer Wüste
Eingescharrt von fremder Hand?
Oder ruh ich an der Küste
Eines Meeres in dem Sand?
Immerhin! Mich wird umgeben
Gottes Himmel, dort wie hier,
Und als Totenlampen schweben
Nachts die Sterne über mir.

In Heine hatte der junge Hauke schnell einen Seelenverwandten gefunden, der dem Meer genauso zugetan war wie er selbst. Heine versuchte es in seinen Gedichten zu erfassen, und er wollte es malen – wieder und immer wieder.

Überhaupt hatte Wienholtz mit Heines Gedichten das Interesse des jungen Mannes für die Literatur geweckt. Vor allem Fontane las er mit großer Begeisterung.

Dieser besuchte gern Norderney, hatte ihn beim Zeichnen beobachtet und sein Bild gelobt. Der Dichter mokierte sich zwar über den stets mondäner werdenden Charakter des Seebades, vertraute Hauke dann jedoch an: „Die geräuschvolle Atmosphäre nehme ich hin. Norderney ist doch unterhaltender als zum Beispiel Langeoog. Und das Publikum hier bietet mir reichlich schriftstellerische Studienobjekte." Das leuchtete dem angehenden Maler, der gerade Effi Briest gelesen hatte, sofort ein.

Wienholtz holte ihn aus seinen Gedanken zurück.

„Ist dir eigentlich klar, Hauke, dass du tatsächlich die kühnen Pläne umgesetzt hast, die du mir schon als Bengel vertrauensvoll beschriebst? Du wolltest in die Welt, studieren und lernen. Und dann, ähnlich wie hier im Pavillon der Marienhöhe, deinen eigenen Adlerhorst besitzen. Damals versicherte ich dir, dass es dir gelingen wird, mein Junge – und du hast es geschafft!" Die drei Männer sahen hinüber zum Atelierpavillon, der, auf einen runden Turm aufgesetzt, an einen Leuchtturm erinnerte. Dem alten Wienholtz standen Tränen der Freude und der Rührung in den Augen.

„Das habe ich auch Jan und dir zu verdanken, ihr habt es immer gut mit mir gemeint. Der Turm ist der einzige Ort, von dem aus ich meinen Kosmos sehen kann: Zum Malen geboren, zum Schauen bestellt, dem Turme geschworen, gefällt mir die Welt."

„Es scheint dir ja gut zu gehen, von du hier schon mittags Goethes wehrlose Dichtung umfrisierst", meinte Karl Schultze, der in diesem Moment hinzutrat.

Hauke grinste. „Typisch Lehrer!"

„Stimmt, der Turm ist nämlich nicht der einzige Ort, du machst auch dein Segelboot zum Atelier."

„Ja, aber der Winter ist lang – wir befinden uns ja nicht im Mittelmeer. Also liegt die ‚Hanne' jetzt hoch un dróg und hält ihren Winterschlaf."

Und meine Hanna werde ich zur Jahreswende auch nicht sehen, setzte er die Betrachtung wehmütig fort. Sie muss ihre erkrankte Mutter pflegen. Stattdessen wird das verwöhnte Stadtvolk hier ankommen.

Als ob er seine Gedanken gelesen hätte, meinte Wienholtz: „So, wie Herr Semmler telegraphiert hat, habe ich für Hummer, Austern, reichlich Krabben, Wildbret und Geflügel, dazu Wein und Champagner gesorgt. Was hältst du davon, wenn ich oben auf den Pavillon noch etliche Bouteillen Rotspon bringen lasse? Dann kann hochgehen wer will, Rotwein trinken und den Blick oder mehr genießen, das Künstlervolk soll ja recht locker sein."

Hauke stutzte und sah ihn fragend an.

„Ich meine das kleine ‚mehr' mit dem h in der Mitte. Hoffentlich treiben es die Berliner nicht zu doll."

„Na, mal gucken, wer morgen so ankommt. Hier auf der Insel werden sie sich wohl anders verhalten als in der Großstadt. Zu irgendwelchen Ausschweifungen, Dramen oder gar zu Mord- oder Totschlag wird es schon nicht kommen", meinte Hauke und stopfte seine Pfeife nach.

Atelierpavillon Silvester 1913

Bevor die eigentliche Feier auf der Marienhöhe stattfand, hatte Hauke zu einem kleinen Umtrunk in sein Atelier eingeladen. Sein Stolz spielte dabei eine doppelte Rolle. Einerseits wollte er nicht Semmler die gesamte Veranstaltung bezahlen lassen, andererseits konnte er so allen zeigen, wie wunderbar sein Pavillon geworden war.

Zufrieden blickte er sich um. Plötzlich fiel ihm ein, dass ja wahrscheinlich auch Luisa kommen würde, von der er seit der Aussprache am vergangenen Silvester nichts mehr gehört hatte. Da musste keineswegs das großformatige Porträt von Hanna als Fischersfrau, an dem er gerade mit viel Liebe arbeitete, auf der Staffelei stehen. Um die Wirkung nochmals mit dem gebührenden Abstand zu betrachten, trat er einige Schritte zurück. Bei der Planung des Ateliers hatte er großen Wert daraufgelegt, dafür ausreichend Platz zu haben, wobei ihm der prüfende Blick aus der Entfernung bei Meer- und Landschaftsbildern besonders wichtig war.

Luisa war ohne Schuhe die Wendeltreppe heraufgeschlichen, um ihn zu überraschen. Zitternd vor Aufregung hielt sie sich haltsuchend am Ende des Treppengeländers fest. Das ganze Jahr über hatte sie ihre Beziehungen spielen lassen, um über Haukes Tun und Lassen auf dem Laufenden zu bleiben. Das Domizil sei einfach und zweckmäßig, hieß es, der Atelierpavillon aber etwas ganz Besonderes. Während sie auf der obersten Stufe stand und ihren Blick schweifen ließ, dachte sie, dass dies eine maßlose Untertreibung sei – dieses Atelier war gewiss der Wunschtraum eines jeden Malers. Sie blickte zu Hauke und gestand sich ein, dass dieser Mann, dessen sehnige Hände Pinsel und Palette ebenso sicher hielten wie Steuer und Segel, und zudem von großer Zärtlichkeit sein konnten, immer noch ihre große Liebe war. Sie wusste, dass eine offizielle Verlobung bisher nicht bekannt gegeben worden war, was sie weiter hoffen ließ, aber nicht davon abgehalten hatte, ihren am vergangenen Silvester gefassten Plan zu verfolgen. Als sie das Porträt sah, erfasste sie sofort, dass dies ihre Konkurrentin darstellte. Eine Welle der Enttäuschung überrollte sie, und ihre Knie zitterten so stark, dass sie sich am Türrahmen festhalten musste.

„Da gehe ich jede Wette ein, dass sie das ist, deine Auserwählte. Ländlich-sittlich in friesischer Tracht mit blondem Lockenkopf, wie passend."

In der Tat konnte der Kontrast zwischen Luisa und Hanna kaum größer sein. Hauke, aus seinen Gedanken gerissen, drehte sich erschrocken um und musste zugeben, dass die Malerin sehr elegant und hinreißend aussah, in einem äußerst ausgefallenen Kleid, eigentlich einem eher unter der Brust gerafften Tunika-Gewand mit Haremshosen. Auf dem Kopf trug sie ein turbanähnliches Gebilde.

„Ein Modell von Poiret", gurrte sie, betrat den Raum und drehte sich langsam einmal um die eigene Achse.

„Offenbar aus seiner neuesten Kollektion", konterte Hauke.

Bass erstaunt sah Luisa ihn an.

„Den Pariser Modemacher habe ich 1909 kennengelernt, da kamen gerade die Balletts Russes nach Paris. Er ließ sich von den Bühnenkostümen zu orientalisch anmutenden, fließenden Gewändern inspirieren."

Poiret galt als Künstler, der seine Mode zelebrierte und sie für absolut horrende Preise verkaufte. Hauke, der von dem finanziellen Desaster ihres Vaters gehört hatte, fragte sich, wie eine nicht sonderlich erfolgreiche Malerin sich das leisten konnte.

Luisa bemerkte die nachdenklichen Stirnfalten über seinen scharfen blauen Augen, ahnte aber nichts von seinen Gedanken. Überrascht meinte sie: „Ich wusste gar nicht, dass du dich so gut mit Mode auskennst. Aber ein Künstler erkennt eben ein Kunstwerk sofort."

„Wo du recht hast, hast du recht. Außerdem musste ich meinen Schwestern immer genau über die Pariser Mode berichten. Aus meinen Aufenthalten dort weiß ich, dass die Kleider besonders gut wirken, wenn sie von einer rassigen Französin mit vollen Formen getragen werden. Die Pariserinnen machen schon was her. Das revolutionäre an Poirets Modellen war jedoch, dass sie erstmals ohne Korsett tragbar sind, und trotzdem wirken sie nicht sackartig, sondern schick, und geradezu elegant."

„Hach", säuselte sie, „ich trage gleichfalls kein Korsett!"

Hauke vermutete, dass sie bereits einiges an Champagner intus hatte, da warf sie sich ihm unvermutet an den Hals. Doch dieses Mal war er gewappnet, so dass er ihren geschmeidigen, wohlduftenden Körper, wenn auch nicht ohne Bedauern, beiseiteschob. Nicht eine Sekunde zu früh, denn da kündigte ein kurzatmiges Schnaufen die Ankunft von

Semmler an. Obwohl Luisa, die es ebenfalls gehört hatte, sich blitzartig von ihm abwandte, bezweifelte Hauke, ob der nicht doch etwas bemerkt hatte. Kaum im Atelier angelangt, schaute er misstrauisch zwischen den beiden hin und her. Dann sah er das Porträt.

„Na Gustav, was sagst du – ist es nicht ein köstliches Bild der Unschuld?", fragte Luisa mit sarkastischem Unterton.

Der trat näher heran und meinte: „Offenbar Ihre Zukünftige, Hansen. Hübsche Krabbe, die Augen mit Tiefgang, passt zu Ihnen."

Er ergriff den Arm Luisas mit einem gewissen Besitzerstolz – aber bevor Hauke den in ihm aufsteigenden Verdacht weiter nachgehen konnte, klangen von unten Stimmen herauf, und er war heilfroh, dass die übrigen Gäste eintrafen. Schnell drehte er das Porträt um und schob die Staffelei beiseite. Bald war der Raum voll mit lebhaften Menschen. Mit großen Mühen hatte sich auch eine Dame in einem Humpelrock, einem in Knöchelhöhe besonders engen, bodenlangen Modell die Wendeltreppe heraufgequält.

Schon schoss Agatha eine spitze Bemerkung ab. „In so einen Humpelrock zwängt sich ja wohl nur eine Frau, die auf hilfloses Weibchen macht, weder Selbstbewusstsein noch Geschmack besitzt und außerdem auf Eroberungen aus ist. Dass ausgerechnet der Modeschöpfer Poiret diesen Fesselrock erfand, enttäuscht mich tief. Schließlich propagiert er andererseits sogar Hosenröcke, die bis dahin nur bei Radfahrerinnen akzeptiert waren."

Die so Gescholtene, ein bei den Berliner Malern beliebtes Modell, lief puterrot an und giftete zurück: „Wer im Glashaus sitzt und keinen Kerl hat oder will, muss natürlich einen auf intellektuell und emanzipiert machen."

„Im Gegensatz zu dir weiß ich wenigstens, was die Begriffe bedeuten."

Das kann ja noch heiter werden, dachte Hauke, der vor Jahren, vor allem in Ahrenshoop, so manche Breitseite von Agathas spitzer Zunge abbekommen hatte.

Die Berlinerin jedoch, nicht auf den Mund gefallen, konterte bereits weiter: „Jedenfalls besser als Frauen, die lockere, sackartige Samtkleider tragen und sich darüber auslassen, was objektiv und subjektiv ist." Sie musterte die äußerst schlanke Agatha von Kopf bis Fuß und schoss herablassend nach: „Nun, die mageren Ziegen, die mit Schlankheit geschlagen sind, können sich jetzt immerhin in den an griechische Gewänder angelehnten Delphos-Stil hüllen – die vielen Falten dieser Gewänder kaschieren die Ecken und Kanten und täuschen nicht vorhandene Kurven und Weiblichkeit vor."

Das verschlug selbst Agatha zunächst die Sprache. Hauke schritt ein, da er weitere Auseinandersetzungen vermeiden wollte. So nahm er Agatha, die sich das in ihrer Verblüffung ausnahmsweise gefallen ließ, galant am Ellenbogen und geleitete sie zu seinem Freund Karl Schultze. Er wusste, dass der Lehrer ihrer Schlagfertigkeit gewachsen war.

Indessen sahen die Malerkollegen neugierig seine Bilder an. Auch unter Männern wurden einige Seitenhiebe ausgeteilt.

„Viele Künstler, gerade diese Tapetenmaler, tendieren aufs Konstruktive und Dekorative. Was ja dem kaiserlichen wie dem bürgerlichen Geschmacksniveau entspricht. Die kommen damit leichter zu Käufern und Geld als die Avantgarde", meinte ein Kollege und nahm Hauke angriffslustig ins Visier.

„Das kann man sich jedenfalls ansehen und sich daran erfreuen, junger Mann. Der Sündenfall hat zwei Gestalten: den Kubismus und die Sozialdemokratie", konterte der Mäzen Gustav Semmler, der in der Malerei immerhin den Impressionismus schätzte, aber nichts, was sich danach an Kunstrichtungen entwickelt hatte.

Der Maler schnappte nach Luft und sah Semmler erbost an. Aber bevor sich hier weitere Dispute entwickeln konnten, drängte Hauke zum Aufbruch. Die Rivalitäten unter den Malern nervten ihn schon jetzt – das hatte er bereits in Berlin abstoßend gefunden. Die hanebüchenen Intrigen im Berliner Ausstellungsbetrieb, wo es darum ging, gezeigt zu werden, ließen so manchen abgelehnten Künstler resignieren. Ein befreundeter, sehr ausdrucksstarker Maler hatte sich aus Enttäuschung und Angst um die Existenz sogar vor zehn Jahren in Ahrenshoop das Leben genommen, woran Hauke immer noch mit großer Erschütterung dachte.

Indessen hüllten sich die Damen in ihre Mäntel, Luisa in einen offenbar kostbaren Nerz, den Hauke nie zuvor an ihr gesehen hatte. Er verkniff sich jedoch eine Bemerkung.

Silvester 1913 auf der Marienhöhe

Auf der Marienhöhe wurden zu Silvester nicht nur Walzer gespielt, sondern auch moderne Gesellschaftstänze. Die Berliner hatten einige der neuesten Schellackplatten mitgebracht. Neben dem Onestepp gehörte dazu der Tango, der dem Kaiser so verpönt war, dass er kürzlich seinen Offizieren verboten hatte, ihn in Uniform zu tanzen.

Hauke zog den Walzer eindeutig vor – mochte der Tango noch so sinnlich sein und engen Körperkontakt ermöglichen, der Rhythmus lag ihm nicht sonderlich. Er beobachtete ein Paar, das elegant über das Parkett fegte. Aber im Gegensatz zu den meisten Herren verschlang er die Brünette mit dem Bubikopf und dem gewagten, seitlich bis zur Wade geschlitzten Kleid keineswegs mit Blicken.

Dafür betrachteten einige Männer Hauke mit Argusaugen. Außer drei erfolg- und mittellosen Malern und zwei älteren Mäzenen war er der einzige Junggeselle – man wusste genau, dass er noch nicht offiziell verlobt war. Also erprobten einige der anwesenden Damen gern ihren Charme an dem hochgewachsenen attraktiven Maler mit der männlichen Ausstrahlung und den meerblauen Augen, in denen man, wie eine der Städterinnen ihrer Freundin zuflüsterte, meinte versinken zu können.

„Er soll auch ein hervorragender Segler sein", flüsterte eine der anderen zu. „Ich finde, er ist ein toller Hecht in diesem Karpfenteich", gab diese zurück und startete einen Flirtversuch. „Sie sehen mich an, als sei ich nicht aus Fleisch und Blut, sondern als wollten Sie für ein Gemälde Maß nehmen", sagte eine bildhübsche Berlinerin, die ihn schon länger ins Visier genommen hatte, und zog mit ihren tiefrot geschminkten Lippen einen Schmollmund, den sie, nachdem sie sich vergewissert hatte, dass sie nicht beobachtet wurde, noch provozierend mit der Zunge befeuchtete.

„Sie täuschen sich, gnädige Frau, Sie wissen genau, dass Sie neben denen Ihres Herrn Gemahls nicht nur Maleraugen entzücken", entgegnete Hauke ebenso routiniert wie gelangweilt. „Sie sorgen in Berlin gewiss für Furore. Aber ich bin nur ein einfacher Norderneyer."

Diese Stadtpflanze in ihrem Aufzug nach dem allerletzten Schrei, der Farbenfreude auch an Toiletten für Festlichkeiten empfahl, konnte ihn keinesfalls locken. Da war doch seine künftige Verlobte deutlich mehr nach seinem Geschmack. Sein Gesicht musste wohl zu stark Desinteresse ausgedrückt haben, denn die Dame, inzwischen vom Gatten genau beobachtet, fauchte: „Nun, zu Ihren Sujets mit Fischerfrauen in den dumpfen Friesenstuben würde ich als Modell in der Tat nicht passen! Das ist ja wirklich ein Segen, dass die Sommerfrischler hier etwas Leben und Kultur hergebracht haben. Beispielsweise kann man im Hummerstübchen ganz exzellent speisen." Und ließ sich von ihrem Gatten eine neue Zigarette anzünden, die sie in eine elegante Silberspitze gesteckt hatte. „Ach ja, ich rauche manchmal zu viel! Aber dieses aufregende, lebhafte Treiben, die Hektik, der Verkehr in der Reichshauptstadt fordert doch seinen Tribut. Das greift eben die Nerven an und führt häufig zu Erschöpfung und chronischer Müdigkeit."

„Ja, die heutige Zeit, gnädige Frau, zerrüttet etlichen die Nervenkraft, nicht nur den Künstlern. Sie wissen ja, wie man in Berlin gern sagt: Raste nie und haste nie, sonst haste die Neurasthenie."

Die Dame bemerkte offenbar nicht so recht, dass in den Worten des Malers eine leise Ironie mitschwang.

„Die Neurasthenie ist ja gar nicht so einfach zu vermeiden. Die Überreizung der Nerven beruht heutzutage auf den zahllosen Neuerungen – es ist geradezu eine elektrische Revolution. Gerade für uns Frauen, die wir immer noch für unsere Rechte kämpfen müssen und doch gleichzeitig ganz Weib sein wollen, bildet das alles eine besonders schwere Belastung." Sie schaute ihren Gemahl verständnisheischend an und warf Hauke noch einen vielversprechenden Blick zu.

Agatha, die die Szene mit Missfallen verfolgt hatte, bemerkte: „Eine moderne Frau kann sehr gut das Leben genießen, ohne dass beständig ein Mannsbild vor ihr auf den Knien liegt." Das trug ihr einen erbosten Blick der Abgeblitzten und beifälliges Nicken zweier weiterer Malerinnen ein. Die eine sagte: „Nun, du hast ja auf der letzten Ausstellung mit deinen erotischen Lithographien für erhebliches Aufsehen gesorgt, gekauft hat das allerdings keiner."

Doch Agatha zuckte scheinbar ungerührt mit den Achseln. „Das wird schon noch kommen. Wir müssen das Feld der modernen Aktdarstellung ja nicht komplett dem Ehepaar Corinth oder den Männern überlassen. Meine Bilder werden wahrscheinlich der Albtraum vieler Kunsthändler, Ästheten, Expressionisten und anderer alter Tanten sein. Inzwischen habe ich wieder neue Sachen gemalt, die für schwache Nerven Gelegenheit zum Schock sind und für Entsetzen bei den Moralisten sorgen werden. Aber in nicht allzu ferner Zeit wird man sich um meine Bilder reißen."

Das ging einem der Maler entschieden zu weit. „Seit Scharen von Künstlerinnen tumultuarisch von den Werkstätten Besitz ergreifen, bestätigt der Instinkt des Geschlechtsgefühls es allerwärts, dass die soziale Würde fehlt, wenn Frauen Männeraufgaben übernehmen."

Grinsend zog Karl Schultze, der alles beobachtet hatte, seinen Freund beiseite. „Ich hole dich da mal lieber aus dem Feuer. Du weißt, wie wenig ich von Spengler halte, der ja nicht der einzige Frauenfeind in unserer Gesellschaft ist. Aber manchmal verstehe ich ihn ein wenig."

„Du sprichst in Rätseln!"

„Er schreibt, er vertrage den geistigen Umgang mit Frauen nur in kleinen Dosen, gerade wenn sie so beschränkt seien wie Frauenrechtlerinnen und so geschmacklos wie Kunstweiber."

„Düvel oog, der Mann muss eine Macke haben. Der ist kreativen und klugen weiblichen Wesen wohl nicht gewachsen! Es gibt viele hervorragende Malerinnen, und vor Frauen wie Bertha von Suttner oder Anita Augspurg, die sich für den Frieden einsetzen, kann ich nur den Hut ziehen", meinte Hauke empört. Bevor sie dieses Thema weiterverfolgen konnten, rückten die Zeiger der Uhr auf Mitternacht zu.

Die bösen Geister durften nicht mit einem Feuerwerk vertrieben werden, das war wegen der Brandgefahr sowohl des zum großen Teil aus Holz errichteten Restaurationsgebäudes, der umliegenden Gebäude am Damenpfad als auch der Marienhöhe zu gefährlich. Aber mit Glockengeläut, Böllern, Wunderkerzen und einigen bengalischen Fackeln, die sicher im Sand steckten, entstand doch eine stimmungsvolle Kulisse. Die Champagnerkorken knallten, Gratulationen und gute Wünsche wurden ausgetauscht. Die Ergebnisse des Bleigießens wurden interpretiert, wobei mit Anzüglichkeiten nicht gespart wurde.

Hauke hatte ein segelähnliches Gebilde produziert. „Das passt ja, du kannst es wohl kaum erwarten, in den Hafen der Ehe einzulaufen!", stichelte Luisa.

Sie selber goss ein undefinierbares Gebilde und Agatha einen Fisch, der allgemein bewundert wurde. Nur Hauke beguckte ihn mit einem unerklärlichen Missbehagen.

Nun war es an der Zeit, die Neujahrsrede zu halten.

Die hatte Hauke in der Vorbereitung manches Kopfzerbrechen bereitet. Denn seit er wieder ein ganzjähriger Insulaner war, fiel ihm deutlicher auf als zuvor, wie stark sich die Insel zum mondänen Seebad entwickelt hatte. Dies brachte zwar erfreulicherweise auch mit sich, dass teilweise sehr versnobte Leute aus Adel, Politik und Industrie im Sommer seine Werke kauften, aber es hatte die Heimat verändert. Das galt vor allem während der Zeit der Sommerfrische, allerdings nicht so enorm, wie manch Außenstehender kritisch vermerkte. Und damit wollte er sich in seiner Ansprache auseinandersetzen. Die gerade geführte Diskussion über die Neurasthenie hatte ihn nochmals in seinem Entschluss bestärkt, auf der Insel zu leben. Auch dies wollte er in seiner Rede begründen.

Er stieß Karl an. „Ich weiß schon, was ich an Norderney habe. Die Gegenwelt zu Technik und Fortschritt, hier finde ich sie in der Natur. Bei uns spüre ich Poesie, den Geist Heines, Kreativität, Unendlichkeit und Frieden."

Der nickte und meinte: „So ist es – wir brauchen hier auch keine Forderungen, wie mit der Freikörperkultur zu natürlicher Nacktheit zurückzukehren. Den Körper vor unnötiger Einengung befreit haben wir schon als Jungens, wenn wir an der weißen Düne nackig gebadet haben. Aber nu man tau, halt deine Rede!"

Die Umarmungen und typischen Wünsche wie „Guten Rutsch" waren inzwischen ebenso verklungen wie die Hochrufe samt „Hipp, hipp, hurra" auf den Kaiser. Also klopfte Hauke an sein Champagnerglas, und es kehrte Ruhe ein.

„Liebe Gäste, einige von euch sind auch schon im Sommer hier gewesen – und ihr werdet mir zustimmen, dass die Insel dann ein anderer Ort ist als jetzt im Winter. Der prominente Feuilletonist Victor Auburtin beschreibt das in seinem Essay ‚Heines Insel' wie folgt: ‚Kann ein irgendwie dichterisch, philosophisch oder ähnlich gestimmtes Gemüt sich in dem fröhlichen Lärm dieses Badeortes wohlfühlen? Geradezu fabelhaft ist der sogenannte Aufschwung. Im Konversationshaus wird nicht mehr wie zu Heines Zeit gejeut, sondern man spielt die Operette Die Dollarprinzessin, was nicht viel besser ist. In diesem Orte, in dem alles zu haben ist: Amüsement, Pferdewettrennen, Smyrna Teppiche gibt es auch für sämtliche Schätze Rockefellers nur ein Gut nicht, ein Vormittag köstlicher, goldschwerer Einsamkeit.'

Hier irrt Auburtin – denn wer sich abseits der Promenaden bewegt und sich nicht scheut, einen ordentlichen Marsch zu unternehmen, der kann die goldene Ruhe durchaus noch bekommen. Und ich finde sie, nebenbei bemerkt, in meinem Atelier.

Auburtin meinte außerdem, dass die Eingeborenen, die der von mir hochverehrte Heine übrigens nicht stets in den nettesten Farben dargestellt hat, verschwunden seien, um der internationalen Rasse der Oberkellner Platz zu machen. Bei aller Würdigung seiner geschliffenen Ironie – das stimmt so selbstverständlich nicht! Hier gibt es immer noch tüchtige Fischer, die der Insel ihr unverwechselbares Gepräge geben, inzwischen auch Bootsfahrten mit den Gästen unternehmen, sich aber im Sommer nicht in den Vordergrund drängen.

Das Meer mit seinen Fischen, Vögeln, Seehunden und dem zahlreichen Seegetier wird gewiss den Veränderungen trotzen und uns ewig erhalten bleiben.

Zwar tobt die See hier nicht so wie an den Steilküsten des Atlantiks, wo sie beständig mit den Felsen ihre Kräfte misst, diese immer wieder zu bezwingen versucht und ihnen Gesteinsbrocken entreißt. Bei uns zeigt sich das Meer im Sommer meist von seiner besten Seite, hat jedoch einen Januskopf und besitzt noch ein anderes, wildes Gesicht. Das offenbart sich erbarmungslos in den schweren Stürmen, wenn es nicht nur Fischerboote mit Mann und Maus verschlingt."

„In letzter Minute", rief Karl Schultze und wies damit auf die dramatische Rettungsszene von einem sinkenden Schiff hin, die Hauke 1906 gemalt und mit diesem Werk auf der Großen Berliner Kunstausstellung für Furore gesorgt hatte. Einige der Gäste, die davon wussten, klopften begeistert Beifall auf den Tisch, dann kehrte wieder Ruhe ein, und Hauke konnte fortfahren.

„Das wilde Meer überflutet die Halligen, reißt breite Flanken aus den Inseln wie ein gieriges Seeungeheuer und setzt an der Festlandküste erbarmungslos ganze Landstriche unter Wasser." Er machte eine Pause. „Bekanntermaßen bleibt nichts, wie es ist. Aber den Menschenschlag des Norderneyers, der sich ohne Wasser und Wind auf dem Trockendock fühlt, der den Elementen verbunden ist und ihnen zu trotzen weiß, der nicht viele Worte macht, aber für seine Mitmenschen einsteht, den gibt es noch. Auf die Norderneyer möchte ich als Erstes mit euch anstoßen."

Karl Schultze und Wienholtz prosteten ihm voller Stolz zu.

„Als Zweites folgt natürlich ein Toast auf unsere wunderschönen Damen." Er blickte in die Runde und lächelte listig. „Alle Kunstbegeisterten werden trotz der hier versammelten Schönheit mit mir zunächst auf die schönste Frau der Welt trinken."

Es gab einiges Geraune und „Hört, hört!"-Rufe.

„Sie ist heute Nacht in einem Privatwagen des Expresszuges von Mailand nach Paris unterwegs und überquert jetzt wohl gerade die Grenze."

Alle blickten sich erstaunt und schulterzuckend an.

„Auf Mona Lisa, deren gestohlenes Konterfei in den Louvre zurückkehrt." Als der donnernde Applaus verklungen war, erklärte Hauke: „Somit haben wir den Bogen zur Malerei geschlagen. Beschließen möchte ich mit dem von mir so verehrten Fontane, wobei ich mir erlaubt habe, in seinen Versen Buch durch Bild zu ersetzen – ich vermute, er würde dies lächelnd zugelassen haben.

Ein neues Bild, ein neues Jahr
Was werden die Tage bringen?
Wird's werden, wie's immer war –
Halb scheitern, halb gelingen?

Ich wünsche euch allen ein gesundes und vor allem friedliches Jahr 1914."

Erleichtert, dass er seine Rede hinter sich hatte, nahm Hauke wieder Platz. Es ist manchmal einfacher, anderen Gedanken nahezubringen, indem man zitiert, als die eigenen in den Vordergrund zu stellen, dachte er. Sein Freund Karl lächelte ihm anerkennend zu. Der Kerl weiß mal wieder genau, was ich mir überlegt habe, vermutete Hauke, und ihm kamen die schönen gemeinsamen Wochen in Paris in den Sinn. Dankbar für die freundschaftliche Verbundenheit nickte er dem Lehrer zu. Der hob sein Glas und zitierte Wilhelm Busch: „Wenn es Silvester schneit, ist Neujahr nicht weit." Hauke tat ihm grinsend Bescheid – beide schätzten sie den Dichter sehr, der es auch außerdem verstand, Landschaften zu malen, was die wenigsten wussten.

In diesem Moment spürte Hauke, wie ein seidenbestrumpfter Fuß seinen rechten Knöchel und sein Schienenbein umkoste. Die ihm gegenübersitzende Luisa prostete ihm mit einem unschuldigen Lächeln zu.

Inzwischen stand eine der Malerinnen auf. „Auch ich möchte einige Verse, die wie ich finde, besonders gut in unsere Runde passen, zum Jahr 1914 vortragen.

Lasst uns wirken spät und früh,
Dass uns das Jahr gelinge!
Dass es nach jedem Streit und Müh,
Den Sieg des Friedens bringe.
Und dass des Weltkriegs Melodie
Nicht länger drohend schalle!
Dass bald auch sie in Harmonie
Wie Glockenklang verhalle!"

Ihr Blick suchte, während sie sprach, überwiegend Hauke und Karl, was nicht unbemerkt blieb.

Nicht wenige der anwesenden Männer verzogen überheblich das Gesicht. Das beständige Säbelrasseln und der Hurra-Patriotismus der letzten Jahrzehnte zeigten ihre Wirkung. Für Hauke jedoch, der einiges von der Welt gesehen hatte, schien es gerade nach seinen erlebnisreichen Paris-Aufenthalten, von denen er sein Leben lang schwärmen würde, unvorstellbar, in den Franzosen einen Erbfeind zu erblicken. Der Krieg 1870/71 war für ihn Geschichte, die Franzosen keine welsche Brut, sondern eine Kulturnation. Er fühlte, wie sich die Härchen auf seinen Unterarmen sträubten, was nicht nur an dem Fuß lag, der immer noch aktiv war. Wenn tatsächlich ein Weltkrieg ausbrach, dann vermochte das seine schönen Pläne mit Hanna zunichte zu machen! Und nicht nur das.

Irgendwer fauchte „Sentimentales Malweib", was Hauke sehr ärgerte, aber bevor er eingreifen konnte, trompetete Gustav Semmler: „Unser Kaiser wird es schon richten, er lebe hoch!" In die erklingenden Hochrufe hinein zischelte er Hauke zu: „Sie scheinen ja bei den Damen begehrt zu sein, Hansen." Er lachte meckernd, was ihm mit seinem weißen Backenbart noch mehr den Ausdruck eines Ziegenbocks verlieh.

Hauke machte sich klar, dass Semmler unmöglich sehen konnte, was da gerade unter dem Tisch passierte. Oder hatte der vorhin im Atelier doch etwas bemerkt?

„Und Sie verfügen wohl auch sonst über Talente, immerhin sind Sie einigermaßen arriviert. Denn wenn man nicht wie Liebermann über Vermögen verfügt oder zu den wenigen gehört, die ihre Gemälde für gutes Geld verkaufen können, ist die Malerei ja meist eine brotlose Kunst."

Hauke, der nicht so recht wusste, worauf das Ganze hinauslaufen sollte, hielt erst mal den Mund, bemerkte aber, dass sich um sie herum einige Ohren spitzten. Semmler fuhr in ironischem Ton fort: „Kein Wunder, dass die Damenwelt, sowohl die noch so Emanzipierten als auch die geschätzten Künstlerinnen, es doch nach wie vor zu würdigen wissen, einen großzügigen Mann an ihrer Seite zu haben." Dabei warf er Luisa einen prüfenden Blick zu, was die Bespielung von Haukes Schienenbein schlagartig beendete.

Semmler stand etwas schwankend auf. „Liebe Freundinnen und Freunde, letztes Jahr hat uns Hauke überrascht mit seiner Ankündigung, sich nach Norderney zu verabsentieren. Ich blieb in Berlin, wo es aber auch nicht so weitergehen wird, wie es war. Denn Luisa hat im Jahr 1913 mein doch einsames Leben als Witwer mit ihrer Gegenwart und ihrer Kunst, die ich sehr schätze, bereichert. Ich würde mich freuen, die weitere Entwicklung ihrer Werke aus nächster Nähre mitverfolgen zu können. Und so möchte ich dir, meine Liebe, hier vor aller Augen im anbrechenden Jahr 1914 die entscheidende Frage stellen: Willst du meine Frau werden?"

Plötzlich herrschte absolute Stille, und Luisa fühlte, wie sie von allen angestarrt wurde. Aus dem Augenwinkel bemerkte sie, wie sich Agatha fassungslos ans Herz griff. Ihre Gedanken überschlugen sich, sie wusste nicht, ob sie lachen oder weinen sollte. Ihr vom Verstand diktierter Plan war aufgegangen – aber es war nicht das, was ihr Herz erhofft hatte. Dann siegte die Vernunft. Hauke hatte mehr als deutlich zu verstehen gegeben, dass er nach wie vor nur eine zur Frau wollte, nämlich diese Hanna. Sie riss sich zusammen und flötete: „Ach, Gustav, ich bin überwältigt. Ja, ich nehme deinen Antrag gern an."

Luisa erhob sich, und Hauke musste zugeben, dass sie in ihrem Haremskostüm von Poiret wirklich bella Figura machte – sie war durchaus die attraktivste Frau des Abends. Gustav holte ein Kästchen aus einer Tasche seines Fracks, öffnete es betont langsam – und die Damen stießen nur noch Ohs und Ahs aus. Luisa erblasste beim Anblick des in einer Krönchen-Fassung aus Platin steckenden großen Diamanten und streckte Gustav wie in Trance die Hand entgegen. Der Reif passte perfekt auf ihren linken Ringfinger.

„Der ist garantiert von Cartier, schätze mal zehn Karat, und wie der funkelt, ist er lupenrein", flüsterte eine Dame aus Berlin mit neidischem

Kennerblick. Agatha war fassungslos. Hochrufe, Umarmungen und Gratulationen bestimmten die nächsten Minuten. Auch Hauke, dem die Verlobung zunächst einen kleinen Stich versetzt hatte, der sich aber jetzt sehr erleichtert fühlte, gratulierte formvollendet dem frischverlobten Paar. Luisa ließ es mit unbewegter Miene über sich ergehen.

Mittlerweile hatte sich die dreißigköpfige Gesellschaft aus Berlin noch um einige Norderneyer erweitert, die, angelockt von Musik und Stimmengewirr, hereinschauten. Selbst Dr. Carl Uhde, der Bürgermeister, befand sich unter ihnen, was Gustav Semmler offensichtlich erfreute.

Sowohl oben im Pavillon als auch unten in der Restauration herrschte dichtes Gedränge. „Jubel, Trubel, Heiterkeit", murmelte Hauke, der sich inzwischen nach den Annäherungsversuchen von Luisa, deren überraschender Verlobung, etlichen Walzern und den vielen Gläsern Champagner etwas angeschlagen fühlte. Daher stapfte er hinauf zum Pavillon, um frische Luft zu schnappen. Er mied zwei eng umschlungene Paare und spähte in Richtung seines Ateliers, dessen Ruhe er jetzt gern genossen hätte. Da trat Luisa neben ihn. „Na, Hauke, wie wäre es mit einem allerletzten Abschiedskuss, bevor ich eine ehrbare Ehefrau werde?" Und schon schmiegte sie sich an ihn, so dass er jede Faser ihres korsettfreien Körpers spüren konnte. Der Kuss wurde immer leidenschaftlicher, der reichlich konsumierte Alkohol trug das Seinige dazu bei. Hauke spürte nicht ohne einen gewissen Ärger, dass die alte vehemente Anziehungskraft noch bestand. Sein anfänglicher Widerstand verschwand – Luisa kannte ihn genau und wusste ihre Reize einzusetzen. Und nun geschah, worauf Luisa hingearbeitet und gehofft hatte. Beeinflusst von Alkohol und Begehren überkamen Hauke plötzlich wieder Zweifel an der Richtigkeit seiner Entschlüsse. Ein unkonventionelles Künstlerleben in Berlin, wo er zudem noch seine Beziehungen zur kaiserlichen Familie ganz anders würde pflegen können – war dies nicht doch dem Inselleben vorzuziehen? Nah an den Kunstausstellungen zu sein, mit großen Kollegen wie Liebermann fachsimpeln zu können? Als ob Luisa seine Gedanken ahnte, begannen ihre Hände kundig über seinen Körper zu wandern.

Wir Männer sind eben leicht verführbar, wenn Frauen uns Avancen machen, dachte er. Dann übernimmt unser bestes Stück die Steuerung, was uns hinterher oft in die Bredouille bringt. Dann dachte er eigentlich gar nichts mehr, aber einige Momente später öffnete er doch kurz die Augen, und sein Blick erhaschte den Atelierturm, wo ihm im Fenster ein

Licht den Rückweg wies. Plötzlich erinnerte er sich, wie im Sommer Hanna in den Dünen vor dem Atelier gestanden hatte und ihm das Herz aufgegangen war: Hanna und keine andere Frau gehörte zu der Familienburg, die noch in den Wolken schwebte, beide gemeinsam gehörten sie hierher. Damit war der Bann gebrochen.

„Verdammt noch mal, Luisa, du hast dich gerade verlobt, und ich werde das demnächst auch tun. Zwischen uns muss nun ohne Ausnahme Schluss sein!"

Stimmen näherten sich, und er schob Luisa abrupt von sich. „Ich wünsche dir alles Gute", meinte er hastig und eilte nach unten. Er kam nicht weit. Ein vor Wut und Eifersucht bebender Gustav Semmler baute sich vor ihm auf.

„Dass Sie bei den Weibern gut ankommen, nehme ich als der Ältere normaler Weise gelassen zur Kenntnis. Aber dass Sie sich hier auf der Silvesterfeier, die ich bezahle, mit der Frau, mit der ich mich soeben verlobt habe, in engster leidenschaftlicher Umarmung amüsieren, das schlägt dem Fass den Boden aus! Lassen Sie gefälligst die Finger von Luisa! Für diese absolute Respektlosigkeit werde ich mich rächen. Und bei passender Gelegenheit mal Ihrer heimlichen Verlobten stecken, was für ein hemmungsloser Casanova Sie sind!"

Hauke stand wie vom Donner gerührt. „Aber, es war doch Luisa", er geriet ins Stammeln, „die zum Abschied ..."

Da unterbrach ihn Semmler mit einer schallenden Ohrfeige. Trotz seines aus unterschiedlichen Gründen benebelten Zustandes wurde Hauke damit im wahrsten Sinne des Wortes schlagartig klar, dass er sich weder glaubwürdiger machte, noch als Kavalier erwies, wenn er versuchte auf die Initiative von Luisa hinzuweisen. Semmler maß ihn mit verachtungsvollem Blick von oben bis unten.

„Was für eine Memme Sie doch sind! Normaler Weise müsste ich dafür Satisfaktion fordern, aber noch nicht mal das sind Sie wert!" Er spuckte aus, drehte sich auf dem Absatz um und verpatzte einen würdigen Abgang durch leicht schwankende Schritte.

Luisa indessen befand sich durch den vielen Champagner, mehrere Marihuanazigaretten, die Zurückweisungen von Hauke und die Verlobung mit Gustav in einer seltsamen Stimmung. Diese Silvesterfeier hatte so gar nichts von dem Triumph, auf den sie so eingehend hingearbeitet hatte. Sie starrte lange aufs Meer, ohne es wirklich wahrzunehmen.

Die sündhaft teuren Kleider, der Nerz, der Verlobungsring imponierten Hauke keineswegs. Das hätte ich besser wissen müssen, dachte sie, ich kenne ihn schließlich lange genug. Wunschdenken nennt man so was – noch nie habe ich mich so leer und alt gefühlt. Gleich zweimal habe ich mich ihm regelrecht an den Hals geworfen – das hat ihn in seinem Entschluss nicht wirklich wankend gemacht. Jeder normale Mann würde in einer solchen Situation Regungen zeigen, ohne dass dabei Liebe im Spiel zu sein brauchte. All die Jahre seit Ahrenshoop habe ich es nicht einsehen wollen – er ist für mich der einzige Mann, mit dem ich wirklich zusammenleben möchte. Aber ich bin nicht seine große Liebe. Das ist ausgerechnet dieses junge Ding, die Hanna! Ihretwegen hat er mich abgewiesen. Was für eine Demütigung! Wieder sah sie das Bild der siegreichen Nebenbuhlerin, die er ja gerade mit Andacht malte, vor sich. „Mich hat er nie gemalt", murmelte sie wütend. Sie stand in einem plötzlichen Entschluss auf – wenn schon nicht Liebe, dann wenigstens Rache –, schlich aus dem Saal, warf ein Tuch über die Schulter und steuerte unsicheren Schrittes auf der Promenade entlang dem Atelierpavillon zu. In sicherem Abstand folgte ihr eine Gestalt.

Die Tür des Turmes war unverschlossen, langsam stieg Luisa die Treppe hinauf. Tatsächlich hatte Hauke in der Hast des Aufbruchs das Porträt nur umgedreht, aber offen stehen lassen, die Arbeitsmaterialien ausnahmsweise nicht weggeräumt, nur die Malpinsel schnell in Terpentin getaucht. Voller Wut ergriff die versierte Malerin einen kräftigen Borstenpinsel, murmelte etwas von Picassos blauer Periode und begann das Porträt mit breiten, heftigen Strichen zu traktieren. Auch ein Spachtel kam zum Einsatz, der etliche Risse in der Leinwand hinterließ. „Das reicht noch nicht!", rief sie dann und griff nach dem Terpentin, um es auf das Bild zu kippen. In diesem Moment riss Agatha sie zurück.

„Luisa, mach dich nicht unglücklich – du als Künstlerin darfst doch nicht das Werk eines anderen zerstören! Das bringt Unheil!"

Agatha versuchte, ihr die Dose mit dem Terpentin zu entwinden, was in einen regelrechten Kampf ausartete. Dabei spritzte ein großer Schwall des Pinselreinigers auf das Gemälde und hinterließ dort seine Spuren. Die überschlanke Agatha entwickelte erstaunliche Kräfte und landete zufällig einen perfekten rechten Schwinger auf Luisas Nase, aus der sofort das Blut floss. Ein weiterer Schwung Terpentin traf das Ölbild, die

Attentäterin gab noch einen Schmerzenslaut von sich und fiel ohnmächtig zu Boden, wobei sie hart mit dem Hinterkopf aufschlug.

Ungerührt vergewisserte sich die vor Wut bebende Agatha, dass die Freundin den Sturz ansonsten überlebt hatte. Mit einem Blick erfasste sie, dass das Bild nicht mehr zu retten war. Dann ließ sie die Bewusstlose mitleidlos zurück. „Soll sie ihren Rausch doch ausschlafen", schimpfte sie vor sich hin. „Gustav wird ihr morgen schon die Leviten lesen – vielleicht kündigt er auch diese affige Verlobung, und Luisa kommt endlich zur Vernunft. Hauke ist für sie verloren – womöglich besinnt sie sich darauf, wer sie wirklich liebt."

Vorsichtig stieg sie der Treppe hinab, hielt sich am Handlauf fest. Unten schlüpfte sie wieder in ihre Stiefeletten, schlang sich ihr warmes Tuch um und machte sich zur nahen Pension Daheim auf, wo aus einigen Fenstern Licht schien.

Katzenjammer und böse Geister

Hauke gesellte sich zu seinem Freund Karl. „Na, gab es Ärger?", fragte dieser, dem so gut wie nichts entging, denn auch prompt.

„Ich habe von all dem Affentheater die Nase gestrichen voll", schimpfte Hauke und berichtete brühwarm, was geschehen war. „Am meisten ärgert mich, dass ich Luisa nicht sofort zurückgewiesen habe."

„Welcher Mann mit etlichen Gläsern intus und normaler Veranlagung könnte so einer Frau denn widerstehen?", kommentierte Karl das mit einer rhetorischen Frage.

„Am meisten wurmt mich Semmlers Drohung, mich bei Hanna anzuschwärzen", gab Hauke kleinlaut zu.

„Erstens glaube ich das nicht, weil der Semmler dazu viel zu stolz ist. Und zweitens ist Hanna eine sehr vernünftige junge Frau, die dir jetzt schon versprochen hat, mit dir durch dick und dünn zu gehen. Also, beruhige dich und geh schlafen, denn genau wie letztes Jahr musst du ja zeitig los."

Hauke umarmte dankbar den Freund, verließ die Marienhöhe und steuerte sein Atelier an. Vorsorglich hatte er in zwei Fenster Lampen gestellt, die ihm Orientierung gaben, denn die elektrischen Bogenlampen der Promenade waren längst ausgeschaltet. Aber auch so hätte er problemlos den Weg gefunden, denn es war eine recht sternklare Nacht mit

Mondschein, so dass er sogar die Buhnen und das Meer gut erkennen konnte.

Er steckte den Schlüssel ins Schloss und stockte – die Tür war unverschlossen! Hatte er etwa vergessen zuzusperren? Nicht, dass auf diesem Eiland etwas gestohlen wurde, aber wie leicht konnten neugierige spielende Kinder Schaden an seinen Bildern anrichten. Sein Herz schlug plötzlich rascher. Beunruhigt überprüfte er den Raum im Parterre – da schien alles in Ordnung zu sein. Langsam erklomm er die Stufen nach oben, nahm das Geländer aus feinem Eichenholz zur Hilfe, um nicht zu stolpern. Denn nicht nur das Glas Wasser in der einen Hand behinderte seinen Aufstieg, sondern auch die Nachwehen der mehr feucht als fröhlichen Silvesterfeier. Sein Fuß stockte auf der letzten Stufe, er hielt sich am Handlauf fest.

Das fast vollendete Porträt von Hanna, an dem er so lange gearbeitet hatte – offenbar mutwillig zerstört.

Da hatte jemand mit breitem Pinsel gewütet, an manchen Stellen gar mit einem Spachtel heftig Farben aufgetragen, sogar noch Terpentin über das Ganze gegossen. Es war ein Wunder, dass die malträtierte Leinwand nicht vollständig in Fetzen hing! Er stöhnte – wer tat so etwas? Erst jetzt realisierte er, dass neben der Staffelei eine regungslose Gestalt lag. Es war Luisa mit blutverschmiertem Gesicht. Er berührte sie leicht, rief ihren Namen, doch sie reagierte nicht. Er fühlte ihren Arm, der eiskalt war. Beim Segeln hatte er stets den Überblick, wie mulmig die Situation auch immer sein mochte. Aber nun konnte er nicht mehr klar denken: Luisa ist tot – das Porträt von Hanna zerstört – das alles am Neujahrsmorgen! Gedankenfetzen wirbelten wild durch seinen Kopf.

Mühsam stieg er mit wackeligen Beinen die Stufen hinab. „Ich muss unseren Königlichen Polizeikommissar Karl Nüchter anrufen", murmelte er vor sich hin. „Der soll gleich den Arzt mitbringen. Die werden ebenso entsetzt sein wie ich. Morde stehen ja hier nicht gerade auf der Tagesordnung."

„Eine Tote? In deinem Atelier? Bist du noch besoffen?", fragte denn Karl Nüchter auch prompt. „Du bleibst jetzt da, wo du bist – den Turm darfst du keinesfalls wieder betreten, bis ich komme."

Dieser Aufforderung hätte es nicht bedurft – Hauke fühlte sich dem erneuten Anblick Luisas ebenso wenig gewachsen, wie dem seines zerstörten Bildes. Während er wartend vor sich hinstarrte, vermeinte er ein leises Türklappen zu hören, glaubte aber, sich durch das klatschende Geräusch der noch auflaufenden Flut getäuscht zu haben.

Nach einer scheinbaren Ewigkeit erschien der Kommissar, klopfte Hauke auf die Schulter. „Na, dann wollen wir mal." Der beleibte Nüchter ging voran und schnaufte ob der steilen Stufen vernehmlich. Abrupt blieb er auf dem letzten Absatz stehen.

„Ich ahnte es doch! Gut, dass ich nicht gleich den Doktor aus dem Bett getrommelt habe. Du hast wirklich noch einen im Tee! Hast du auch weiße Mäuse gesehen?"

Hauke, der fast in den Polizisten hineingerannt wäre und dem die Sicht versperrt war, reagierte empört: „Jetzt spinnst du wohl, nun geh endlich rein und mach Platz!" Der Maler betrat sein Atelier und konnte es nicht fassen. Das zerstörte Bild ließ ihn erneut erschaudern – aber ebenfalls die Zweifel an seinem Verstand –, denn die Leiche war weg.

„Verstehe ich nicht", stammelte Hauke, während Nüchter oberflächlich den Fußboden inspizierte, um dann zu konstatieren. „Etwas Verdächtiges bezüglich eines Mordfalles sehe ich nirgends. Wer Grund hat, sich an deinem Bild zu vergehen, weißt du wahrscheinlich am besten selbst. Kannst dir ja überlegen, ob du Anzeige erstatten willst. Für heute lass mal gut sein, Hauke, und penn deinen Rausch aus." Damit stapfte der Kommissar, wenig Schmeichelhaftes vor sich hin knurrend, die Treppe hinab.

Für Hauke jedoch war an Schlaf überhaupt nicht zu denken. Er setzte sich wieder in seinen Lehnstuhl, starrte auf das zerstörte Porträt. Was war mit Luisa geschehen? Ich habe sie hier vorhin ganz gewiss gesehen! Sie kann sich doch nicht in Luft aufgelöst haben? Es muss doch eine Erklärung geben! Hat der Mörder sie weggeschafft, während ich unten war? Oder – war sie tatsächlich nur ohnmächtig? War es gar sie gewesen, die das Bild ruiniert hat? Und ist sie möglicherweise von jemandem auf frischer Tat ertappt worden? Aber von wem? Seine Überlegungen begannen langsam, sich zu sortieren. Er trank einen Tee, versuchte logisch zu denken. Schlagartig erschien ihm sicher, dass Luisa die Übeltäterin war. Man wusste ja, dass eifersüchtige Frauen zu Furien werden konnten. Doch dass sie, die selbst Malerin war, ihm so etwas angetan haben sollte, ging über seinen Verstand. Er trank fast mechanisch Tee, starrte wieder entsetzt auf das Gemälde – das war ruiniert, die Arbeit von vielen Stunden dahin.

Nun begann alles in seinem Blickfeld zu verschwimmen, Tränen liefen über sein Gesicht.

Schließlich wischte er die Tränen aus den Augen, und plötzlich formten sich die zerstörten Konturen zu einem völlig neuen Bildnis. Er konzentrierte sich auf diese unerwartete Inspiration, die doch tatsächlich kubistische Züge annahm, bis er das Ganze fest in seinem fotografischen Gedächtnis verankert hatte. Dann nickte er ein, wobei ihn im Traum immer ausgefallenere Fragmente von abstrakten Bildern verfolgten, Werke von Picasso und Braque mischten sich in einem wilden Tanz.

Luisa war ausgerechnet aus ihrer Ohnmacht erwacht, als Hauke das Atelier betrat. Sie hielt den Atem an. Welche weitere Schande, von ihm neben dem ruinierten Porträt gefunden zu werden! Schreckensstarr hatte sie daher vorgetäuscht, besinnungslos zu sein. Als sie mitbekam, dass er sie für tot hielt und unten telefonieren wollte, ergriff sie die Chance zu entfliehen. Noch ziemlich wackelig auf den Beinen schlich sie auf Zehenspitzen die Treppe hinunter. Zog ganz vorsichtig die Tür zu und machte sich in der Dunkelheit auf zur Pension, welche zum Glück für die heimkehrenden Berliner Gäste nach wie vor beleuchtet war. Semmler, der zunächst im Strandhotel Germania absteigen wollte, hatte in weiser Voraussicht die komplette Pension Daheim in der Kaiserstraße für seine Gästeschar reserviert, damit das feierfreudige Künstlervolk unter sich blieb. Während er dies mit der verständnisvollen Verwalterin Ida Duhm telefonisch regelte, streifte ihn nicht der geringste Hauch einer Vorahnung, dass er selber davon in einer äußerst misslichen Lage profitieren würde.

Luisa betrat die von Semmler gemietete Suite. Im Schlafzimmer mussten sich ihre Augen erst an die diffuse Beleuchtung gewöhnen, denn es brannte nur ein Nachtischlämpchen. Dann jedoch verharrte sie plötzlich wie vom Schlag getroffen. Das konnte ja wohl nicht wahr sein! Aber die Situation ließ sich an Eindeutigkeit kaum überbieten. Gustav und Agatha lagen unbekleidet und eng umschlungen in zerwühlten Laken! Sie rüttelte an der nackten Schulter der Freundin.

„Agatha, du? Die du nie im Leben mit einem Mann das Bett teilen wolltest? Was geht hier vor?"

Die so Angefahrene brauchte eine Weile, um die Augen halbwegs zu öffnen. Nachdem sie als Erstes neben sich den nackten Gustav wahrnahm, riss sie mit einem leisen Entsetzensschrei schockiert die Augen endgültig auf. Blickte dann zu Luisa, die mit noch immer blutverschmiertem Gesicht einen gespenstischen Anblick bot.

„Ich glaube kaum, dass ich das wirklich wollte", flüsterte sie, wobei ihr Blick ebenso verhangen wie unstet zwischen der Freundin und dem Mann neben ihr hin und her flatterte.

Mit deutlichem Triumph in der Stimme kommentierte Gustav, ohne aufzusehen: „Sie hatte ein bisschen viel Koks, aber das brachte sie ordentlich in Schwung. Du hast dich ja wohl ausgerechnet in unserer Verlobungsnacht noch mal mit deinem Maler amüsiert."

Erst jetzt drehte er sich um – und schrie beim Anblick seiner Verlobten entsetzt auf. „Um Himmels willen, wieso hat er dich so zugerichtet?"

„Das war nicht Hauke, sondern dieses intrigante Biest. Sie hat mich niedergeschlagen! Ich lag in tiefer Ohnmacht!" Den Grund verschwieg sie wohlweislich.

Agatha stand schwankend auf. „Mir ist übel und hundeelend. Ich brauche dringend frische Luft!"

Luisa rief mit schriller Stimme: „Hervorragende Idee! Ich benötige nämlich meine Ruhe! Euren Anblick ertrage ich nicht länger! Zieht euch was an und verschwindet, macht einen Strandspaziergang, das klärt den Kopf nach all dem Koks. Und vor allem seid ihr beide mir aus den Augen. So einen grässlichen Beginn eines neuen Jahres gab es bislang noch nie. Schlimmer kann es ja kaum kommen."

Sie ging ins Badezimmer. Ihr Anblick im Spiegel ließ sie erst mal aufschreien. Dann begann sie vorsichtig, das verkrustete Blut mit warmem Wasser zu lösen. Am rechten Nasenflügel zeichnete sich bereits eine Schwellung und unter dem Auge ein großer blauer Fleck ab, aber gebrochen schien zum Glück nichts.

Ansonsten sehe ich so alt aus, wie ich mich fühle, dachte Luisa beim Betrachten der dunklen Augenringe und einiger scharfer Falten um den Mund, die ihr neu vorkamen.

Indessen verließen Agatha und Gustav, der noch schnell einen Flachmann mit Cognac in seinem Ulster verstaut hatte, das Hotel. Sie überquerten die Promenade und gingen Richtung Strand, wo das Meer sich gerade mit ordentlichen Brechern zurückzog. Gustav fühlte sich etwas verwirrt. Sein Racheakt an der gar nicht untreuen Luisa schien ja nach hinten losgegangen zu sein.

„Das einzige halbwegs unschuldige Lamm hier ist wohl tatsächlich dieser Hauke", sinnierte er laut er vor sich hin. Denn dessen Andeutung, die leidenschaftliche Umarmung sei von Luisa ausgegangen, erschien ihm plötzlich gar nicht mehr so unwahrscheinlich. Agatha bekam davon nichts mit, sie war zu sehr mit sich beschäftigt. Plötzlich schlug sie Gustav heftig auf die Schulter. „Wie konntest du mir das antun? Ich kann mich nie wieder achten, meine Seele ist tödlich verletzt."

Gustav schüttelte sie ab. „Die Schuld daran trägst ganz allein du! Wieso hast du mir weisgemacht, dass meine Verlobte bei Hauke ist?"

„Du weißt genau, was Luisa für mich bedeutet! Ich wollte sie nicht an dich verlieren – stattdessen bist du über mich hergefallen wie ein Tier!" Sie brach in heftige Tränen aus.

Der Berliner zeigte sich jedoch nicht sonderlich erschüttert. „Erstens warst du nicht so unwillig, wie du tust. Und zweitens möchte ich mal wissen, wer Luisa so zugerichtet hat? Dem Maler traue ich nicht zu, so mit einer Frau umzugehen."

Agatha schrie verzweifelt auf. „Wenn er sie dabei erwischt hätte, das Gemälde von seiner geliebten Hanna zu zerstören, vielleicht doch!"

„Das hat sie wirklich getan?", fragte Semmler ungläubig.

„Ja, ich habe mit ihr gekämpft, um es zu verhindern, allerdings vergeblich. Mein rechter Schwinger zumindest war ein Volltreffer und setzte sie außer Gefecht, bevor sie möglicherweise weiteres Unheil anrichten konnte."

Gustav Semmler fühlte sich zutiefst verletzt, hintergangen und in seiner Ehre gekränkt. Das alles bedeutete ja, dass Luisa immer noch diesen verdammten Maler liebte. Da hatte er sich ja auf seine alten Tage lächerlich gemacht. Das durfte sich keinesfalls herumsprechen. Dabei war das vergangene Jahr mit ihr so schön gewesen. Eigentlich konnte er sich ein Leben ohne Luisa schon gar nicht mehr vorstellen. Was sollte er nur tun?

Indessen jammerte Agatha: „Nie wollte ich mit einem Mann ins Bett – und nun das ..."

Vorsichtig zog Gustav den silbernen Flachmann aus der Tasche: „Nun trink mal einen ordentlichen Schluck und werd nicht hysterisch."

Doch der Cognac auf das Koks brachte Agatha nur zum Schwanken, beruhigte sie aber keinesfalls. Im Gegenteil, sie steigerte sich mehr und mehr in Abscheu und Ekel hinein.

„Ich fühle mich von dir besudelt und beschmutzt!", schrie sie.

Mit Gustav gingen langsam die Nerven durch. Er war vollauf mit seinen eigenen Problemen beschäftigt. Außerdem hasste er nichts mehr als durchgedrehte und theatralische Frauen. „Wenn das so ist, meine Liebe: Vor dir ist jede Menge kaltes, pures Meerwasser! Steig rein, dann bist du wieder makellos wie ein unschuldiges Mägdelein!"

Der Neujahrsmorgen 1914 dämmert herauf …

Hauke schreckte aus einem unruhigen Schlummer auf – ihm taten alle Knochen weh, ein Lehnstuhl war nun mal kein bequemes Bett. Aus dem Geräusch der Brandung schätzte er, dass er eine gute Stunde vom Schlaf übermannt worden war, denn offenbar hatte die Ebbe eingesetzt. Das Meer tobte allerdings, bedingt durch den Stand des Mondes, nach wie vor ziemlich heftig.

Er sah hinaus und meinte schemenhafte Gestalten auszumachen. Wie stets griff er zum Fernglas. Undeutlich sah er in Höhe der Pension Daheim zwei Personen an der Wasserkante, die wild gestikulierten. Stritten sie? Jetzt schienen sie miteinander zu kämpfen. Dann stockte ihm der Atem – sein Herz begann zu rasen: Eine Gestalt war plötzlich verschwunden. Er sah nur noch einen Menschen, der am Meeressaum auf und ab lief. Das konnte nur eines bedeuten! Er sprang auf. Die Mannschaft des Rettungsbootes Fürst Bismarck musste her! Aber bereits an der Treppe hielt er inne. Bei den Temperaturen gab es keine rechtzeitige Hilfe mehr. Bevor die Rettungsmannschaft alarmiert und das Boot zu Wasser gebracht war, hatten die Kälte und der Sog der Ebbe ihr tödliches Werk längst vollendet. Und wenn überhaupt, würde das Meer seine Beute erst mit auflaufender Flut wieder freigeben.

Erneut spähte er durch das Fernglas und glaubte in der langsam heraufziehenden Dämmerung mit ziemlicher Wahrscheinlichkeit Gustav Semmler zu erkennen. War die von der Nordsee verschlungene Frau etwa Luisa? Denn zumindest eines schien klar – er musste sich getäuscht haben, sie war keineswegs tot!

Hauke wurde es schlagartig übel. War Luisa nun vor lauter Gram ins Wasser gegangen, oder hatte Gustav sie in einem Anfall von Eifersucht und von Drogen vernebelt ins Meer gestoßen?

Während er die Treppe hinunterraste und auf den Mann zulief, der sich vom Meer abgewandt hatte, überstürzten sich seine Gedanken. Auf der Promenade fing er ihn schließlich ab. Es war tatsächlich Semmler, der keuchend und mit einer Cognacfahne vor ihm stand.

„Um Himmels willen, was ist passiert?"

„Eine Tragödie, ein Unfall ... ich konnte es nicht verhindern, sie war wie eine Furie!"

„Ich habe es schemenhaft durchs Fernglas beobachtet."

Semmler schien plötzlich stocknüchtern und warf Hauke einen seltsamen Blick zu.

„Sie war wie von Sinnen, sie stand knietief im Wasser. Ich versuchte vergeblich, sie zurückzuhalten. Es kam eine große Welle, die sie umwarf, packte und dann mit sich ins Meer zog. Ich konnte nicht tief genug hinter ihr her."

In der Tat war der Mann fast bis zur Taille durchnässt und klapperte mit den Zähnen.

„Verdammt und zugenäht – wer ist denn ertrunken?"

Semmler sah ihn seltsam an. „Agatha."

Agatha also! Hauke fühlte sich zwar zunächst erleichtert, dass es sich nicht um Luisa handelte. Aber diese Tragödie am Neujahrsmorgen schockierte ihn zutiefst.

„Bei dieser Silvesterfeier habe ich von Anfang an kein gutes Gefühl gehabt", flüsterte er vor sich hin. Er zog den Schal fester um den Hals und versuchte sich auf das Nächstliegende zu konzentrieren. „Sie brauchen trockene Klamotten, und wir müssen es Luisa sagen, immerhin war Agatha ihre beste Freundin."

„Allerdings hatten die beiden wohl einen heftigen Streit." Semmler biss sich wegen seiner voreiligen Bemerkung vor Wut auf die Unterlippe, aber Hauke reagierte nicht. Schweigend machten sie sich auf den Weg.

In der Pension angekommen, trommelte Semmler Luisa aus dem Bett, die einige Minuten später im Morgenmantel und mit verquollenen Augen erschien.

„Ich habe es ihr schon gesagt", erklärte Gustav und sah seine Verlobte lauernd an.

Luisa schwieg zunächst. In ihre Trauer mischte sich das Gefühl, sie sehe sich selber in einem grotesken Theaterstück. Gerade hatte sie ihre geliebte Freundin verloren, an deren Tod sie möglicherweise durch ihre maßlose Liebe zu Hauke Hansen mit beigetragen hatte. Und dieser Maler, der sie partout nicht hatte heiraten wollen, stand nun anklagend vor ihr und dem Mann, den sie nicht liebte, aber er sie.

Schlagartig wurde ihr bewusst, dass es jetzt galt, mit Bedacht und Verstand zu reagieren, denn hier entschieden sich gerade ihre künftigen Möglichkeiten! Agatha war tot, aber ihr eigenes Leben ging noch weiter. Und sie würde jetzt endlich ihren Verstand einsetzen. Das war sie auch Agatha schuldig. Sie wollte und musste deren Andenken als progressive Malerin bewahren, selber um ihren Erfolg als Künstlerin kämpfen und die Möglichkeiten nutzen, die Gustav Semmler ihr eröffnete. Auch gemeinsame Schuld verbindet, dachte sie bitter.

Dann riss sie sich zusammen, legte eine Hand auf Gustavs Schulter und flüsterte mit Tränen in den Augen: „Die arme Agatha. Vielleicht hat sie unsere Verlobung nicht verwunden – was für eine Tragödie!"

Hauke blickte zweifelnd zwischen ihnen hin und her; ihm kam einiges seltsam vor. Da straffte Luisa die Schultern und sah Gustav scharf an: „Ja, es ist wirklich schrecklich, ein furchtbares Unglück, so richtig kann ich es noch nicht begreifen." Ihre Stirn kräuselte sich, und sie seufzte kummervoll. Dann richtete sie sich auf, ergriff die Hände ihres Verlobten und begann sie warm zu reiben. „Es soll und darf jedoch unser Glück nicht zerstören, lieber Gustav. Du musst vor allem jetzt erst mal was Trockenes anziehen und den Schock überwinden. Und ich ebenso. Wir werden sobald als möglich abreisen."

Es hätte dieses Winkes nicht bedurft, damit Hauke sich verabschiedete. Der bemerkte nur kurz und knapp: „Aber vorher macht ihr bei der königlichen Polizei-Verwaltung eure Aussage."

Auf dem Heimweg begriff er, dass er dieses Drama nie würde ganz aufklären können. Es gab nur einen Menschen, der die volle Wahrheit wusste – und das war Gustav Semmler.

Ich werde den Kontakt zu diesem sauberen Paar beenden, beschloss er, und ich habe eine Idee, wie ich ihnen einen gehörigen Denkzettel verpassen kann. Aber dazu kommen wir später – denn jetzt heißt es bald Leinen los! Auf der SMS Moltke erwartet man mich.

Zu Hause angekommen, packte er noch einige letzte Utensilien in seinen Seesack und machte sich auf zum Hafen. Nun war er wider Erwarten doch froh, die Insel zu verlassen und in See zu stechen. Zwei Monate mit klarer Seeluft und Malstudien bei Manöverfahrten, das würde ihm guttun!

Tief in Gedanken versunken, schloss er alles ab und schlug dann den Weg zum Hafen ein.

Ach, ich werde Hanna vermissen, dachte er. Aber mit ihr hätte ich ja über das Erlebte auch nicht reden können. Muss allein damit klarkommen. Je mehr Seemeilen mich von der Insel trennen, desto besser verarbeite ich hoffentlich die schrecklichen Erlebnisse des Neujahrsmorgens. Und der einzige Mensch, der wirklich weiß, was da im Morgengrauen geschah, kann nicht zur Rechenschaft gezogen werden, falls er seine Hände im Spiel hatte. Der wird Schweigen bis an sein Grab. Ein feines Paar, Luisa und dieser Fabrikant und Mäzen – dem verkaufe ich kein Bild mehr, selbst wenn ich Schiffszwieback essen müsste!

Das alles bestärkt mich, dass es die richtige Entscheidung war, Berlin den Rücken zu kehren und auf Norderney zu leben. Die Menschen hier sind nicht alle Engel. Aber es ist ein anderer Schlag, der Seemannsblut in den Adern hat und mit dem meine Familie seit Generationen verbunden ist. Der Anblick seines Freundes Karl Schultze beendete seine Überlegungen. „Wie schön, dich zu sehen!"

„Du glaubst doch wohl nicht, dass ich dich ohne Abschied für zwei Monate ziehen lasse. Außerdem habe ich bereits gehört, was geschehen ist. So ein schreckliches Unglück spricht sich ja herum wie ein Lauffeuer."

„Ja, der Tod der armen Agatha bedrückt mich sehr."

„Dieser tödliche Unfall ist fürwahr kein gutes Omen für 1914."

„Der Unfall", wiederholte Hauke. Er bemerkte, wie ihn Karl fragend ansah und sagte schnell: „Ich hatte von Anfang an ein ungutes Gefühl bei dieser Silvesterfeier. Der Berliner Künstlerkreis lebt doch in einer ganz anderen Welt als wir."

„Das empfinde ich auch so. Im Mittelalter hat man gesagt: Stadtluft macht frei. Aber für uns gilt: Seeluft macht frei. Und du mein lieber Freund, nutze die Schiffsreise und schüttele mit Seewasser wieder ab, was von Lack und Klack von außen auf dich angeflogen ist!"

Hauke holte tief Luft. „So is et." Er umarmte Karl. „Nun lass uns kurz und schmerzlos Abschied nehmen!"

„Goode Wind – ahoi!"

Erleichtert lächelnd betrat er die Frisia, die ihn nach Norddeich bringen sollte, winkte dem Freund zu und dann in Gedanken hinüber zu seiner Hanna.

Unter Deck schmiss er seinen Seesack auf eine der Bänke und ging nach oben, um sich die Seeluft um die Nase wehen zu lassen.

In diese Region gehöre ich, dachte er, während die Frisia einen Bogen fuhr, um dann Richtung Norddeich zu steuern. Und das gilt ja auch für meine künftige Frau, die ebenfalls aus der ostfriesischen Heimat stammt. Sie teilt mit mir meine größten Leidenschaften: die Liebe zum Meer und das Segeln. Und dadurch hat sie einen besonderen Zugang zu meinen Bildern. Ihre Anmerkungen dazu sind ebenso klug wie feinfühlig. Sie hat den absoluten Blick – ein unbestechliches Auge für Bilder, ohne eine studierte Malerin zu sein. Und es knistert zwischen uns – aber das Fundament unserer Verbindung ruht auf unseren gemeinsamen Wertvorstellungen. Pures Begehren, wie mit Luisa, ergibt keine Basis für eine Ehe. Das ist eine ermutigende Aussicht, mit Hanna auf Norderney Wurzeln zu schlagen und die Familientraditionen fortzusetzen.

Während sich die Küstenlinie näherte, wurde ihm plötzlich klar, dass diese Silvesterfeier nicht nur eine Versuchung, sondern auch eine Nagelprobe gewesen war: sowohl für seinen Entschluss, auf Norderney sesshaft zu werden, als auch sein Leben dort mit Hanna zu verbringen. Er hätte nämlich den schweren Anker durchaus noch wieder lichten können. Für das Anwesen mit dem Atelierpavillon hatten ihm, kaum war es fertiggestellt, wohlhabende Sommergäste horrende Summen geboten. Nicht zuletzt die einmalig schöne Lage weckte schnell derartige Begehrlichkeiten. Eine Welle der Erleichterung durchflutete ihn: Er hatte die wichtigste Entscheidung seines Lebens völlig richtig getroffen! Er erhob sich, um wieder nach unten zu gehen. Dabei tippte er sich an die Stirn: „Hauke, du bist eine olle Klugschnut. Es ist ganz einfach, alter Junge: Du liebst eben Hanna aus ganzem Herzen und Punktum."

Er atmete tief durch und begrüßte das Jahr 1914 nochmals auf friesische Art: „Gode Wind und alltied Water genog!"

Epilog

Zur Hochzeit von Luisa und Gustav wurde dem Brautpaar von Malerfreunden ein Bild von Hauke Hansen überreicht, der sich als unabkömmlich hatte entschuldigen lassen.

Das Geschenk erregte beträchtliches Aufsehen. Es zeigte in kubistischer Manier einen stilisierten weiblichen Januskopf. Die Künstlerfreunde sahen sofort, dass dieser links Ähnlichkeit mit Agatha, rechts mit Luisa hatte, die Haare wellten sich Medusenhaft, als ob sie im Wasser schwebten. Den Hintergrund bildete das Meer, das durch die gegeneinander gesetzten Flächen und Winkel eine soghafte Tiefe ausstrahlte. Auch durch den teilweise heftigen Farbauftrag wirkte das Bild recht bewegt, an einigen Stellen verlief die Farbe wie mit Säure versetzt, Leinwand- und Papierschnitzel waren eingefügt.

Es wurde gezischelt und getratscht, Agathas rätselhafter Tod wieder heraufbeschworen – und wer von den Gästen die tragischen Ereignisse der Silvesternacht noch nicht kannte, erfuhr sie jetzt. Einschließlich der Tatsache, dass das Meer Agathas Körper bis dato nicht freigegeben hatte.

Dem Brautpaar, das beim ersten Anblick des Bildes erstarrte, gefiel das Aufsehen, welches es erregte, offensichtlich nicht.

Es fiel beiden schwer, eine harmlose Miene zum bösen Spiel aufzusetzen. Gustav beschloss, auf ein anderes Thema umzuleiten und verkündete lauthals: „Da hat Hauke wirklich schon Besseres gemalt. Er sollte bei seinem Stil bleiben und nicht plötzlich einen auf Picasso machen!" Die Ablenkung gelang.

„Dass ausgerechnet Hauke Hansen jetzt anfängt, im kubistischen Stil mit Anklängen an die Collagetechnik zu arbeiten, hätte ich nie gedacht", kommentierte prompt ein Kollege.

„Gar nicht mal so schlecht für einen Heimatmaler", bemerkte ein anderer.

Es hieß wenig später, dass bei den Säuberungsbemühungen eines übereifrigen Dienstmädchens das Gemälde unrettbar zerstört wurde.

So ist das einzige kubistische Werk von Hauke Hansen der Nachwelt nicht erhalten geblieben.

Historisches und Erdachtes

Der Judas-Kuss – Ostern 1897
(Hannover, Orient-Express und Konstantinopel)

Alle Figuren entstammen meiner Phantasie. Der Architekt des Bahnhofes für den Orient-Express hieß August Jasmund, alles andere in der Handlung ist erdacht. Die Leitung des Hotels Pera Palace, Istanbul, stellte mir viele Unterlagen zur Verfügung und ließ mich das Hotel besichtigen. Interessant zur Geschichte Istanbuls und des Hotels: Charles King, Mitternacht im Pera Palace: die Geburt des modernen Istanbul, Berlin 2015.

*

In jeder Quelle fließt der Heilige Geist des Pfingstfestes – Pfingsten 1901-1904
(Cuba, Braunschweig, Hannover, Norderney, Gmunden, St. Blasien, La Palma)

Lernen kommt sprachgeschichtlich aus dem altgermanischen „liznojan" und bedeutet „einer Spur folgen". Für diese Erzählung verzweigten sich die Spuren in ungeahnter Weise und hielten mich inhaltlich wie räumlich auf Trab ... So manches Mal dachte ich, dass meine wildesten Phantasien mich nicht zu den unterschiedlichsten Orten und Zusammenhängen geführt hätten, die sich nach und nach herauskristallisierten.

Dass ich über La Palmas sagenumwobene Fuente Santa, die Heilige Quelle, die 1677 durch den Vulkanausbruch des San Antonio verschüttet wurde, schreiben wollte, stand bei der Planung des Erzählungsbandes von Anfang an fest. In der Bibliothek der Casa de la Cultura in Los Llanos stieß ich auf das 2007 erschienene Buch La Historia de la Fuente Santa von Carlos Soler Liceros, dem Ingenieur, der die Quelle 2005 nach vielfachen vergeblichen Versuchen in den vorangegangenen Jahrhunderten tatsächlich wieder erschloss. Die Kapitel über den Grabungsversuch 1904 entpuppten sich als faszinierende Überraschung! Carlos Soler erklärte, dass es tatsächlich den Versuch eines Cubaners mit palmerischen Wurzeln und eines Konsortiums um den „Granduque" de Baden mit weitreichenden Beziehungen zum Kaiser und zu industriellen Kreisen gegeben hatte, um die Quelle freizulegen und kommerziell zu nutzen. Die Recherche über die Großherzöge von Baden führte mich nach St. Blasien. Das kenntnisreiche Buch von Barbara Bauer, Letztes Jahr in St. Blasien, Münster 2014, bildete die Grundlage für diesen Teil der Erzählung. Frau Bauer informierte mich bei einem Recherchebesuch vor Ort unter anderem, dass das Großherzogpaar Friedrich I. und Luise von Preußen, Stammgäste in St. Blasien, wahrscheinlich 1903 nicht anwesend waren. So habe ich das Erbherzogpaar, das als relativ menschenscheu galt, dort sein lassen. Wer aus der Familie an dem Konsortium zur Erschließung der Quelle beteiligt war, konnte ich nicht herausfinden.

Bei der Beschreibung der Höhle von Malpique und der Vorgehensweise bei den Grabungsarbeiten bin ich Carlos Soler gefolgt – dafür ist er schließlich der Fachmann. Die Eintragungen im Registerbuch von Fuencaliente habe ich übersetzt und die Daten etwas an den Handlungsverlauf angeglichen. Alles andere entspringt meiner Phantasie … Die Bucht sah um 1900 noch anders aus, ich beschreibe die aktuelle Lage, auch um den Bau eines Thermalbades zu unterstützen, was leider immer noch auf sich warten lässt.

Bei der Hacienda in Tazacorte habe ich mich an dem alten Haupthaus und den stilvollen und zum großen Teil mit alten Materialen versehenen Nachbauten des dortigen Hotels orientiert. Dank an die Hotelleitung und die Besitzer, die mir alles zeigten und vieles von der beeindruckenden Sammlung von Antiquitäten erklärten. Den Hinweis „Wen Gott liebt, dem schenkt er ein Leben auf La Palma und Wasser" bekam ich von Harald Braem, dem kenntnisreichen La Palma Erforscher und interessanten Schriftsteller.

Henriette gab es als historische Person nie, deren (konstruierte) Verwandtschaft mit den Welfen hätte existierten können, da Wilhelm von Braunschweig wohl uneheliche Nachkommen hatte.

Einige Impressionen über Cuba verdanke ich Romanen von Leonardo Padura, die ich in Vorbereitung auf meine Kuba Reise 2016 mit Interesse und Vergnügen gelesen habe. Details zu der Figur von Estéban stammen aus dem Buch Der Cimarrón, die Lebensgeschichte eines entflohenen Negersklaven, die Miguel Barnet 1966 herausbrachte. Mambí, Mambises, ist die Bezeichnung für die cubanischen Freiheitskämpfer gegen Spanien.

*

Wenn der Kaiser kommt, ist Feiertag! – Sommer 1889
(Hannover und Linden)

Die Gaststätte Rackebrandt eröffnete wohl erst um 1896 – man möge mir verzeihen … Vor meinem geistigen Auge sah ich die Romanfiguren nur dort sitzen – hartnäckige Kindheitserinnerungen an Familienfeiern ließen sich nicht vertreiben. Das Café Kröpcke hieß noch Café Robby, wurde 1893 von Wilhelm Kröpcke, der zuvor dort Oberkellner war, gepachtet.

Die Abkürzung Hanomag für Hannoversche Maschinen-Aktiengesellschaft setzte sich erst später durch. Bernhard Sprengels wunderbar wirkender Kräutersaft war nicht das einzige Produkt, welches zur Förderung der Gesundheit vertrieben wurde. Es gab auch „Sanitäts-Chokoladen" und feine Gewürz- und Gesundheitsbonbons, wie Nordische Brustkaramellen, Rettig-, Malz- und Waldmeister-Bonbons, Gartenbohnen-, Kartoffeln-, Radies-Drageées u.a., siehe Kristina Huttenlocher, Sprengel, die Geschichte einer Schokoladenfabrik, Springe 2016.

Zu den Kaisertagen: Gerhard Schneider, Kaiserbesuche. Wilhelm I. und Wilhelm II. in Hannover 1868-1914. Wehrhahn Verlag 2016. Robert Phillipsthal: Zur Erinnerung an die Kaisertage in Hannover 12.-16. September 1889, 3. Aufl., Hannover 1889.

Zu Zoo und Völkerschauen: Uta Ziegan „… in so prächtigen Exemplaren", Völkerschauen in Hannover 1878-1932, Geschichtswerkstatt Hannover 1992. Lothar Dittrich, Annelore Riekemüller, Ein Garten für Menschen und Tiere. 125 Jahre Zoo Hannover, 1990.

*

Ihr Kinderlein, kommet … – Weihnachten 1893
(Hannover)

Alle Hauptfiguren sind erdacht. Eine Fundgrube zu Weihnachtsbräuchen: Das hannöversche Weihnachtsbuch von Michael Radtke, 1984.

*

Guten Rutsch ... – Silvester 1912/13 und 1913/1914
(Berlin und Norderney)

Alle Hauptfiguren und natürlich die komplette Handlung sind Produkte meiner Phantasie. Die Pension Daheim ist die Vorläuferin des heutigen Strandhotels Georgshöhe.

Für die Figur des Hauke Hansen nutzte ich Lebenswege und Werke unterschiedlicher Marine-, See- und Landschaftsmaler.

Literaturhinweise: Viele Zitate prominenter Zeitgenossen, die ich in die Dialoge eingeschleust habe, entstammen dem spannenden Buch 1913, Der Sommer des Jahrhunderts, von Florian Illies, Berlin 2012.

Zur Situation der Malerinnen: Katja Behling, Anke Manigold, Die Malweiber. Unerschrockene Künstlerinnen um 1900, Berlin 2013.

Zu Ahrenshoop: Licht, Luft, Freiheit, 125 Jahre Ahrenshoop, Kunstmuseum Ahrenshoop 2017.

Viele Anregungen und die Bekämpfung des Fehlerteufelchens verdanke ich ... Angelika Behrens; Dr. Karin Ehrich, Büro für Geschichte + Biografie – sie steuerte außerdem wieder wertvolle Ideen und historisches Hintergrundmaterial bei; Jeanette Schillings-Honné; meiner Cousine Gitta Steinberg und ihrem Mann Norbert Grundmann; Uta Ziegan – sie stellte mir überdies ihr gesamtes Material zu den Völkerschauen zur Verfügung.

DANK

Manfred Bätje vom Stadtarchiv Norderney traf, wie bereits bei der Recherche zu „Verheimlichte Liebe", eine hilfreiche Vorauswahl an unterschiedlichen Materialien. Die Leitung und das Team des Hotels Sol in Puerto Naos, La Palma, verwöhnten mich wie stets während meiner Schreibaufenthalte und unterstützten meine Lesungen. Für die Fahnenkorrekturen bedanke ich mich bei Yasmin Ehlers und Renée Repotente vom Schardt Verlag.

Barbara Schlüter im Schardt Verlag

GERÄCHTER ZORN
ISBN 978-3-89841-873-7
Broschur, 251 Seiten, 12,80 Euro

„Lindener Blut ist keine Buttermilch!" Die Verhältnisse in Linden sind katastrophal – arm, dreckig und im Wohnraum völlig beengt. Es prallen Welten aufeinander, als die Zwillinge Elsa und Emilie aus dem behüteten Hause der von Elßtorffs beschließen, die Arbeit der Diakonisse zu unterstützen. Medizinstudent Heinrich und der „rote Fuchs" Cord sind ebenfalls entsetzt über die gesundheitsgefährdenden Bedingungen in den Fabriken. Was können die jungen Leute tun, die die Menschen nicht einfach ihrem Schicksal überlassen wollen?

VERHEIMLICHTE LIEBE
ISBN 978-3-89841-737-2

Broschur, 230 Seiten, 12,80 Euro

Welch ein Schock! Kaum hat sich die junge Elsa von den Ereignissen am Königlichen Schauspielhaus erholt, wird ein Geheimnis im Haus der Familie von Elßtorff gelüftet, das alles ins Rollen bringt. Nach dem plötzlichen Auftauchen der Zwillingsschwester Emilie kann Elsa nicht anders, sie wird zur Detektivin in eigener Sache und begibt sich gemeinsam mit ihrer Entourage auf Spurensuche an den Ort ihrer Geburt: die kanarische Insel La Palma ...

VERGIFTETE LIEBE
ISBN 978-3-89841-644-1
Broschur, 256 Seiten, 12,80 Euro

Die eigensinnige Elsa Martin ist fasziniert von Detektivgeschichten à la Sherlock Holmes. Der mysteriöse Tod eines Ensemblemitglieds am Königlichen Schauspielhaus versetzt nicht nur sie, sondern ganz Hannover in Aufruhr. Zugleich bietet er aber eine Ablenkung von den beherrschenden sozialen Themen der Zeit, der Arbeiterbewegung und den Forderungen der Frauen nach mehr Rechten. Mit Scharfsinn, Beharrlichkeit und einigen Tricks kommt die junge Frau dem Täter auf die Spur.